河西走廊地区史前时代生业模式和人与环境相互作用

董广辉 杨谊时 任乐乐 马敏敏 著

科 学 出 版 社

北 京

内 容 简 介

本书基于在河西走廊史前遗址开展的植物考古、动物考古、骨骼同位素分析，以及系统测年等工作，结合已有研究资料，完善了该地区史前文化年代序列，揭示了不同时期先民对植物和动物资源的利用策略，阐释了河西走廊人与环境相互作用变化的过程及其与跨大陆文化互动的关系。本书以史前欧亚大陆东西方交流出现和强化为背景，其关键节点地区生业模式和人地关系研究为主线，通过自然科学和考古学的深度交叉，展示了丝路形成之前河西走廊先民的生产生活场景及其变迁过程，并以此为窗口观察人类活动与生存环境相互关系的转变，为认识公元前3～1千纪人地关系演化的过程和机制，以及丝绸之路形成的根基提供了重要资料和科学依据。

本书可供地理学、考古学、人类学、第四纪地质学等相关领域的学者参考，也适合作为环境考古专业研究生的辅助教材使用。

图书在版编目（CIP）数据

河西走廊地区史前时代生业模式和人与环境相互作用 / 董广辉等著. —北京：科学出版社，2020.10
ISBN 978-7-03-048932-6

Ⅰ. ①河⋯ Ⅱ. ①董⋯ Ⅲ. ①河西走廊-石器时代文化-研究 ②河西走廊-石器时代考古-人类-关系-环境-研究 Ⅳ. ① K872.42 ② X24

中国版本图书馆CIP数据核字（2020）第188795号

责任编辑：孟美岑　李　静 / 责任校对：张小霞
责任印制：徐晓晨 / 封面设计：北京图阅盛世

科学出版社 出版
北京东黄城根北街16号
邮政编码：100717
http://www.sciencep.com

北京建宏印刷有限公司 印刷
科学出版社发行　各地新华书店经销

*

2020年10月第 一 版　开本：720×1000　1/16
2021年 4 月第二次印刷　印张：14 1/4　插页：10
字数：337 000
定价：158.00元
（如有印装质量问题，我社负责调换）

序 一

全球化正在深刻改变着人们日常的生产和生活方式，重塑着全球政治经济格局，是推动当前人类社会发展的最重要动力之一。从人类演化的历史长河视角观察，全球化进程也是推动人类进步和文明演进的关键因素。由近及远，包括15～17世纪"大航海时代"带动的"地理大发现"贸易需求带动的公元前2世纪至公元16世纪的"丝绸之路"发展，以及农牧业发展和扩散带动的公元前3千纪到2世纪出现的"史前食物全球化"。再往前追溯，渔猎时代为寻求新资源现代智人跨大陆范围的扩散带来的首次"全球移民"，当然最早的跨大陆迁徙可以追溯到早至约200万年前的直立人"走出非洲"并占据欧亚大陆。人类的历史就是一部不断迁移、创新来寻求更丰富自然资源和改造自然环境的历史，但不论是直立人"走出非洲"，还是跨大陆扩散交流过程中"全球移民"和"史前食物全球化"，一些陆路通道成为人类扩散交流的关键区域。甘肃河西走廊就是欧亚大陆人类扩散交流的重要通道，尤其是东亚与中亚、西亚、欧洲交流的关键通道。

河西走廊位于高寒的青藏高原和荒芜的蒙古高原之间，是湿润的东亚季风气候区向西风环流控制的内陆干旱区过渡的季风边缘区。其东西向为南北两山夹持的狭长走廊地带，南北向呈现"山地—绿洲—戈壁—沙漠—山地"的特征。南部祁连山提供了人类生存所需的宝贵水资源，走廊内由绿洲-戈壁（沙漠）组成了独特的自然景观，是干旱区重要的绿洲农业和山地草场，成为史前时代欧亚大陆跨大陆东西方交流的枢纽地区，也是历史时期丝绸之路的咽喉通道。不论是在史前的"食物全球化"过程还是历史时期的东西方商贸交流过程中，都在欧亚大陆东西方交流中发挥了至关重要的作用。河西走廊独特的自然环境和地理位置使其成为研究史前东西方交流背景下，人类生产方式和人与环境相互作用的理想区域，也是该书探讨的主要内容。

在新石器时代晚期至早期铁器时代这一跨大陆东西方交流的关键时期（距今5000～2200年），河西走廊起到了非常重要的作用，不但为丝绸之路的最终形成奠定了坚实的基础，还很大程度上改变了人与环境相互作用的模式。在这一早期东西方交流的核心区域，外来文化元素的引入，促使人类生产技术和社会组织出现革新，人类适应和改造生存环境的能力也随之显著增强。一个典型的案例出现在青藏高原北部，该书第一作者董广辉教授从事博士后研究期间，带领团队通过长期研究发现，耐寒农作物大麦和家畜羊的传入和利用，使得史前人类在3600

年前能够适应寒冷的青藏高原自然条件和气候变化来拓展自身的生存空间，从而向青藏高原高海拔地区大规模扩散和永久定居。因此，早期东西方交流过程及其对人地关系的影响很值得深入探讨，是当前国际学术界关注的前沿热点科学问题，也是地理学研究的核心课题。

董广辉教授及其带领的研究团队，在河西走廊开展了长期的环境考古研究工作。他们对河西走廊地区新石器至早期铁器时代的考古遗址开展了较为系统的调查，也参与了由甘肃省文物考古研究所主持的部分遗址的发掘工作，采集了大量考古遗存样品。通过对炭屑、骨骼和农作物遗存的系统测年，与贝叶斯模型的应用相结合，对河西走廊新石器-青铜文化的绝对年代进行了重新厘定；通过植物考古、动物考古和骨骼碳、氮稳定同位素分析等方法的运用，揭示了该地区史前时代不同阶段人类对资源利用方式（生业模式）的特征及其变化过程；通过研究分别起源于东亚和西亚文化元素的时空分布，梳理了早期东西方交流的过程；通过对考古遗址文化层和周边自然沉积中元素含量的分析，以及祁连山湖泊沉积物黑炭含量的测试分析，阐释了不同方式人类活动对环境的影响。通过上述研究对比，探讨了河西走廊东西方交流出现前后人与环境相互作用模式的变化。

该书不但是对兰州大学环境考古团队在河西走廊地区近十年取得的系列研究成果的总结，也是从多学科视角开展交叉研究的探索。该书作者具有较为广阔的学术视野，以史前东西方交流出现和强化的关键时段，以及区域人类生业模式变化研究为突破口，为认识早期跨大陆文化互动历史及其对人地关系演变的影响这一重大科学问题提供了重要的研究案例，是一本较高质量的学术专著。此外，该书在各章都对国内外同领域的进展做了很好总结，对实验方法做了较详细的交代，也适合作为环境考古方向研究生的参考教材。

研究欧亚大陆东西方交流和丝路文明变迁的历史，及其与气候环境变化的关系，是认识和理解丝路沿线地区人与环境相互作用变化过程、规律和机制的重要途径，可为支撑国家"一带一路"倡议的实施提供重要的科学依据。兰州大学于2016年成立了"西北及中亚环境考古中心"，董广辉教授任中心主任，本书其他三位作者都是该中心的学术骨干。该中心致力于开展东西方文化交流和丝路文明演化历史的研究，这本河西走廊环境考古的成果总结为此开了一个好头。相信在董广辉教授的带领下，"西北及中亚环境考古中心"未来会在该领域的研究中取得更为丰硕的成果，持续为推动兰州大学地理学的学科发展和服务社会作出贡献。

陈发虎

2019 年 8 月 10 日于北京

序　二

　　河西走廊是贯通我国内地和新疆的天然通道，也是东西方古代文化交流的重要通道。通过河西走廊，华夏文明与印度文明、阿拉伯文明、希腊文明得以相互沟通、交相辉映，共同构建了世界古代文明。今天，河西走廊作为"一带一路"的重要组成部分，在构建"人类命运共同体"的伟大宏图中发挥着更大的作用。

　　从汉代班超、张骞通西域到唐代玄奘"大唐西域记"问世，到1877年德国人李希霍芬提出"丝绸之路"，再到1927~1948年我国学者组织的三次西北科学考察，河西走廊一直为世人所关注。无数的学界先驱者不惧艰险，冒风沙，战酷暑，风餐露宿，穿越在走廊的戈壁、沙漠和绿洲之间，悉心探索走廊的奥密。近年来，随着"一带一路"建设的开展，更多的人走进河西走廊，广泛开展有关河西走廊的研究，内容涉及历史学、社会学、考古学、地理学、地质学、生态学等多种学科，其中最令人感兴趣的科学问题之一就是河西走廊的史前人地关系。

　　众所周知，河西走廊地处我国西北地区，走廊南北两山对峙，地域狭窄，气候干燥少雨，沙漠戈壁广布。但就是在这样一个自然环境十分恶劣的地区，先民们充分利用这里有限的水土资源，因地制宜，创造了以绿洲农业和畜牧业共存为特色的本土文化，同时还利用地处中西方文化交流通道的优势，在本土文化中融入了大量的外来因素，形成了独具特色、辉煌灿烂的西域文化。纵观这里史前文化的形成和发展的过程，既可以看到自然环境及其变化对人类活动的影响，也可以看到古代人类对自然环境的依赖和适应，是研究古代人地关系十分难得的良好场所。

　　该书作者董广辉博士早在北京大学攻读博士学位期间，就十分关注我国西北地区，尤其是河西走廊地区的古代人地关系，并曾尝试从土地利用的角度入手，探讨这一地区史前人地关系的演变过程。博士毕业后，他毅然来到兰州工作，继续对我国西北，包括河西走廊的古代人地关系进行研究。在陈发虎院士的支持和鼓励下，从2005年开始，他一直在河西走廊及其毗邻地区埋头工作，带领他的科研团队，围绕这一领域开展了多学科的研究，在古环境、古气候和史前农业、畜牧业、冶铜业等多方面，都取得了丰硕的成果。现在展现在读者面前的这本专著，就是这些成果的汇总。

　　该书系统介绍了国内外学者有关河西走廊古代人地关系研究的最新成果，它以作者本人及团队成员大量的野外考察和实验室工作为基础，进一步完善了河西走廊史前文化的年代序列，并采用植物考古学和动物考古学等先进科技手段，获取了有关古代人类对动植物资源的利用策略、人类的食谱等多方面的信息，深入讨论了河西走廊不同时期的生业模式、东西方农业传播和文化交流等有关人地关系的一系列问题，是近年来论述河西走廊史前人地关系演变和文化交流难得的一本好书。

人地关系研究是一个十分复杂的科学问题，而古代人地关系的研究，则由于资料的缺乏，自然会更加困难。作者把植物考古、动物考古和环境考古三者紧密结合，从人类生业模式入手，剖析古代人类社会与自然环境之间的关系，是研究古代人地关系的新思路，值得提倡和推广。

我在河西走廊有过多年的工作经历，深知这一地区环境之恶劣、生活之艰辛。而一位年轻学者，不满足于仅仅在书房里查阅文献，或在实验室中测试样品，而是率领他的团队，毅然走出书房，不辞辛劳，在河西走廊行程万里，亲自寻找材料，在野外工作中还不慎摔裂了手骨和脚骨。但他始终不忘初心，坚持数年，终于获得了喜人的成果。从这部专著中可以看到新时代青年学者的情操和奋斗精神，我为他们的喜悦成果而由衷地感到高兴。

河西走廊古代人地关系的研究是一项长期的任务，可能需要几代人的努力。千里之行始于足下，董广辉博士和他的团队已经迈出了可喜的第一步，但后面的路程还远，还有更多的问题等待我们去探索、去解决，今后的工作将会更加艰苦，需要付出更大的努力。马克思说过，"在科学的道路上没有平坦的大道，只有不畏艰险沿着陡峭山路向上攀登的人，才有希望达到光辉的顶点"。相信董广辉博士和他的团队会继续沿着这条道路走下去，期待不久的将来，他们会把更多更好的研究成果奉献给大家。

夏正楷

2019 年 5 月于北京大学燕北园

前　言

人类文明演化和生存环境变化是紧密联系在一起的，人与环境相互作用贯穿人类演化的历史长河，其变化的过程、规律和机制是地理学、人类学、考古学和历史学等多学科关注的重要科学问题。在人类演化的不同阶段，人类社会与生存环境的关系有显著的差异，总体趋势是人类受生存环境的制约逐渐减弱，适应和改变生存环境的能力逐渐增强。在此过程中，重大社会和技术革新及其扩散是改变人与环境相互作用模式的重要因素。公元前5千纪至3千纪是跨大陆交流出现和强化的关键时段，也是全球气候发生显著变化的时期，该时段的人与环境相互作用研究尤其受到学术界的关注。

河西走廊位于古丝绸之路的咽喉位置，是历史时期东西方交流的重要通道。考古研究显示河西走廊新石器和青铜文化遗存丰富，是欧亚大陆东西方文化元素最早汇聚的地区之一。河西走廊的生态环境脆弱，易受气候变化和人类活动的影响，是开展史前时代人与环境相互作用研究的理想地区。通过不同领域学者的共同努力，在河西走廊史前文化的面貌、先民的生业模式和气候环境背景等方面已取得了很多研究成果。然而，由于研究材料、时段和方法等方面的差异，对河西走廊史前时代生业模式时空变化的整体研究仍不够系统，从学科交叉视角对人与环境相互作用的研究也有待加强。

针对上述问题，我们综合运用多种研究方法，包括 ^{14}C 年代测定、贝叶斯年代模型分析、动植物遗存鉴定与分析、骨骼碳氮稳定同位素分析、沉积物元素含量与黑炭含量分析等，结合已有的研究资料，完善了河西走廊史前文化的年代序列，重建了该地区不同时段人类的生产生活方式。在此基础上，分析了河西走廊史前时代生业模式变化与东西方文化交流和气候环境变化的关系。以生业模式研究为抓手，探讨了河西走廊史前时代不同阶段人类对生存环境的适应策略与影响程度和方式的变化，以及气候变化影响该地区文化演化的机制，进而总结了河西走廊史前时代人与环境相互作用变化的过程和影响因素。本书为认识史前东西方文化交流与强化对关键节点地区人地关系的影响提供了较为系统的研究案例。

本书共9章，第1章综述了史前时代的人地关系演变和欧亚大陆跨大陆文化交流的研究动态，以及河西走廊地区史前人地关系研究的进展和问题，阐述了本书的研究思路；第2章介绍了河西走廊的自然环境特征和史前文化谱系；第3章

运用 ^{14}C 测年和贝叶斯年代模型分析方法改进了河西走廊史前文化的绝对年代序列；第 4 章、第 5 章和第 6 章分别基于植物考古研究、动物考古研究和动物骨骼碳氮同位素分析，厘清了河西走廊新石器晚期-铁器时代早期先民的植物资源利用状况、动物资源利用状况和动物食谱特征。第 7 章结合东西方文化交流研究成果，揭示了河西走廊史前人类生业模式转换的过程和影响因素；第 8 章综合分析了河西走廊地区史前时代不同阶段人与环境相互作用模式的演变规律及其动力；第 9 章总结了本书主要的研究结论，提出了对未来研究的展望。

本书由董广辉编写第 1 章、第 7 章、第 8 章和第 9 章；杨谊时编写第 2 章、第 3 章和第 4 章；马敏敏、任乐乐编写第 5 章和第 6 章，全书由董广辉统稿。参与本书相关研究、制图和文字校对工作的研究生包括张山佳、崔一付、黎海明、刘峰文、仇梦晗、陈亭亭、魏文钰、李若、卢敏霞、鲁轶文，感谢他们的辛勤努力和付出！我们在河西走廊地区的研究工作有幸得到了陈发虎院士、夏正楷教授、赵志军研究员、王辉研究员、李水城教授等专家的指导，在此致以深深的敬意！感谢甘肃省文物考古所陈国科研究员，以及其他考古工作者提供的帮助！感谢科学出版社相关老师对本书的出版给予的帮助！

本书是国家重点研发计划项目课题"东西方交流与丝路文明的发展和演化"（批准号：2018YFA0606402）、中国科学院战略性先导科技专项课题"人类早期活动及其对高寒环境的适应策略"（批准号：XDA20040101）、国家自然科学基金杰出青年项目"环境考古与环境变化"（批准号：41825001），以及第二次青藏高原科学考察专项专题"人类活动历史及其影响"（批准号：2019QZKK0601）等项目的成果。董广辉和马敏敏承担了兰州大学本科生和研究生课程"环境考古"的教学工作，本书的内容也融合到教学中并取得了很好的效果。授课过程中我们不断梳理研究工作并认识到其中的不足，教学和科研的相互促进对我们最终完成本书的研究和撰写发挥了积极的作用。

董广辉

2020 年 9 月于兰州大学祁连堂

目　　录

序一 ·· i
序二 ··· iii
前言 ·· v
第1章　绪论 ·· 1
  1.1　引言 ·· 1
  1.2　研究背景 ·· 3
    1.2.1　史前时代的人地关系演变 ·· 3
    1.2.2　史前时代欧亚大陆跨大陆的文化交流 ··· 10
    1.2.3　河西走廊地区史前人地关系研究的进展与问题 ································ 21
  1.3　研究内容 ·· 23
  参考文献 ·· 23
第2章　河西走廊的自然环境特征与史前文化谱系 ······································ 40
  2.1　河西走廊的自然环境特征 ·· 40
    2.1.1　河西走廊的地理地貌特征 ··· 40
    2.1.2　河西走廊的气候水文特征 ··· 42
    2.1.3　河西走廊的现代植被和经济形态 ·· 42
  2.2　河西走廊的史前时代文化谱系 ··· 45
    2.2.1　河西走廊的史前时代考古学文化研究历程 ······································ 45
    2.2.2　河西走廊的史前文化遗址的时空分布 ·· 46
  参考文献 ·· 51
第3章　河西走廊史前文化绝对年代序列重建 ··· 55
  3.1　河西走廊地区已有的史前文化年代序列 ·· 55
  3.2　材料和方法 ·· 57
    3.2.1　样品采集和 ^{14}C 测年 ··· 57
    3.2.2　^{14}C 数据集的建立 ·· 59
    3.2.3　贝叶斯年代模型 ·· 60
  3.3　测年数据集与年代模型的建立 ··· 62
    3.3.1　^{14}C 测年 ··· 62

3.3.2 数据集的构建 ·· 62
3.3.3 年代模型 ·· 63
3.4 年代序列 ··· 64
3.5 本章小结 ··· 66
参考文献 ·· 66

第 4 章 河西走廊史前时代人类对植物资源的利用策略 ················· 72
4.1 河西走廊植物考古研究现状 ·· 72
4.1.1 植物考古研究发展的背景 ································· 72
4.1.2 植物考古研究方法 ··· 73
4.1.3 河西走廊地区植物考古研究进展 ························· 74
4.2 材料和方法 ··· 76
4.2.1 材料 ··· 76
4.2.2 方法 ··· 78
4.3 河西走廊新石器时代晚期－铁器时代早期植物资源利用状况 ····· 78
4.3.1 新石器时代晚期（4800～4000a BP）植物资源利用状况 ··· 78
4.3.2 河西走廊青铜时代早中期（4000～3300a BP）植物资源利用
状况 ·· 83
4.3.3 河西走廊青铜时代晚期—铁器时代早期（3200～2100a BP）
植物资源利用状况 ·· 88
4.4 河西走廊地区史前时代不同阶段人类植物资源利用策略的变化 ··· 94
4.5 本章小结 ··· 96
参考文献 ·· 96

第 5 章 河西走廊史前时代人类对家养动物资源的利用策略 ············· 101
5.1 河西走廊动物考古研究现状 ······································ 101
5.1.1 中国动物考古学的研究背景 ······························ 101
5.1.2 河西走廊已开展的动物考古研究工作 ···················· 102
5.2 材料和方法 ··· 103
5.2.1 材料 ··· 103
5.2.2 方法 ··· 105
5.3 河西走廊新石器时代晚期—铁器时代早期人类对动物资源的利用 ··· 105
5.3.1 河西走廊新石器时代晚期（4800～4000a BP）人类对动物
资源的利用 ·· 105
5.3.2 河西走廊青铜时代早中期（4000～3300a BP）人类对动物
资源的利用 ·· 108

  5.3.3　河西走廊青铜时代晚期—铁器时代早期（3200～2100a BP）
人类对动物资源的利用 ··· 110
 5.4　本章小结 ·· 111
 参考文献 ·· 112

第6章　河西走廊史前时代动物食谱重建 ·· 115
 6.1　研究背景 ·· 115
  6.1.1　骨骼碳氮同位素重建古食谱的原理 ······························· 115
  6.1.2　河西走廊古食谱重建研究进展 ···································· 117
  6.1.3　骨骼碳氮同位素数据解译的背景介绍 ···························· 118
 6.2　材料和方法 ·· 119
  6.2.1　样品选择 ·· 119
  6.2.2　骨胶原提取 ··· 122
  6.2.3　骨胶原测试 ··· 123
 6.3　河西走廊新石器晚期—铁器时代早期的动物食谱特征 ············· 123
  6.3.1　新石器晚期（4800～4000a BP）河西走廊地区的动物食谱
特征 ·· 123
  6.3.2　青铜时代早中期（4000～3300a BP）河西走廊地区的动物
食谱特征 ·· 125
  6.3.3　青铜时代晚期—铁器时代早期（3200～2100a BP）河西走廊
地区的动物食谱特征 ··· 126
 6.4　本章小结 ·· 128
 参考文献 ·· 129

第7章　河西走廊史前时代跨大陆文化互动与生业模式转换 ··················· 133
 7.1　河西走廊地区史前时代的跨大陆文化互动 ····························· 133
  7.1.1　欧亚大陆的"史前食物全球化" ··································· 133
  7.1.2　河西走廊地区史前时代农作物的传播与利用 ·················· 135
  7.1.3　河西走廊地区史前跨大陆文化互动的器物遗存证据 ········· 138
 7.2　河西走廊地区史前时代人类生业模式转换 ····························· 140
  7.2.1　新石器晚期河西走廊地区人类的生业模式 ····················· 140
  7.2.2　青铜时代早中期河西走廊地区的生业模式 ····················· 142
  7.2.3　青铜时代晚期—铁器时代早期河西走廊地区的生业模式 ···· 144
 7.3　本章小结 ·· 145
 参考文献 ·· 146

第8章　河西走廊史前时代人与环境相互作用 ···································· 154

- 8.1 河西走廊史前时代环境变化对人类活动的影响及人类对环境变化的适应 ········· 154
  - 8.1.1 新石器晚期河西走廊环境变化对人类活动的影响及人类对环境变化的适应 ········· 155
  - 8.1.2 青铜时代早中期河西走廊环境变化对人类的影响及人类对环境变化的适应 ········· 157
  - 8.1.3 青铜时代晚期—铁器时代早期河西走廊环境变化对人类活动的影响及人类对环境变化的适应 ········· 158
- 8.2 河西走廊史前时代人类冶铜活动对环境的影响 ········· 160
  - 8.2.1 材料和方法 ········· 161
  - 8.2.2 X-射线荧光光谱和黑炭分析结果 ········· 164
  - 8.2.3 新石器时代晚期—铁器时代早期河西走廊人类活动对环境的影响 ········· 170
- 8.3 本章小结 ········· 174
- 参考文献 ········· 174

第9章 结语 ········· 181
- 参考文献 ········· 185

附录 ········· 188
- 附录1 河西走廊 ^{14}C 年代数据集 ········· 188
- 附录2 贝叶斯模型结构和 ^{14}C 年代数据集 ········· 199
  - 附录2.1 贝叶斯模型结构 ········· 199
  - 附录2.2 河西走廊 ^{14}C 年代数据集 ········· 199
- 附录3 河西走廊史前遗址出土植物遗存鉴定结果 ········· 205
- 附录4 河西走廊史前遗址出土植物遗存鉴定统计结果 ········· 213

彩图

第1章 绪　　论

1.1 引　　言

人类及其社会演化与自然环境变化之间的关系，一直是地理学、地质学、历史学、考古学、人类学等多学科关注的重大科学问题。在人类演化的历史长河中，人与环境的关系（即人地关系）不断发生着变化，从人类最初受到生存环境的严重制约，到适应环境能力的逐步增强，再到对自然环境的显著改造，从时间维度上勾勒出人地关系演化轨迹的一个缩影（Dong et al.，2018）。

在空间维度上，以跨大陆交流为特征的全球化进程，对人类社会演化和人与环境相互作用的模式产生了深远的影响。全球化是影响当今世界经济政治格局变化的关键因素。一方面，科学技术的快速革新和传播，推动了人类社会的整体发展；另一方面，全球化与地区发展不均衡作用的叠加，也给不同国家和地区的经济社会发展带来了重大挑战。"大航海时代"（15~17世纪）的兴起和"丝绸之路"（公元前2世纪至公元16世纪）的开通是历史时期最重要的两次全球化事件，前者为西方的崛起奠定了根基，后者促使丝路沿线地区成为世界文明发展的中心（Frankopan，2015）。然而，考古学研究显示，欧亚大陆的史前跨大陆文化交流至少可以追溯至公元前3千纪[5000~4000a BP，"BP"为距今（公元1950年）年代]，对人类文明的演化产生了重要影响（董广辉等，2017）。

史前时代欧亚大陆东西方文化交流研究在近十年取得了长足的进展（杨谊时等，2016；Spengler et al.，2014；郭物，2012；张国刚，2010；李水城，2009）。一方面，得益于不同地区的考古调查和发掘工作，考古证据（石器、陶器、金属器等）不断积累，为开展大范围空间尺度的对比分析提供了关键材料（陈国科等，2014；韩建业，2013；Linduff and Mei，2009；杨建华，2004）；另一方面，科技考古研究方法（植物考古、动物考古、稳定同位素分析、古DNA分析等）和碳十四（^{14}C）测年方法的广泛应用，为建立史前时代东西交流的时空框架，探讨跨大陆尺度的人群流动、技术传播和生业模式（生产生活方式）变化等重要问题提供了数据支撑（董广辉等，2017；任乐乐和董广辉，2016；Spengler et al.，2014；Frachetti et al.，2010；Hunt et al.，2008；李春香等，2007；Boyle et al.，2002）。

目前的研究工作显示，5000～3500a BP 是史前欧亚大陆东西方交流出现和强化的关键时段，尤其是在 4300～3500a BP，中国从燕辽地区经西北至西南的"中国弧"地带，成为欧亚大陆东西方交流最为活跃的地区，中国文化体系在该时期也从东亚文化体系转换为欧亚文化体系（Rawson，2017，2015；张弛，2017）。

在欧亚大陆史前跨大陆文化交流的影响下，人与环境之间的关系也发生了显著的变化。以中国西北地区为例，跨大陆文化互动在 4000a BP 左右出现，甘青地区史前文化系统对气候变化的响应模式随之发生明显变化。在新石器时代晚期，4900～4400a BP 的干旱事件，促使马家窑文化从马家窑类型（5300～4500a BP）向半山类型（4500～4300a BP）转型，文化分布空间明显收缩（Dong et al.，2013，2012）。在青铜时代，4000～3500a BP 的冷干气候则促使该地区文化体系由主流的齐家文化（4300～3500a BP），转变为不同空间分布的多支青铜文化（Ma et al.，2016）。跨大陆文化交流带来的农业技术革新，尤其是耐寒农作物大麦和家畜羊的传入和利用，促使人类 3600a BP 后在气候冷干的大背景下，大规模向青藏高原高海拔地区扩散，并永久定居至海拔 3000m 以上的地区（Chen et al.，2015a）。

河西走廊地区位于丝绸之路的"瓶颈"位置，在汉代（202BCE～220CE）以来的欧亚大陆东西方文化交流中发挥了关键作用。考古学研究显示，河西走廊地区在史前时代欧亚大陆跨大陆文化交流进程中同样发挥了重要作用（Long et al.，2016；Zhou et al.，2016；Flad et al.，2010），是研究史前时代东西方交流历史的关键地区。河西走廊地区位于季风边缘区，对全球气候变化响应敏感。该地区处于农牧交错带，在历史时期是游牧民族和农耕民族政权争夺的重点地区，人类生业模式也发生过多次变化（张恒和李荣华，2017；刘兴成，2008）。此外，河西走廊地区还是受人类活动影响强烈的地区，生态环境脆弱，一旦受到破坏很难恢复（Wang et al.，2003；戴尔阜和方创琳，2002）。历史时期人类在河西走廊地区的屯田和开垦活动，被认为是导致黑河下游沙漠化的重要因素之一（刘蔚等，2009），而近年来的研究则显示该地区人类活动对自然环境的影响至少可以追溯至青铜时代早期（4000～3500a BP），人类的农耕活动导致植被破坏和水土流失（Shen et al.，2018；Zhou et al.，2012）。

综上所述，欧亚大陆史前时代跨大陆文化交流过程，及其对人地关系演变的影响，已经成为当前国际学术界关注的前沿和热点科学问题。河西走廊地区是早期东西方交流最为活跃的地区之一，也是人与环境相互作用显著的地区，是开展史前时代跨大陆文化互动与人地关系演变研究的理想地区。基于上述考虑，作者及其团队对河西走廊地区的新石器和青铜时代遗址开展了野外调查和样品采集工作。通过植物和动物遗存种属鉴定、骨骼碳氮同位素分析、沉积物化学元素分析，以及 ^{14}C 测年等研究方法的综合运用，从农作物传播和食物消费的视角厘清了该地区跨大陆文化交流的过程。在此基础上,结合考古学和古环境的研究进展,从生业模式变化视角探讨了河西走廊史前时代人地关系演变的过程与动力。

本书力求通过对欧亚大陆东西方交流关键节点地区的多学科交叉研究,为认识和理解史前时代跨大陆尺度文化互动历史,及其影响下的人与环境相互作用模式的变化这一重要科学问题,提供方法学的探索和有重要学术价值的研究案例。

1.2 研究背景

本书聚焦河西走廊地区的史前时代人类生业模式变化、跨大陆文化交流与人地关系演变研究,在系统展示研究结果和新发现之前,本节先介绍一下相关研究领域取得的进展,以及存在的问题和发展趋势。通过对世界范围史前人地关系和跨大陆文化交流的研究,以及河西走廊地区相关研究的总结和评述,阐释开展此研究的必要性和科学意义。

1.2.1 史前时代的人地关系演变

人地关系是地理学研究的核心科学问题。人类演化的绝大部分进程都是在没有文字记录的史前时代发生的,在此过程中随着人类在生产技术和社会组织结构等方面的进步,人类与生存环境相互关系也在发生变化。基于考古学和自然科学(如地质学、地理学、遗传学等)的研究,对史前时代人地关系演变过程的认识逐渐清晰,为认识和理解万年、千年和百年尺度人地关系演变的规律和机制奠定了重要的基础。

人与环境的相互作用主要体现在三个方面,即气候环境变化对人类文明演化的影响,人类对气候和生存环境变化的适应,以及人类活动对自然环境的影响。在人类演化的不同阶段,人地关系的表现形式存在差异,本书主要对旧石器时代、新石器时代和青铜时代分别进行评述。

1. 旧石器时代的人地关系研究概述

从人类起源之初(约 330 万年前)至新石器时代之前(约 1 万年前),是考古学上的旧石器文化时代。旧石器时代人类的演化经历了从南方古猿(*Australopithecus*)、能人(*Homo habilis*)、直立人(*Homo erectus*)、早期智人(Archaic *H. sapiens*)到晚期智人(Modern *H. sapiens*)的不同阶段(Harari,2014)。在此过程中,人类石器组合的特征也在发生变化,从早至晚出现了奥杜威文化(Oldowan)(260 万~170 万年前)、阿舍利文化(Acheulean)(176 万~10 万年前)、莫斯特文化(Mousterian)(16 万年前至 3.5 万~3 万年前)和奥瑞纳文化(Aurignacian)

（4.6万~4.3万年前至2.6万年前）(Klein，2009；Scarre，2005)。

人类的起源和进化与环境变化密切相关。根据目前的考古证据，人类起源地位于非洲中部的东非大裂谷地区。约3400万年前，作为人类摇篮的非洲，气候变冷变干，生态系统失衡，导致树栖古猿赖以生存的森林减少，草原扩张，迫使部分古猿到地面生活，发展为直立行走，并开始用双手制作和使用工具，在约260万年前发展演化为最早的人属成员——能人（Klein，2009；DeConto and Pollard，2003）。距今180万~160万年，直立人出现并首次走出非洲到达其他中低纬度的热带亚热带地区。距今100万年左右，直立人开始地理大扩张，迁徙至中高纬度和干旱半干旱地区。研究认为，这两次人类历史上的大迁徙可能与第四纪气候转型导致的环境变化有关（deMenocal，2011；吴文祥和刘东生，2001）。

体质特征上的智人于晚更新世在非洲东部出现，近期的研究将智人起源的时间推前至约距今30万年前（Daura et al.，2017）。现代智人在距今10万年前后开始由非洲向其他大陆扩散，在距今6.5万年左右抵达澳大利亚（Clarkson et al.，2017），距今约1.5万年前到达美洲大陆（Halligan et al.，2016；Goebel et al.，2008）。Timmermann 和 Friedrich（2016）通过数值模拟，推演出现代人在106~94ka BP（"ka BP"为"距今千年"）、89~73ka BP、59~47ka BP 和 45~29ka BP 出现了四次由非洲向其他地区迁徙的浪潮（human migration wave，HMW），与温暖时期有很好的对应，提出地球轨道变化引起的气候变化是推动跨大陆尺度现代人迁徙的重要因素（图1.1a）。在地区-大陆尺度，温暖湿润的气候条件则很可能促进了旧石器人群的扩张。例如，在东亚地区，中国发现的晚更新世骨骼化石年代主要集中在MIS5（130~71ka BP）和MIS3（57~27.5ka BP）阶段，都是气候相对温暖湿润的时期（Li et al.，2018，2017；图1.1a），而在气候寒冷的MIS4（71~57ka BP）和MIS2（27.5~15ka BP）时期中国北方发现的旧石器遗址数量明显偏少，且主要分布在低纬地区（裴树文等，2005；曹泽田，1978）。研究显示，70~60ka BP非洲东北部和阿拉伯半岛气候干旱，海平面降低和适宜的气候条件促使现代人扩散至阿拉伯半岛及其邻近区域。在65~57ka BP，同样是在海平面较低的条件下，现代人扩散至气候变得冷干的澳大利亚大陆北部地区（Clarkson et al.，2017；Eriksson et al.，2012）。在欧洲大平原，旧石器晚期冰川撤退，气候波动性增强，导致植被在森林和苔藓之间多次交替，为了适应气候和植被的变动，旧石器晚期当地狩猎人群的狩猎技术和社会组织形式也相应进行调整（Schild，1976）。

狩猎采集人群对气候环境变化的适应，主要体现在对生存空间的扩展和生业模式的变化等方面。随着技术和社会组织结构的进步，狩猎采集人群在旧石器时代晚期的活动空间显著扩张，在约4.5万年前已经在北极地区生活（Pitulko et al.，

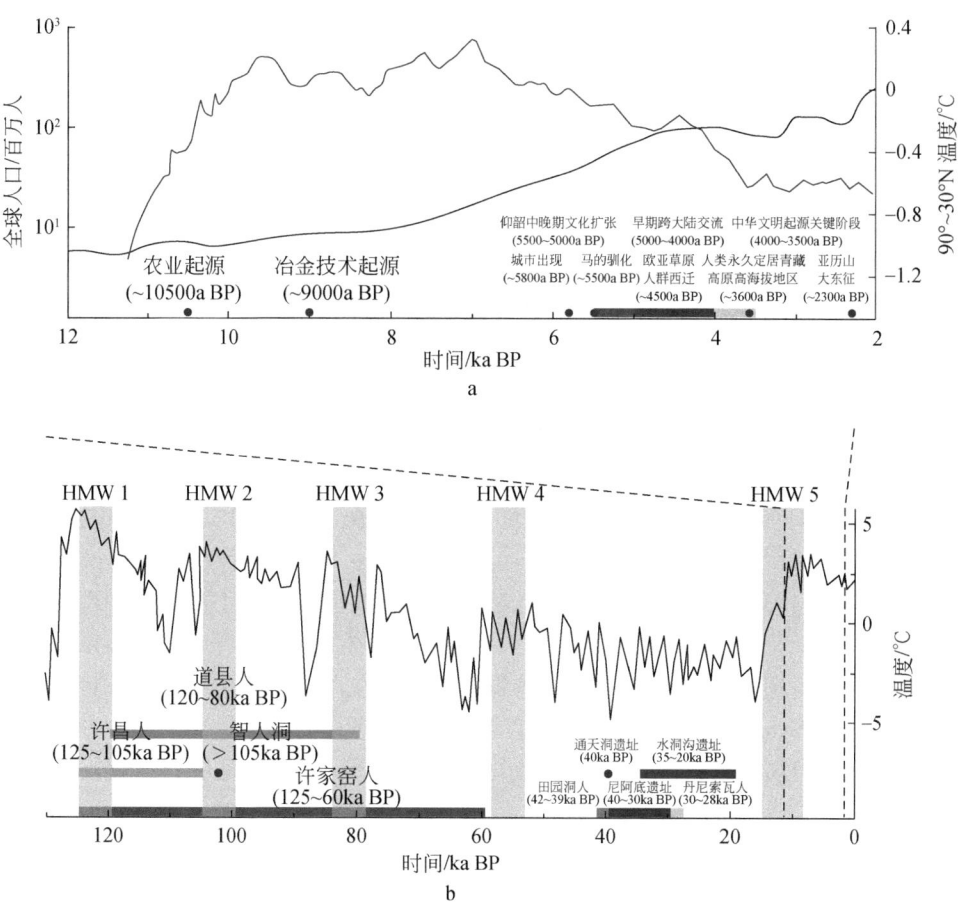

图 1.1 史前时代晚段不同阶段人类演化重要事件与气候变化关系简图（见彩图）

图 a 改自董广辉等，2017；图 b 改自 Timmermann 和 Friedrich，2016

2016），在 4 万~3 万年前狩猎采集人群已经到青藏高原海拔 4500m 以上地区活动（Zhang et al.，2018）。狩猎采集人群在气候冷干时期通过改变狩猎策略和拓展食谱来应对资源的匮乏。动物考古学家在对地中海地区距今 20 万~1 万年前的考古遗址的动物遗存研究中发现，快速型的哺乳动物（兔）等低回报率的小型猎物种类随时间推移也逐渐被纳入古人类食谱（Stiner，2001；Stiner et al.，1999）。通过对晚更新世黄河流域中游地区狮子滩遗址（13800~8500a BP）的磨制石器进行微痕和淀粉粒分析发现，黄河流域中游地区最后的狩猎采集者通过收集和加工禾本科杂草种子、橡子、野生豆类和山药类等以获得足够的食物资源（Liu et al.，2011）。在中石器时代的西欧地区，狩猎采集者采用广谱适应策略来应对气候变化，其食谱中采集的植物性资源达到60%~80%,同时狩猎哺乳类、爬行类动物,捡拾贝类、甲壳类,捕获鱼类资源等(Price, 1987)。

旧石器人群狩猎采集的生活方式对环境的影响,主要体现在对自然界动物种群的干扰方面,尤其是在旧石器晚期,相比气候变化,人类的狩猎活动是造成部分动物种群(如猛犸象、披毛犀)灭绝的更为重要的原因(Sandom et al., 2014; Lorenzen et al., 2011)。第四纪晚期生物灭绝事件是全球性的,尤以北美洲、南美洲和澳大利亚最为突出。末次冰盛期以来,加利福尼亚地区气候条件和植物生态系统相对稳定,但却有21种动物灭绝,包括美洲大地懒、倭叉角羚、冰原狼等,原因归结为现代人的扩散及其狩猎活动对大型动物生存施加的压力(Johnson, 1977)。5~4.5ka BP,现代人已扩散至澳大利亚,其过度用火的行为可能导致当地的植物生态系统发生了巨大变化,由以C_3植被为主转变为以C_4植被为主。现代人过度狩猎的行为以及植物生态系统的不稳定,促使食谱较窄的大型动物因食物资源匮乏而灭绝,如牛顿巨鸟(Burney et al., 2005; Miller et al., 2005)。

此外,旧石器人群的活动也可能对部分地区的植被产生了影响,如现代人扩散至澳大利亚后,其用火活动干扰了当地的植物生态系统平衡(Van Der Kaars et al., 2017)。然而,相对新石器和青铜时代,旧石器时代人类对自然环境的影响范围和程度都是很微弱的。旧石器时代人地关系研究的重点,还是集中在气候环境变化对人类演化的影响,以及狩猎采集人群对环境变化的适应方面。

2. 新石器时代的人地关系研究概述

新石器时代,在考古学上是指石器时代的最后一个阶段,以使用磨制石器为标志的人类物质文化发展阶段,开始时间在距今10000年前后。由于世界不同地区青铜时代的起始时间不一致,新石器时代结束的时间也各不相同。中国青铜时代的起始时间出现在距今4000年左右,因此,本书讨论的新石器时代年代范围特指10000~4000a BP。

陶器的出现、植物的栽培和动物的驯养等文化特征被认为是新石器时代来临的标志(钱耀鹏,2012),Childe(1936)称之为"农业革命"。在10000a BP左右,在欧亚大陆的东西两端出现了世界上最早的农业起源中心,小麦、大麦等作物驯化于西亚的肥沃新月形地带(Riehl et al., 2013; Zeder, 2008),水稻和粟黍分别驯化于中国的长江流域和黄河流域(Gross and Zhao, 2014; Yang et al., 2012; Zhao, 2011; Fuller et al., 2009; Lu et al., 2009)。农业起源对人地关系演变产生了重要的影响,降低了人类对自然资源的依赖程度,人类对环境的适应能力较旧石器时代显著增强。此外,人类开始改造生存环境使之更为适合开展农业活动。

新石器时代人类通过农业生产获得稳定的食物供给,定居的生活方式则缩短了人类的生育周期(Diamond,1997),促使农业起源后人口的快速增长和广泛扩散(Gignoux et al.,2011),对新石器时代欧亚大陆人类文明的演化进程起到了重要的推动作用(Diamond and Bellwood,2003)。

新石器时代气候环境变化对人类活动和文明演化的进程仍然产生了显著的影响,这一时期世界不同地区古文明的衰退被认为与气候变化密切相关。例如,在西亚的美索不达米亚地区,显著的干旱事件被认为是导致阿卡德帝国在2334~2154BCE("BCE"为"公元前")解体的关键因素(Cullen et al.,2000;Kerr,1998;Weiss et al.,1993)。在南亚的印度河流域,2200~1900BCE气候干旱,被认为是哈拉帕文明(2600~1800BCE)衰退的重要原因(Staubwasser et al.,2003)。在非洲,距今约5300年以来的干旱事件促使撒哈拉沙漠南部边界逐渐南移并形成今天的撒哈拉大沙漠景观,非洲北部文明随之衰落,只在水源充足的尼罗河流域发育了法老文明(Kuper et al.,2006)。在中国南方,海平面变化对长江下游地区的新石器文化发展产生了重要影响(郑洪波等,2018),良渚文化的衰落则被认为与东亚季风变迁有关(吴文祥和刘东生,2004)。在中国北方的燕辽地区,地下水侵蚀作用引发的沙漠化事件可能导致了盛极一时的红山文化(6500~5000a BP)的衰亡(Yang et al.,2015)。在黄河流域,山西公海的古气候记录显示7500~5500a BP是全新世降水最为丰富和稳定的时期,促进了仰韶文化(7000~5000a BP)的发展,而5000~4000a BP降水减少且出现显著波动,黄河流域文化出现了显著的空间分异(Chen et al.,2015b)。在西北甘青地区,气候干旱事件则可能是导致新石器文化转型的重要因素(Dong et al.,2012;安成邦等,2003)。

新石器时代人类适应气候环境变化的策略,主要是通过对动植物资源利用方式(包括种类和行为)的调节,应对气候变化或人口增长引发的生存压力。例如,在意大利东南部的阿普利亚(Apulia)地区,新石器时代(6500~3700BCE)气候出现干湿波动,导致人口密度也随之波动,该地区农业人群通过调整利用的植物种类和种植时间来应对气候变化(Fiorentino et al.,2013)。在希腊,6500~5000a BP是气候快速变化的时期,其中在5800~4900a BP连续出现三次干旱事件,但并没有造成人类遗迹的缺失,人类通过农业和牧业生产方式的转换调节适应变化的环境(Lespez et al.,2016)。在美国中部大平原,全新世晚期生态环境好转,促使偶蹄类动物增多,先民的狩猎策略相应地也由之前以兔形目等小型动物为主转变为以大型偶蹄类为主(Byers and Broughton,2004)。在非洲撒哈拉地区,5300a BP以来的干旱事件导致撒哈拉沙漠南部边界逐步南移至今天的范围,同时也促使牧业经济在非洲大陆的广泛传播(Kuper et al.,2006)。在中国黄河中游地区,裴李岗文化(9000~7000a BP)先民在山坡地带种植粟黍,在冲积平原则是粟稻混作农业，从一个侧面反映出对不同地貌水文生存环境的适应策略（Wang et al.，2017）。Wang 等（2018）通过对陕西省新石器晚期遗址中粟黍遗存氮同位素的分析，发现该时期先民对土壤添加有机肥以保障土壤肥力和农业生产，这对中国北方新石器晚期文化扩张起到了积极作用。关中地区新石器时代先民的生业模式在前仰韶时期至龙山晚期的不同阶段都有较大差异，也在一定程度上反映了人类对气候变化的适应（屈亚婷等，2018）。

新石器时代世界范围内人口数量出现了快速增长（图1.1b），人类的农业生产活动对环境的影响显著强于旧石器时代。在叙利亚西北部和欧洲地区，新石器时期人类的农业生产导致森林的破坏和火灾频率的快速增加（Vannière et al.，2016；Yasuda et al.，2000）。在欧洲西南部的伊比利亚半岛，新石器时期人类的农业活动对局地尺度的植被和景观产生了明显的影响（Revelles，2017）。在西班牙，土地利用对植被和土壤侵蚀的影响可追溯至新石器时代（García-Ruiz，2010）。一些学者认为5000a BP开始的大气甲烷浓度的上升与水稻种植有关（Fuller et al.，2011；Ruddiman et al.，2008）。在中国南方，新石器晚期的人类活动对自然植被的演替趋势造成了显著的影响（Cheng et al.，2018）。在中国北方的黄河流域，新石器时代早期的人类活动对周边的生存环境产生了影响，新石器中晚期人类土地开垦强度增加，对环境的影响扩大到区域尺度（Zhuang and Kidder，2014）。中国北方粟作农业在7000~6000a BP得到强化，6000~4000a BP粟作农业广泛扩散，高强度的农业活动促使火灾频率显著增加（董广辉等，2016）。

上述研究显示，在新石器时代气候环境变化对人类文明演化仍然具有显著的影响，而人类适应气候变化和改造生存环境的能力在显著增强，人类活动在局地和区域尺度上可能对自然环境产生了重要影响，在更大空间尺度上的影响尚不明确。

3. 青铜时代的人地关系研究概述

在4000a BP后，中国大部分地区出土了青铜器，并作为工具或者礼器使用，标志着中国进入青铜时代。地处西北的河西走廊在4000a BP后大量遗址出土了青铜器，标志着河西走廊也进入了青铜时代。学术界目前将甘青地区汉代之前无文字记录的历史统称为史前时代，本书研究的河西走廊将延用该认识，为了方便与欧亚草原同时期文化比较，4000~3300a BP统称青铜时代早中期，3200~2100a BP归为青铜时代晚期和铁器时代早期。青铜时代欧亚大陆的文化格局较新石器时代出现了重大变化，主要受到跨大陆文化交流的影响，不同地区人类可利用的农作物和家畜种类明显增多，生产工具也呈现出多样化的特征。受其影响，人与环境相互作用的模式也发生了显著的变化。

气候环境变化对人类活动和文明演化的影响方面，在不同地区呈现出不同的模式（Bevan et al.，2017）。塞浦路斯东岸的气候记录显示该地区3200~2900a BP气候持续干旱，导致饥荒和食物短缺、移民与政治经济动荡，以及青铜时代晚期的危机和文化系统的转变（Kaniewski et al.，2013）。在希腊的皮洛斯地区，3200a BP前后的干旱气候可能对农业生产和文明演化系统产生了重要影响（Finné et al.，2017）。在中亚地区，气候干旱引发的草原危机促使游牧经济的兴起（Kuzmina，2015；Di Cosmo，2002）。在中国内蒙古东部的西辽河流域，青铜时代的气候恶化导致人群的迁徙，以及不同区域生业模式的分化（Jia et al.，2016）。在"世界屋脊"青藏高原，人类在气候冷干的大背景下，3600a BP之后向高海拔地区大规模扩张，并永久定居至海拔3000m以上地区（Chen et al.，2015a）。根据历史记载、考古学证据及古气候代用资料分析认为，从洪水到干旱的气候突变可能造成中原以外地区许多考古学文化的衰落，但是也促进了中原地区中华文明的诞生（王绍武，2005）。

青铜时代人类生产技术较新石器时代有明显的进步，且呈现多样化的特征，适应气候变化的能力也显著增强。例如，欧亚大陆西侧的迦南地区青铜时代晚期由古埃及王国控制，该地区在1250~1100BCE出现干旱气候，管理者采取发展旱作农业和犁耕的方式予以应对（Finkelstein et al.，2017）。在印度河流域，哈拉帕文明晚期至后城市时期（2000~1200BCE），人类增加了耐旱作物粟黍的种植，尤其是在边缘地区，以应对西南季风减弱导致的干旱气候（Pokharia et al.，2014）。位于中国文明起源核心地带的中原地区，在1600~1300BCE以种植粟黍、小麦、大豆等旱作农业为主，辅以水稻种植的北方传统农业体系已经建立（Lee et al.，2007），适应于全新世晚期相对冷干的气候条件。在青藏高原东北部，青铜时代中晚期不同海拔地区的人群选择不同的生业模式，以适应不同的生存环境（张山佳等，2017）。在海拔2800m以上的柴达木盆地，诺木洪文化人群在3400~2450a BP选择以种植耐寒大麦和放牧羊与牦牛的生产方式，保障了人类在高海拔地区的常年定居（Dong et al.，2016）。

青铜时代人类活动对自然环境的影响更加显著，范围也更广，如格陵兰冰芯记录中的铜元素浓度从2500a BP开始就显著超出了自然本底，被认为与罗马帝国时期和中世纪人类的冶金活动有密切关联（Hong et al.，1996）。近期的研究显示，罗马帝国时期的冶金活动还造成铅污染并记录在格陵兰冰芯记录中，其强度与历史事件有很好的对应（McConnell et al.，2018）。在中国的不同地区，青铜时代的冶金活动都导致邻近下游湖泊沉积物中铜元素含量的显著升高（Zhang et al.，2017）。青铜时代的人类活动还导致植被变化和土壤侵蚀，如在法国前阿尔卑斯山脉，青铜时代中期，人类对粟黍的种植与流域土壤侵蚀是同步的（Jacob et al.，

2009）。在保加利亚东北部地区，青铜时代晚期至铁器时代早期的人类活动对森林植被产生了显著的影响（Marinova and Atanassova，2006）。青铜时代人类活动对植被的影响在意大利北部地区也有报道（Valsecchi et al.，2006）。在青藏高原东北部，青铜时代的人类活动可能导致了火灾频率和狼毒孢粉含量的明显增加（Huang et al.，2017；Miao et al.，2017）。青铜时代人类活动对环境也有积极的影响，如近期的研究显示，非洲东部青铜时代的放牧活动对增强土壤肥力和改善非洲草原生态发挥了重要作用（Marshall et al.，2018）。

综上所述，史前时代人地关系研究在过去 20 多年取得了显著的进展，主要得益于研究方法的进步、多学科的合作和不同地区研究资料的积累。通过对相关研究成果的总结，可以得出初步的判断，人与环境相互作用的模式在人类演化的不同阶段是有区别的。旧石器时代早期人类活动受生存环境变化的显著制约，到旧石器时代晚期人类适应环境的能力明显增强，但对自然环境的影响仍很微弱。新石器至青铜时代，尽管气候环境变化仍然对人类活动和文明演化有明显的影响，但人类适应环境变化的能力显著增强，体现在全新世温度整体呈下降趋势，而全球人口则整体呈现上升趋势（图 1.1a），这与技术的革新和扩散紧密相关。随着人口的增加，生存空间的拓展和技术的进步，人类对自然环境的影响也在逐步增强，在青铜时代尤为明显，这与跨大陆的文化交流有很强的联系。因此，理解史前人地关系演化的过程与机制，对史前时代欧亚大陆东西方交流的研究是非常重要的。

1.2.2 史前时代欧亚大陆跨大陆的文化交流

1. 史前遗址出土的器物遗存证据

欧亚大陆史前遗址出土的器物遗存是史前时代人类活动的实物证据。由于不同器物类型最早出现的地区各不相同，通过梳理出土同一特征器物遗存的遗址年代并进行空间对比，可以分析出其传播的时空框架。青铜器、权杖头等器物，以及青铜冶炼技术最早出现在西亚地区（Rosenberg，2010；Roberts et al.，2009），彩陶和玉器等器物最早出现在中国（韩建业，2013；叶舒宪，2013）。总结出土具有明确东方或西方文化特质的不同器物遗存的史前遗址的时空分布，可为认识史前时代东西方交流过程提供重要依据。

9000～7000a BP 合金铜冶炼技术最早出现在西亚的新月沃土地带（Borić，2009；Craddock，2000），7000a BP 后铜冶炼技术在土耳其东部和安纳托利亚南部已得到普遍利用（Golden，2016；Wertime，1973），6000a BP 前后在黎凡特地区出现了一个重要的冶炼中心（Golden，2016）。随着近东地区文化的扩张，铜冶炼技术开始向欧洲、中亚和东亚地区传播（Roberts et al.，2009）。5500～5000a BP

西亚美索不达米亚地区出现了青铜冶炼技术（De Ryck et al.，2005），5000～4000a BP 青铜冶炼技术传入中亚的哈萨克斯坦地区，在 4500a BP 后冶金技术传播至哈萨克斯坦北部和乌拉尔山南部地区并发展成冶金中心（Chernykh，1992）。随着欧亚草原文化的传播，4000a BP 前后冶金技术继续向东传播至中国（Linduff et al.，2009；Mei，1999），沿新疆—河西走廊—青藏高原—长城沿线的草原地带，青铜器及冶金技术传播至中国西北地区及北方地区（杨建华等，2016）。4000a BP 前后马厂文化—西城驿文化时期河西走廊形成了最早的冶金中心（陈国科，2017），4000～3400a BP 河西走廊高强度的冶金活动使得文化层土壤的铜元素含量显著增加（Yang et al.，2017；Zhang et al.，2017）。然而，甘肃马家窑文化林家遗址（5000～4600a BP）出土了青铜刀一件和残留的铜渣数块（李水城，2005），表明河西走廊的冶金存在独立起源的可能（陈国科，2017）。

权杖头是西亚地区象征权利的重要器物之一。前陶新石器晚期西亚的黎凡特地区出土目前最早的石质权杖头，以色列 Yarmukian 文化（8400～7800a BP）出土了大量的石质权杖头（Rosenberg，2010），铜石并用时代晚期—青铜时代早期（6000～5000a BP）权杖头由伊朗高原北部进入中亚，在 Nahal Mishmar 洞穴（7000～5500a BP）发现了大量的青铜制作的权杖头（Moorey，1988）。5000a BP 安纳托利亚高原、黑海沿岸及高加索地区也多有发现权杖头（Zimmermann，2007），青铜时代欧亚草原发现了石质权杖头，继而向东影响到东亚地区（李水城，2010，2002）。中国最早的权杖头是发现于甘肃宁县宁家庄遗址的彩绘权杖头，其时代在庙底沟类型时期（5900～5500a BP）（王彦俊，1995）；在东北赤峰地区红山文化晚期到小河沿文化（5000～4500a BP）时期的遗址出土了 7 件权杖头（李水城，2010），暗示西亚文化元素可能在 5500～4500a BP 已影响到东亚地区。4000a BP 后受到欧亚草原文化的东进和南下影响，河西走廊西城驿—四坝文化的遗址出土了大量的石质权杖头和青铜铸造的权杖头（甘肃省文物考古研究所等，2016；陈国科等，2014），在黄土高原发现了齐家权杖头，在新疆地区的青铜时代遗址也普遍发现了权杖头（杨琳和井中伟，2017；李水城，2010）。

早年安特生提出了"彩陶西来说"（安特生，1923），对此中国学者持怀疑态度（苏秉琦，1965），经过多年的研究认为史前时代中国北方黄河流域出现了彩陶不断西渐的过程（韩建业，2013；陈戈，1982；严文明，1978）。中国北方地区彩陶最早出土于白家文化（8000～7200a BP）遗址（甘肃省文物考古研究所，2006；中国社会科学院考古研究所，1994），发展到仰韶文化庙底沟类型时期，彩陶迅速影响到中国北方地区（韩建业，2012；王仁湘，2011；苏秉琦，1965）。庙底沟类型文化对黄土高原影响深刻，陇西黄土高原马家窑彩陶是彩陶总体西渐的过程中影响形成的（丁见祥，2010）。韩建业（2013）认为仰韶文化-马家窑文化彩陶沿着黄河上游的甘肃中部—河湟谷地—河西走廊—新疆—中亚一线，分别在 5500a BP、5000a BP、4300a BP 和 3300a BP 经历了四次西渐的过程，5500～5000a BP 黄河中上游地区的仰韶文化彩陶已向西传播至青海东北部的河湟谷地，5000～4000a BP 马家窑文化时期彩陶大规模向西扩张，从河湟谷地翻越祁连山进入河西走廊，马厂文化时期彩陶遍及整个河西走廊，3900a BP 后随着四坝文化向西扩张和影响，彩陶传播至新疆东部。彩陶在新疆东部兴盛之后，在 3300a BP 传播至新疆中部，对南疆彩陶文化形成有重要的影响。西亚两河流域北部的 Jarmo 有陶文化（8100～7500a BP）、哈拉夫文化（Halaf）和 Hassuna 文化（7980～7280a BP）遗址出土了西亚最早的彩陶（韩建业，2018a；LeBlanc and Watson，1973），中亚的 Namazga Ⅰ—Ⅲ 期文化（6200～5000a BP）和 Anau 文化（7000～5000a BP）发现了大量的连续锯齿纹组成的菱形、十字形图案和具象性的动物纹饰彩陶（韩建业，2018b；King and Underhill，2002；Kohl，1981；Schmidt，1908）。5000a BP 后中国马家窑文化马家窑类型出现少量的连续性锯齿状纹饰，半山类型（4500～4300a BP）盛行锯齿状纹饰，说明至少在马家窑文化半山类型的锯齿纹可能受到中亚的影响（韩建业，2018b）。青铜时代晚期到铁器时代（3200～2100a BP），彩陶几乎遍布新疆全境（韩建业，2013），彩陶继续向西扩张，3500a BP 后影响到中亚费尔干纳盆地的楚斯特文化（3500～2700a BP）（韩建业，2013）。

玉崇拜是东方文明，特别是华夏文明区别于西方文明的重要标志。经历了从新石器时代早中期以装饰性小件玉器和实用工具为主体阶段向新石器时代晚期以玉工具、玉兵礼器为主题的繁荣阶段的发展（叶舒宪，2014），新石器晚期齐家文化、红山文化、良渚文化三大玉器文化达到史前玉器文化的高峰（易华，2016）。夏商周时期是中国玉器文化的完备时期，玉器技术随着各地之间的文化交流不断加强，玉器风格也趋于一致，并不断创新，对后世影响深远（曹楠，2008）。在各文化交流的过程中，一种隐形的"玉石"信仰、技术和器形开始传播，玉器加工技术和器物样式先"南传"后"西输"的"玉石之路"形成（唐启翠，2013）。近些年，西北地区大量玉器被发现，如甘青地区齐家文化武威皇娘娘台、永靖大何庄、永靖秦魏家、临潭磨沟、乐都柳湾等多个齐家文化（4300～3600a BP）遗址均发现了玉器（毛瑞林，2009；叶茂林等，2002；魏怀珩，1978；谢端琚，1975）。另外，新疆小河墓地和古墓沟墓地最早具有确切年代的玉器的出土（伊弟利斯等，2007；王炳华，1983），使得"玉石之路"的研究越来越受到关注（叶舒宪，2015，2013；闫亚林，2010；臧振，1994），特别是近年甘肃西部马鬃山玉矿及敦煌旱峡玉矿的发现与研究，认为甘肃马鬃山玉矿遗址属于骟马文化（3000～2400a BP），可能是月氏人的遗存，同时为认识河西走廊地区玉矿开采及"西玉东输"和"昆山之玉"的路线及其形成时间提供了新依据（席琳，2020；陈国科等，2018；王强和杨海燕，2018）。闫亚林（2010）基于目前研究认为这些史前玉器均为就地取材，还不存在西玉东输路线，而且中原地区深厚的玉文化并未影响到新疆地区，进一步认为玉石之路与河西走廊四坝文化衰落、游牧民族兴起并控制东西贸易有关，因此玉石之路的开通时间大概在商周至战国之际。汉以后，新疆地区优质丰富的和田玉料才源源不断地输入中原地区，成就了灿烂的古代中国玉文化。

青铜礼器十分发达是中国古代青铜器区别于世界上其他国家青铜器的显著特点，也是中国古代青铜文化的本质特点。青铜容器作为礼器是中国夏商周青铜文化的本质特点，其功能不单是盛物用的容器，而且作为礼器具有表示身份等级的作用。夏代已出现了青铜容器作为礼器，商周时期以中原为核心区域的青铜礼器已发展得十分成熟，并不断走向繁荣。以二里头文化为代表的夏文化，继而以二里岗早商文化等为代表成为中原地区乃至整个东亚地区的核心文化，并在晚商、西周时期强势向外扩张影响到其他区域，在强势扩张的过程中将青铜容器直接输出或通过施以间接影响的方式，不断将青铜容礼器传播至其他地区。中原以青铜礼器为特点的青铜文化形成的文化辐射影响力，北至内蒙古，西北至甘青地区，西南至川渝地区，南至湘赣地区，东南至江浙地区，东至山东（施劲松，2018；徐昭峰等，2009）。强势的夏商文化向北对燕山南北一带的夏家店下层文化产生了重要的影响，在部分遗址出土了大量的中原王朝文化因素的青铜器礼器（孙晓鹏和韦姗杉，2015；蒋刚，2010；徐昭峰和李翠霞，2009；杜金鹏，1995）。随着商、周势力不断地向南扩张，影响至苏南、皖南、两湖、江西地区，这些地区都发现了大量商周时期青铜容器（施劲松，2018；水涛，2007；熊传新，2007；郑小炉，2004；江西省博物馆，1997；赵世纲，1993）。中原青铜器向西南地区传播对成都平原三星堆-十二桥文化产生重要的影响，出土了大量的青铜容器（施劲松，1998；岳润烈，1983；冯汉骥，1980）。商周时期对东方的经略，使得山东半岛及海岱地区出土了大量的东夷式青铜容器（徐波等，2017；徐基，2007；方辉，2007）。随着中原文明不断向西扩张，在陇东地区出土了大量的青铜容器，甚至影响到黄河上游地区的卡约文化，出土了青铜容器铜鬲（甘肃省文物考古研究所，2009；赵生琛，1985；初仕宾，1977）。

边地半月形文化传播带，也被称为中国弧（China's Arc），是指东起大兴安岭南段、北到长城一线，西抵河湟地区，再向南折沿青藏高原东部直达云南西北部的广大半月形地区（图1.2；Rawson，2017；张弛，2017；童恩正，1987）。该区域在权杖头、青铜器等西方文化元素和彩陶、玉器等东方文化元素的交互和碰撞中扮演着纽带的角色，对东西方文化元素的"接纳"和"拒绝"都首先发生在这一中间地带（Rawson，2017）。10000~5000a BP，东西方文化仍处在欧亚大陆的两端，各自发展尚无交流。该阶段，中国仰韶文化时期的彩陶文化已十分兴盛，并西向传播至中国弧地区。5000~3500a BP，东西方文化交流开始出现并逐步加强。权杖头、青铜武器等西方文化元素东向传播到达新疆地区，并继续东扩以至半月形文化带；中国的玉器在该时期也被半月形文化带所吸收和接纳，马家窑文化彩陶越过弧形地带向西到达河西走廊和新疆东部地区。3500~2200a BP，东西方文化交流进一步加强，权杖头、青铜武器等西方文化元素继续向东传播，穿过弧形地带已达中国东部地区。同时，具有东亚特征的玉器和青铜容器也出现在弧形文化传播带（图1.2）。

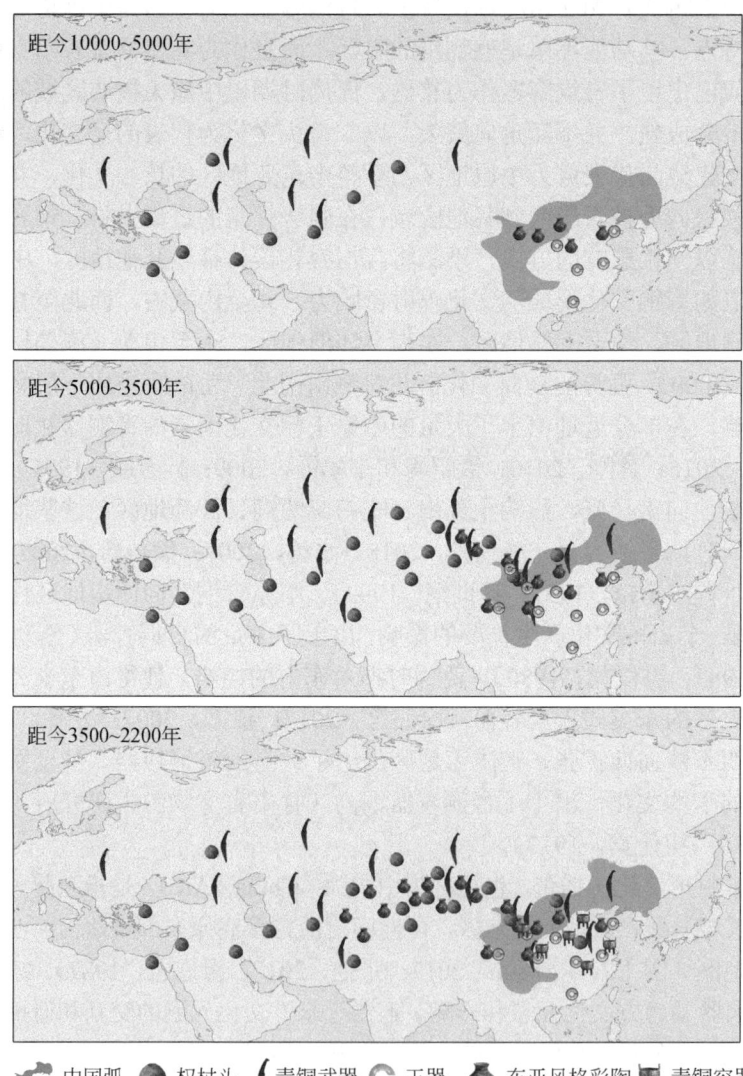

图1.2 史前时代欧亚大陆不同阶段东西方文化元素传播图（见彩图）

2. 史前遗址出土的农作物年代和人骨碳同位素数据

尽管根据史前遗址出土的东西方文化特质器物的分布，可以描绘史前东西方交流的时空框架，但由于这些器物本身不适合精确测年，需要应用其他方法研究欧亚大陆史前跨大陆文化交流的详细过程。植物考古研究的广泛开展和 ^{14}C 测年方法的应用为解决该问题提供了有效途径。由于粟黍和小麦、大麦分别起源于东亚和西亚，而炭化的单年生农作物种子是非常理想的 ^{14}C 测年材料（Dong et al., 2014；Wilmshurst et al., 2011），通过对比欧亚大陆史前遗址农作物组合特征和作物遗存的直接测年结果，可以厘清史前时代主要农作物的传播历史（Liu et al., 2019；Dong, 2018；Jones et al., 2011），并为探讨史前东西方交流提供可靠的数据支撑（董广辉等，2017）。

通过欧亚大陆史前遗址出土人骨碳同位素的分析，可以从食物消费的视角探讨史前东西方交流的历史。人骨碳同位素主要反映古人类对 C_3 和 C_4 食物的摄入比例，粟黍是 C_4 作物，而小麦和大麦为 C_3 作物，不同作物碳同位素值有显著差异。人类如以粟黍为主食，骨骼碳同位素值呈现 C_4 信号（>-11‰），如以小麦或大麦为主食，骨骼碳同位素值呈现 C_3 信号（<-18‰），如同时摄食粟黍和小麦或大麦，骨骼碳同位素值呈现 C_3 和 C_4 混合信号（-18‰~-11‰）。研究显示，新石器时代至青铜时代，人类的主要伴生家畜狗和猪骨骼碳同位素值与人骨特征相近，也可用于探讨史前人类对农作物的利用情况（陈相龙等，2017；Ma et al., 2014；Hou et al., 2013；Barton et al., 2009；Pechenkina et al., 2005）。因此，通过欧亚大陆史前遗址人骨和伴生家畜猪、狗骨骼的碳同位素值的时空变化（图 1.3），结合植物考古证据，可以从食物消费的视角追踪欧亚大陆史前东西方文化交流的过程（Wang et al., 2017；董广辉等，2017）。

植物考古研究显示小麦和大麦在约 10500a BP 驯化于西亚的肥沃新月形地带（Riehl et al., 2013；Zeder, 2008），最早的麦类作物遗存的直接测年结果为 10557~10259a BP，出自土耳其的 Nevali Gori 遗址（Lösch et al., 2006）。小麦、大麦被驯化后，随着人群的扩散向周边地区传播，9000~8500a BP 传播至欧洲东南部地区。麦类作物在欧洲最早出现在希腊和克里特岛（Perlès, 2001），最早的麦类遗存直接测年结果为 8845~8692a BP（Perlès et al., 2013）。8000a BP 麦类作物已传播至东南欧地区全境（Greenfield et al., 2014），7000a BP 前传播至欧洲中部（Price et al., 2001），6000a BP 前向东扩散至波兰、乌克兰等地区（Zvelebil and Dolukhanov, 1991），5000a BP 左右传至北欧地区（Collard et al., 2010）。

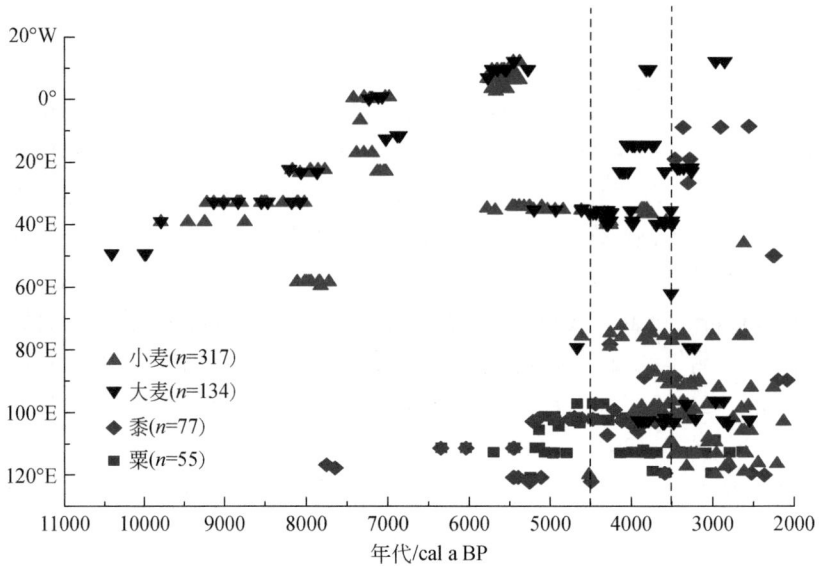

图1.3 农作物遗存年代随经度的变化（见彩图）（改自董广辉等，2017）

小麦、大麦向中亚和东亚地区传播晚于向欧洲的传播。小麦和大麦8000a BP前后传播至伊朗西北部和高加索地区（Hovsepyan and Willcox，2008），以及土库曼斯坦北部的科彼特达格山脉北麓地区，在哲通（Jietun）遗址出土的最早麦类遗存直接测年结果为8330～7500a BP。8000～7500a BP麦类作物东传至中亚东部及南亚（Liu et al.，2019），在巴基斯坦的Mehrgarh遗址（8000～7000a BP）出土了小麦和大麦遗存（Costantini，2008），7000～4500a BP麦类作物在巴基斯坦地区已得到广泛的利用（Tengberg，1999）。麦类作物5000a BP传入了中亚腹地的塔吉克斯坦地区（Spengler and Willcox，2013），4800～4600a BP继续传入中亚东部的哈萨克斯坦地区（Doumani et al.，2015；Spengler et al.，2014）。小麦在龙山时期（4600～4000a BP）传入中国的黄河下游地区，目前仅在山东省的赵家庄遗址和丁公遗址出土的小麦遗存测年早于4000a BP（Long et al.，2018；靳桂云等，2011）。但是，最新报道称阿尔泰地区吉木乃通天洞遗址发现了直接测年为5000～3500a BP的小麦遗存（于建军等，2018）。一些学者提出小麦和大麦传入中国的路线是不一样的，小麦是由欧亚草原传入中国，而大麦则由南亚经青藏高原传入中国（Zeng et al.，2018；Liu et al.，2017）。因此，小麦、大麦作物最早传入中国的时间和路径仍是需要深入研究的科学问题。

与小麦和大麦的传播过程不同，新石器时代粟黍的利用基本仅限于东亚地区。根据东胡林、南庄头和磁山等遗址的植物大化石鉴定和微体化石分析结果，粟黍可能于10000a BP左右在中国北方被驯化（Yang et al.，2012；Zhao，2011；Lu et al.，2009），但目前尚缺乏粟黍作物遗存的直接测年数据。目前粟黍化石最早的直接测年数据来自内蒙古东部的兴隆沟遗址、黄河中游的朱寨遗址和黄河下游的月庄遗址，测年数据在7800~7500a BP（Bestel et al.，2018；Crawford et al.，2013；赵志军，2008）。7000~6000a BP，仰韶早期文化在黄河中游兴起并得到快速发展，该时期也是粟作农业强化的关键阶段（董广辉等，2016；赵志军，2014）。黄河中游地区仰韶文化早期多个遗址的植物考古研究结果显示，粟黍种植已成为该地区先民的主要生业模式（王欣，2015；魏兴涛，2014；赵志军，2014）。

6000~5000a BP，仰韶中晚期文化快速发展并广泛扩张，推动粟黍农作物向周边地区的传播。在西北甘青地区，5500~4000a BP粟黍随新石器晚期文化的扩张而西向传播（Jia et al.，2013），5200a BP左右传播至青藏高原东北缘的河谷地带（Chen et al.，2015a），5000~4500a BP进一步传播至河西走廊地区（Liu et al.，2019；Dong et al.，2018）。仰韶文化中晚期粟黍作物东向传播至朝鲜半岛（秦岭，2012），在朝鲜和韩国多个5500~5000a BP的遗址发现粟黍遗存（Sergusheva and Vostretsov，2009），其中Pyeonggeodong遗址出土的炭化黍直接测年结果为5040~4850a BP（Lee，2011）。粟黍南传过程的研究也得到了较多关注，目前长江流域最早的粟遗存出土于湖南澧县的城头山遗址，时间可追溯至5800a BP（Nasu et al.，2007）。5000~4000a BP 粟黍已传播至四川盆地和青藏高原东南部（d'Alpoim Guedes et al.，2013），其中昌都卡若遗址炭化粟的测年结果在4700~4300a BP（d'Alpoim Guedes et al.，2014）。

根据目前的植物考古研究结果，粟黍和大麦小麦遗存最早同时出现在哈萨克斯坦东部的Tasbas遗址和Begash遗址（Doumani et al.，2015；Spengler et al.，2014），Tasbas遗址出土麦类作物遗存直接测年结果早至4600~4400a BP（Doumani et al.，2015）。目前除山东的赵家庄和丁公遗址外，中国早期的小麦和大麦遗存多出土于西北地区，尤其是河西走廊、青藏高原东北部和新疆地区，多个青铜时代早期遗址（火石梁、缸缸洼、西城驿、东灰山、金蝉口、新塔拉、小河墓地、古墓沟墓地等）出土的小麦遗存测年结果集中在4000~3500a BP（Dong et al.，2018；Liu et al.，2016a；Chen et al.，2015a；Zhang et al.，2015；张雪莲等，2015a；Dodson et al.，2013；Zhao et al.，2013；Flad et al.，2010）。

粟黍作物随马家窑文化西渐传入河西走廊中部，随后沿丝绸之路和欧亚草原南北两条路线继续向新疆和中亚东部传播。Begash遗址出土的炭化黍测年结果为4410~4100a BP，显示黍在4400a BP左右传播至哈萨克斯坦东部（Spengler et al.，2014），该时期东西方农作物已在中亚东部地区出现交汇。4000~3500a BP，随着跨大陆文化交流的强化，黍在中亚东部及其周边地区得到较广泛的利用，在阿富汗 Shortughai 遗址、巴基斯坦 Harappan 文化晚期遗址都鉴定出了该时期的黍遗存（Goyal et al., 2013; Willcox, 1991）。同一时期，在新疆南部的小河墓地和新塔拉遗址也出土了黍的遗存（Zhao et al., 2013），可能是受到西城驿文化（4000~3700a BP）和四坝文化（3900~3400a BP）西渐的影响（Dodson et al., 2013; 李水城，2009）。

3500~2200a BP，小麦和大麦在中国北方种植的空间范围较此前显著拓展。在西北地区，大麦和小麦已经成为人类的主食（Zhou et al., 2016; Ma et al., 2016）。在新疆地区，麦类作物已成为该时期的主要农作物（Jiang et al., 2013; 蒋洪恩，2007）。青藏高原东北部海拔 2500m 以上地区，耐寒的大麦已成为人类最重要的植物资源（张山佳和董广辉，2017; Chen et al., 2015a）。在黄河中下游地区，商周时代的考古遗址中普遍出现了小麦遗存，其测年结果与遗址的文化属性有很好的对应（Liu et al., 2016a），说明小麦在商周时期已经得到普遍种植。在伊洛河流域的植物考古研究，同样显示小麦已经成为商周时期中原地区重要的农作物（张俊娜等，2014; Lee et al., 2007）。位于中国西南的云贵高原和西藏东南部地区 3500~2200a BP 的遗址中也普遍出土了小麦、大麦和粟黍遗存，如海门口、石岭岗、昌果沟、卡若、邦嘎和阿梢垴遗址等（Liu et al., 2016a; 黎海明等，2016）。

3500~2200a BP，黍进一步向西传播到中亚西部和欧洲的部分地区。土库曼斯坦的植物考古研究显示，黍在约 3200a BP 已经传播至中亚西部地区（Spengler, 2015）。Matuzeviciute 等（2013）对欧洲东部罗马尼亚地区、欧洲中部匈牙利和德国的多个遗址出土的炭化黍种子开展了直接测年，显示农作物黍在 3500a BP 后已经传入欧洲中东部地区。黑海北部乌克兰的 Zanovsko 遗址出土的炭化黍种子的测年结果为 2350~2160a BP（Matuzeviciute et al., 2012），显示黍可能在铁器时代的 Scythian-Sarmatian（萨夫罗马泰-萨尔马泰）文化时期（2700~2400a BP）传入欧洲东南部地区。

基于上述植物考古研究和炭化农作物遗存的直接测年结果，可以将欧亚大陆史前时代具有东西方文化特质的主要农作物的传播与交汇的过程分为三个主要阶段：①10500~4500a BP，小麦和大麦已传播至欧洲全境和中亚的大部分地区，粟黍在中国黄河流域得到普遍利用，并且东传至朝鲜半岛，南传至长江流域，西传至河西走廊地区；然而，目前的研究结果并未显示该阶段出现东亚和西亚农作物混合利用的迹象；②4500~3500a BP，粟黍和小麦、大麦最早在哈萨克斯坦东部得到混合利用，该时期东西方农作物遗存在中亚东部和中国西北地区的一些遗址同时被发现，但在其他地区则很少出现这种现象；③3500~2200a BP，小麦和大麦在中国北方已经得到广泛的利用，农作物黍传播至欧洲地区，东西方农作物混合利用的空间范围已扩散至欧亚大陆的大部分地区。

欧亚大陆新石器—青铜时代遗址出土人骨碳同位素分析的结果（图1.4），与农作物遗存年代揭示的史前跨大陆文化交流的时空过程基本是一致的。10500～4500a BP，欧亚大陆西部地区人类摄食的植物以 C_3 为主，结合植物考古的研究结果，显示人类主要摄食小麦和大麦。例如，近东地区的 Çatalhöyük 遗址（9500～8500a BP）出土的人骨碳同位素值呈现明显的 C_3 信号（Pearson et al.，2015；Richards et al.，2003），该遗址出土了丰富的大麦和小麦遗存，出土概率超过50%，暗示该遗址先民以这两种作物为主食。在欧亚大陆的东部，10500～4500a BP 中国北方遗址出土的人骨和伴生家畜猪和狗的骨骼碳同位素值总体呈现 C_4 信号（图1.4a）。在前仰韶时期，中国北方大部分地区人类主要的生业模式以狩猎采集为主，粟黍种植为辅，人骨及伴生家畜骨骼碳同位素值呈现 C_3 与 C_4 混合信号（Atahan et al.，2011；Barton et al.，2009），仅内蒙古东部兴隆洼遗址人骨碳同位素值呈现 C_4 信号（张雪莲，2003）。7000～6000a BP 是粟作农业强化的阶段（董广辉等，2016；赵志军，2014），新石器时代晚期（6000～4000a BP）中国北方遗址出土的人骨碳同位素值都呈现 C_4 信号（董广辉等，2016；Lanehart et al.，2011；张雪莲等，2010），显示人类摄食的植物主要是 C_4 农作物粟黍。

4500～4000a BP，欧洲与西亚、中亚地区和东亚地区遗址出土人骨的碳同位素值仍然分别呈现 C_3 信号和 C_4 信号，尽管植物考古证据显示该时期已出现了跨大陆的文化交流，但其强度很低。4000～3500a BP，在中亚东部和中国西北地区多个遗址出土的人骨碳同位素值呈现出 C_3 和 C_4 混合信号，结合植物考古证据，显示这一地区先民同时摄食了大量的小麦、大麦和粟黍作物（Liu et al.，2014；Miller et al.，2014）。根据新疆小河墓地出土的人骨古 DNA 研究结果，该遗址存在蒙古人群和欧罗巴人群的基因融合（Li et al.，2010）。上述研究显示，青铜时代早期在中亚东部和中国西北地区出现了强度较高的跨大陆文化交流和人群迁徙与融合（图1.4b），其他地区尚未出现明显的东西方交流信号。

3500～2200a BP，欧亚大陆出土人骨碳同位素值呈现 C_3 和 C_4 混合信号的遗址数量显著增加，空间分布范围也显著扩张（图1.4c），显示欧亚大陆跨大陆文化交流的广度和强度大幅增强。3500～2500a BP 中亚地区遗址出土的人骨碳同位素值大多呈现 C_3 和 C_4 混合信号（Matuzeviciute et al.，2015）。中亚北部地区遗址出土人骨的碳同位素值显示，该地区 4000～2500a BP 先民主要摄食 C_3 作物，辅以很少量的 C_4 作物（Miller et al.，2014）。在中亚南部地区，3500～3000a BP 人类主要种植麦类作物，3000～2500a BP 人类则同时种植麦类作物和黍（Matuzeviciute et al.，2015）。在欧洲南部的意大利，Olmo di Nogara 遗址（3600～3200a BP）出土的人骨碳同位素值呈现 C_3 和 C_4 混合信号（Tafuri et al.，2009），暗示 3500a BP 后欧洲部分地区先民将 C_4 作物粟黍作为重要的食物来源。在中国商周时期（3500～

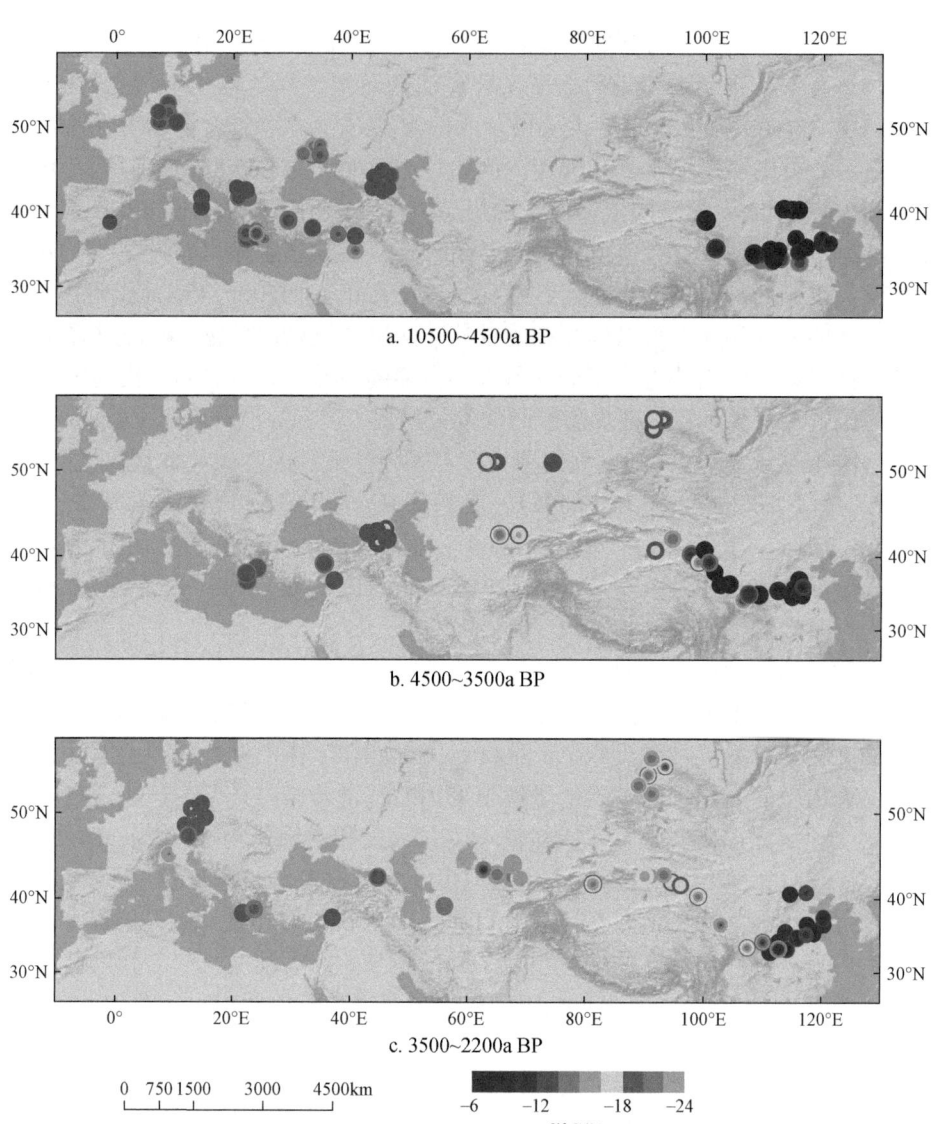

图 1.4 欧亚大陆新石器—青铜时代遗址出土人骨碳同位素的时空变化（见彩图）
(改自董广辉等，2017)

2200a BP)，中国北方人类摄食结构呈现出不同的时空分布特征。在西北地区，该时期遗址出土人骨碳同位素值多呈 C_3 和 C_4 混合信号或 C_3 信号（Ma et al.，2016，2015），显示麦类作物在商周时代就已经成为西北地区的主要食物来源。在中原地区，商代至春秋时期（3500~2475a BP），人类仍以摄食 C_4 作物粟黍为主（张雪莲等，2003）。至战国-西汉时期（2475~2000a BP），麦类作物才成为该地区人类主要的食物来源（Zhou et al.，2015；侯亮亮等，2012）。

根据欧亚大陆史前遗址出土器物遗存的时空分布，以及植物考古与骨骼碳同位素分析和农作物遗存的直接测年结果，可以描绘出史前时代跨大陆文化交流的历史脉络。根据目前的研究结果，欧亚大陆东西方交流可能在5000~4000a BP最早出现在中亚地区，4000~3500a BP中国西北成为跨大陆文化交流最为活跃的地区之一，而河西走廊在早期东西方文化交流过程中发挥了关键作用，成为研究史前跨大陆文化交流及其影响下的人地关系演变过程与机制的理想区域。

1.2.3 河西走廊地区史前人地关系研究的进展与问题

考古研究显示，在汉代丝绸之路开通之前，河西走廊地区就已经有大规模的人类活动，其年代至少可追溯至马家窑文化时期（5300~4000a BP）（甘肃省文物考古研究所和北京大学考古文博学院，2011；国家文物局，2011）。"史前时代"是相对有文字记载的"历史时期"，通常指文字出现以前的历史（陈星灿，2007）。在张骞凿空西域（140~126BCE）之前，很少有关于河西走廊地区的文字记载。因此，尽管在商周时期（3500~2200a BP）中国北方的中原地区已经进入有文字记载的历史时期，该时期在河西走廊地区仍处于史前时代。李水城将河西走廊地区的史前时代定义为新石器时代、青铜时代，以及早期铁器时代，本书参照其划分标准开展讨论（甘肃省文物考古研究所和北京大学考古文博学院，2011）。因此，本书论述中的河西走廊史前时代包括三个主要的时期，新石器时代即马家窑文化时期（4800~4000a BP），青铜时代早中期为齐家文化、西城驿文化和四坝文化（4000~3300a BP），青铜时代晚期至铁器文化时代早期为董家台类型、沙井文化和骟马文化时期（3200~2100a BP）。

根据河西走廊地区文物普查和史前遗址调查结果，该地区史前时代文化谱系已经得以建立（甘肃省文物考古研究所和北京大学考古文博学院，2011；国家文物局，2011）。在河西走廊地区史前遗址也已经开展了一些 ^{14}C 测年方面的研究（Zhou et al.，2016；张雪莲等，2015a；Flad et al.，2010），为建立该地区新石器文化和青铜文化的年代序列奠定了重要基础。然而，目前开展的测年和年代序列重建工作尚存在一些问题，如已测定年代主要来源于马厂文化、西城驿文化和四坝文化的遗址，其他文化遗址的测年数据不足。此外，尚缺乏统一对测年数据进行科学分析的标准，河西走廊地区史前文化年代序列的精确厘定需要开展更细致的研究工作。

考古研究显示，彩陶在仰韶文化晚期至马家窑文化早期（5500~4500a BP）就已经传入河西走廊地区（韩建业，2013），但其具体年代尚不清晰。在马厂文化时期（4300~4000a BP），在河西走廊中部的少数遗址（高苜蓿地遗址，磨嘴子遗址）发现了青铜器和羊的遗存，在河西走廊地区的齐家文化和西城驿文化时期（4000~3600a BP）的多个遗址出土了西亚起源的文化元素（青铜器、羊、小麦、大麦等）（陈国科等，2015a，2015b，2014；甘肃省文物考古研究所和北京大学考古文博学院，2011），说明河西走廊地区的跨大陆文化交流在青铜时代早期已经出现。其他学者的研究也显示河西走廊地区在史前时代欧亚大陆东西方交流过程中发挥了关键作用（Long et al.，2016；韩建业，2013），但目前该地区跨大陆文化交流的过程及影响仍不清晰。

在史前人地关系研究方面，河西走廊也已经开展了一些工作，主要集中在史前时代文化演化、人类生业模式的转换及其与气候环境变化的关系，以及人类活动对环境的影响等方面。气候变化被认为是影响甘青地区新石器—青铜文化时空演化的重要因素（An et al.，2005，2003），气候温暖湿润促进文化的扩张（董广辉，2013；Jia et al.，2013），气候冷干事件则导致新石器时代文化空间的收缩（Dong et al.，2013，2012）以及青铜时代文化时空格局的变化（Ma et al.，2016）。在河西走廊地区，一些学者探讨了历史时期气候环境变化对文明演化的影响（安成邦等，2017；Li et al.，2017），而史前时代该问题的研究相对薄弱（吴永红等，2006）。河西走廊处于季风边缘区，其气候环境系统与季风区有明显的差异。理解史前时代气候变化对河西走廊地区文化演化的影响，还需开展更多的工作。

河西走廊地区史前时代人类生业模式及其变化的研究是近十年很受关注的科学问题，对探讨史前人类对环境变化的适应策略和人与环境相互作用模式具有重要意义。在河西走廊地区史前遗址已开展了较多的植物考古、动物考古和骨骼碳氮同位素分析的工作，为认识该地区史前人类生业模式提供了数据支撑。根据目前的研究结果，河西走廊马家窑文化时期人类主要从事粟黍种植和饲养猪、狗等生产活动（范宪军，2017；Liu et al.，2016b；Zhou et al.，2016；袁靖，2015，2007；动物考古课题组，2011）。小麦、大麦和家畜羊约4000a BP传入河西走廊地区（Zhou et al.，2016；Dodson et al.，2014），在3700a BP之前，小麦很可能已成为河西走廊地区先民的主食（Liu et al.，2016a；Zhou et al.，2016）。齐家文化-西城驿文化-四坝文化时期（4000~3300a BP），粟黍仍是河西走廊地区先民利用的主要农作物，小麦和大麦也已经在人类生业模式中占有重要地位（甘肃省文物考古研究所等，2016；Zhou et al.，2016；张雪莲等，2015b；Liu et al.，2014；Flad et al.，2010），而西亚起源的家畜羊和牛在这一时期成为该地区的重要家养动物（宋艳波，2016；付罗文，2016）。相对而言，目前在沙井文化-骟马文化时期（3000~2400a BP）开展的生业模式研究尚显薄弱。

河西走廊地区是中国最早的青铜冶炼中心之一（李水城，2005），在该地区青铜时代早期遗址发现了大量的冶铜遗迹或遗存（陈国科等，2015a，2015b，2014；Dodson et al.，2009），人类的冶金活动对沉积物化学性质产生了影响（Dodson et al.，2009）。此外，河西走廊地区青铜时代的人类活动可能还造成了森林的破坏和土地的退化（Shen et al.，2018；Zhou et al.，2012）。这些工作为理解河西走廊地区青铜时代人类活动对环境的影响方式提供了重要的参考，但目前的研究集中在少数的遗址点和有限的空间范围，时间跨度也未能覆盖河西走廊地区的史前时代。因此，需要在河西走廊地区更大空间范围和史前各时代文化的代表性遗址开展系统的研究，探讨史前人类活动对环境影响的时空变化及其与人类生业模式变化和史前欧亚大陆东西方交流之间的关系，为认识该地区史前人地关系演变的过程与机制奠定基础。

1.3 研究内容

本书针对河西走廊地区史前时代跨大陆文化交流和人地关系演变研究领域存在的问题，对该地区的史前遗址开展系统的调查，在史前时代不同时期文化的代表性遗址采集关键的考古遗存样品和地层沉积样品。通过多学科研究方法的综合运用，系统厘定河西走廊地区史前文化的可靠年代序列；从东亚和西亚起源的主要农作物传播和消费的视角，揭示河西走廊地区史前时代跨大陆文化交流的过程；通过植物考古、动物考古、骨骼碳氮同位素和工具遗存分析等方法的综合运用，研究河西走廊地区不同时期生业模式的特征及其转变的过程；通过对不同时期文化遗址考古地层沉积样品和不受人类干扰的自然沉积样品的元素含量分析，研究人类活动对自然沉积化学性质的影响。汇总分析上述研究所获得的数据和此前相关研究积累的数据，结合河西走廊地区古气候研究和考古学研究进展，综合分析河西走廊地区跨大陆文化交流出现和发展的过程，及其出现前后人与环境相互作用模式的变化，进而探讨河西走廊地区人地关系演变的过程、规律和机制。

参 考 文 献

安成邦, 冯兆东, 唐领余, 等. 2003. 甘肃中部 4000 年前环境变化与古文化变迁. 地理学报, 58(5): 743-748.

安成邦, 王伟, 段阜涛, 等. 2017. 亚洲中部干旱区丝绸之路沿线环境演化与东西方文化交流. 地理学报, 72(5): 875-891.

安特生. 1923. 中华远古之文化. 袁复礼译. 北京: 文物出版社.

曹楠. 2008. 三代时期出土柄形玉器研究. 考古学报, (2): 141-174.

曹泽田. 1978. 贵州水城硝灰洞旧石器文化遗址. 古脊椎动物学报, (1): 67-72.

陈戈. 1982. 略论新疆的彩陶. 新疆社会科学, (2): 77-103.

陈国科. 2017. 西城驿-齐家冶金共同体——河西走廊地区早期冶金人群及相关问题初探. 考古与文物, (5): 37-44.

陈国科, 王辉, 李延祥, 等. 2014. 甘肃张掖市西城驿遗址. 考古, (7): 3-17.

陈国科, 李延祥, 潜伟, 等. 2015a. 张掖西城驿遗址出土铜器的初步研究. 考古与文物, (2): 105-118.

陈国科, 张良仁, 王鹏, 等. 2015b. 甘肃张掖市西城驿遗址2010年发掘简报. 考古, (10): 66-84.

陈国科, 邱志力, 王辉, 等. 2018. 玉出西陲——河西走廊地区早期玉矿遗址考古调查发掘收获. 中国文物报, 2018-08-24(214).

陈相龙, 郭小宁, 王炜林, 等. 2017. 陕北神圪垯樑遗址4000a BP前后生业经济的稳定同位素记录. 中国科学: 地球科学, 47(1): 95-103.

陈星灿. 2007. 中国史前考古学史研究（1895～1949）. 北京: 社会科学文献出版社.

初仕宾. 1977. 甘肃灵台白草坡西周墓. 考古学报, (2): 99-130.

戴尔阜, 方创琳. 2002. 甘肃河西地区生态问题与生态环境建设. 干旱区资源与环境, 16(2): 1-5.

丁见祥. 2010. 马家窑文化的分期、分布、来源及其与周边文化的关系. 古代文明（辑刊）, 8: 36-87.

董广辉. 2013. 甘青地区新石器文化演化及其环境动力研究进展与展望. 海洋地质与第四纪地质, 33(4): 67-75.

董广辉, 张山佳, 杨谊时, 等. 2016. 中国北方新石器时代农业强化及对环境的影响. 科学通报, 61(26): 2913-2925.

董广辉, 杨谊时, 韩建业, 等. 2017. 农作物传播视角下的欧亚大陆史前东西方文化交流. 中国科学: 地球科学, 47(5): 530-543.

动物考古课题组. 2011. 中华文明形成时期的动物考古学研究. 见: 中国社会科学院考古研究所科技古中心. 科技考古（第三辑）. 北京: 科学出版社: 80-99.

杜金鹏. 1995. 试论夏家店下层文化中的二里头文化因素. 华夏考古, (3): 57-62.

范宪军, 陈国科, 靳桂云. 2017. 西城驿遗址浮选植物遗存分析. 东方考古, (00): 228-244.

方辉. 2007. 海岱地区青铜时代考古. 济南: 山东大学出版社.

冯汉骥. 1980. 四川彭县出土的铜器. 文物, (12): 38-47.

付罗文. 2016. 酒泉干骨崖、三坝洞子遗址出头动物骨骼分析研究. 见: 甘肃省文物考古研究所, 北京大学考古文博学院. 酒泉干骨崖. 北京: 文物出版社.

甘肃省文物考古研究所. 2006. 秦安大地湾: 新石器时代遗址发掘报告（下册）. 北京: 文物出版社.

甘肃省文物考古研究所. 2009. 崇信于家湾周墓. 北京: 文物出版社.

甘肃省文物考古研究所, 北京大学考古文博学院. 2011. 河西走廊史前考古调查报告. 北京: 文物出版社.

甘肃省文物考古研究所, 北京大学考古文博学院. 2016. 酒泉干骨崖. 北京: 文物出版社.

郭物. 2012. 欧亚草原东部的考古发现与斯基泰的早期历史文化. 考古, (4): 56-69.

国家文物局. 2011. 中国文物地图集·甘肃分册. 北京: 测绘出版社.

韩建业. 2012. 庙底沟时代与"早期中国". 考古, (3): 59-69.

韩建业. 2013. "彩陶之路"与早期中西文化交流. 考古与文物, (1): 28-37.

韩建业. 2018a. 马家窑文化半山期锯齿纹彩陶溯源. 考古与文物, (2): 54-59.

韩建业. 2018b. 再论丝绸之路前的彩陶之路. 文博学刊, (1): 20-32.

侯亮亮, 王宁, 吕鹏, 等. 2012. 申明铺遗址战国至两汉先民食物结构和农业经济的转变. 中国科学: 地球科学, 42(7): 1018-1025.

江西省博物馆. 1997. 新干商代大墓. 北京: 文物出版社.

蒋刚. 2010. 冀西北、京津唐地区夏商西周北方青铜文化的演进. 考古学报, (4): 455-480.

蒋洪恩, 李肖, 李承森. 2007. 新疆吐鲁番洋海墓地出土的粮食作物及其古环境意义. 古地理学报, 9(5): 551-558.

靳桂云, 王海玉, 燕生东, 等. 2011. 山东胶州赵家庄遗址龙山文化碳化植物遗存研究. 见: 中国社会科学院考古研究所科技考古中心. 科技考古（第三辑）. 北京: 科学出版社: 36-53.

黎海明, 左昕昕, 康利宏, 等. 2016. 植物大化石和微体化石分析揭示的云贵高原新石器—青铜时代农业发展历程. 中国科学: 地球科学, 46(7): 926-942.

李春香, 崔银秋, 周慧. 2007. 利用分子遗传学方法探索新疆地区人类起源和迁徙模式. 自然科学进展, 17(6): 817-821.

李水城. 2002. 权杖头: 古丝绸之路早期文化交流的重要见证. 见: 中国社会科学院. 中国社会科学院古代文明研究中心通讯（第四期）. 北京: 中国社会科学院考古研究所: 54-57.

李水城. 2005. 西北与中原早期冶铜业的区域特征及交互作用. 考古学报, (3): 239-275.

李水城. 2009. 东风西渐: 中国西北史前文化之进程. 北京: 文物出版社.

李水城. 2010. 赤峰及周边地区考古所见权杖头及潜在意义源. 赤峰学院学报, (第五届红山文化高峰论坛专辑): 7-11.

刘蔚, 王涛, 曹生奎, 等. 2009. 黑河流域土地沙漠化变迁及成因. 干旱区资源与环境, 23(1): 35-43.

刘兴成. 2008. 河西走廊地区民族变迁与生态演变. 西安: 陕西师范大学硕士学位论文.

毛瑞林, 钱耀鹏, 赵雪野, 等. 2009. 甘肃临潭磨沟齐家文化墓地发掘简报. 文物, (10): 4-24.

钱耀鹏. 2012. 略论新石器时代的文化特征与起始标志. 西部考古（第六辑）, (00): 52-62.

裴树文, 卫奇, 冯兴无, 等. 2005. 高家镇旧石器遗址1998年出土的石制品. 人类学学报, 24(2): 104-120.

秦岭. 2012. 中国农业起源的植物考古研究与展望. 考古学研究, 9: 260-315.

屈亚婷, 胡珂, 杨苗苗, 等. 2018. 新石器时代关中地区人类生业模式演变的生物考古学证据. 人类学学报, 37(1): 96-109.

任乐乐, 董广辉. 2016. "六畜"的起源和传播历史. 自然杂志, 38(4): 257-262.

施劲松. 1998. 论我国南方出土的商代青铜大口尊. 文物, (10): 47-54.

施劲松. 2018. 商时期南方地区的青铜器与社会: 复杂性与多样性的例证. 考古, (5): 90-100.

水涛. 2007. 中国南方商周青铜器研究的新阶段——读《皖南商周青铜器》. 文物, (8): 90-92.

苏秉琦. 1965. 关于仰韶文化的若干问题. 考古学报, (1): 51-82.

孙晓鹏, 韦姗杉. 2015. 夏商西周时期北方中原融合型青铜器初步研究——以太行山东麓和燕山南北考古发现为例. 中原文物, (5): 68-75.

宋艳波, 陈国科, 王辉, 等. 2016. 张掖西城驿遗址2014年出土动物遗存分析. 东方考古, (00): 233-242.

唐启翠. 2013. "玉石之路"研究回顾与展望. 上海交通大学学报: 哲学社会科学版, 21(6): 27-36.

童恩正. 1986. 试论我国从东北至西南的边地半月形文化传播带. 见: 文物出版社编辑部. 文物与考古论集. 北京: 文物出版社: 252-278.

王强, 杨海燕. 2018. 西玉东传与东工西传——黄河流域龙山时代玉器比较研究. 东南文化, 263(03): 86-95.

王炳华. 1983. 孔雀河古墓沟发掘及其初步研究. 新疆社会科学, (1): 117-128.

王仁湘. 2011. 史前中国的艺术浪潮—庙底沟文化彩陶研究. 北京: 文物出版社.

王绍武. 2005. 夏朝立国前后的气候突变与中华文明的诞生. 气候变化研究进展, 1(1): 22-25.

王欣, 尚雪, 蒋洪恩, 等. 2015. 陕西白水河流域两处遗址浮选结果初步分析. 考古与文物, (2): 100-104.

王彦俊. 1995. 甘肃西和县宁家庄发现彩陶权杖头. 考古, (2): 184-185.

魏怀珩. 1978. 武威皇娘娘台遗址第四次发掘. 考古学报, (4): 421-448.

魏兴涛. 2014. 豫西晋西南地区新石器时代植物遗存的发现与初步研究. 见: 山东大学出版社文化遗产研究院. 东方考古（第11集）. 北京: 科学出版社: 343-363.

吴文祥, 刘东生. 2001. 气候转型与早期人类迁徙. 海洋地质与第四纪地质, 21(4): 103-109.

吴文祥, 刘东生. 2004. 4000a BP前后东亚季风变迁与中原周围地区新石器文化的衰落. 第四纪研究, 24(3): 278-284.

吴永红, 杨太保, 于永涛, 等. 2006. 河西走廊全新世气候变迁与古文化响应. 干旱区研究, 23(4): 650-653.

谢端琚. 1975. 甘肃永靖秦魏家齐家文化墓地. 考古学报, (2): 57-96.

熊传新. 2007. 湖南商周青铜器研究. 湖南: 岳麓书社.

徐波, 李翠霞. 2016. 山东省莱芜市出土商周青铜容器概述. 中国国家博物馆馆刊, (11): 58-74.

徐基. 2007. 夏时期岳石文化的铜器补遗——东夷式青铜重器之推考. 中原文物, (5): 42-46.

徐昭峰, 李丽娜. 2009. 夏商之际王朝文化北向传播的通道及背景探析. 中原文物, (5): 22-28.

席琳. 2020. 中国古代玉料来源的多元一体化进程. 故宫博物院院刊, (2): 94-10.

闫亚林. 2010. 关于"玉石之路"问题的探讨. 考古与文物, (3): 38-41.

严文明. 1978. 甘肃彩陶的源流. 文物, (10): 62-76.

杨建华. 2004. 欧亚草原经济类型的发展阶段及其与中国长城地带的比较——读《欧亚草原东西方的古代交往》. 考古, (11): 84-90.

杨建华, 邵会秋, 潘玲. 2016. 欧亚草原东部的金属之路. 上海: 上海古籍出版社.

杨琳, 井中伟. 2017. 中国古代权杖头渊源与演变研究. 考古与文物, (3): 65-77.

杨谊时, 石乃玉, 史志林. 2016. 考古发现所见河西走廊史前的农业双向传播. 敦煌学辑刊, 1(1): 82-91.

叶茂林, 何克洲. 2002. 青海民和县喇家遗址出土齐家文化玉器. 考古, (12): 89-90.

叶舒宪. 2013. 玉石之路与华夏文明的资源依赖——石峁玉器新发现的历史重建意义. 上海交通大学学报（哲学社会科学版）, 21(6): 18-26.

叶舒宪. 2014. 东亚玉文化的发生与玉器时代分期. 河南社会科学, 22(9): 74-82.

叶舒宪. 2015. 齐家文化玉器与西部玉矿资源区——第四次玉帛之路考察报告. 百色学院学报, 28(3): 1-12.

伊弟利斯, 李文瑛, 胡兴军. 2007. 新疆罗布泊小河墓地2003年发掘简报. 文物, (10): 4-42.

易华. 2016. 金玉之路与欧亚世界体系之形成. 社会科学战线, (4): 73-80.

于建军, 王幼平, 何嘉宁, 等. 2018. 新疆吉木乃县通天洞遗址. 考古, (7): 3-14.

袁靖, 黄蕴平, 杨梦菲, 等. 2007. 公元前2500~公元前1500中原地区动物考古学研究. 见: 中国社会科学院考古研究所考古科技中心. 科技考古（第二辑）. 北京: 科学出版社: 12-34.

袁靖. 2015. 中国动物考古学. 北京: 文物出版社.

岳润烈. 1983. 四川汉源出土商周青铜器. 文物, (11): 91.

臧振. 1994. 丝绸之路的前身——玉石之路. 丝绸之路, (2): 36-38.

张弛. 2017. 龙山—二里头——中国史前文化格局的改变与青铜时代全球化的形成. 文物, (6): 50-59.

张国刚. 2010. 丝绸之路与中西文化交流. 西域研究, (1): 1-3.

张恒, 李荣华. 2017. 汉唐时期河西走廊农牧演替与环境变迁. 农业考古, (4): 179-185.

张俊娜, 夏正楷, 张小虎. 2014. 洛阳盆地新石器—青铜时期的炭化植物遗存. 科学通报, 59(34): 3388-3399.

张山佳, 董广辉. 2017. 青藏高原东北部青铜时代中晚期人类对不同海拔环境的适应策略探讨. 第四纪研究, 37(4): 696-708.

张雪莲. 2003. 应用古人骨的元素、同位素分析研究其食物结构. 人类学学报, 22(1): 75-84.

张雪莲, 王金霞, 冼自强, 等. 2003. 古人类食物结构研究. 考古, (2): 158-171.

张雪莲, 仇士华, 钟建, 等. 2010. 中原地区几处仰韶文化时期考古遗址的人类食物状况分析. 人类学学报, 29(2): 197-207.

张雪莲, 张良仁, 王辉, 等. 2015a. 张掖市西城驿遗址的碳十四测年及初步分析. 华夏考古, (4): 38-45.

张雪莲, 张君, 李志鹏, 等. 2015b. 甘肃张掖市西城驿遗址先民食物状况的初步分析. 考古, (7): 110-120.

赵生琛. 1985. 青海西宁发现卡约文化铜鬲. 考古, (7): 635.

赵世纲. 1993. 夏商青铜文化的南向传播. 中原文物, (3): 59-65.

赵志军. 2008. 小米起源的研究——植物考古学新资料和生态学分析. 赤峰学院学报: 汉文哲学社会科学版, (S1): 35-38.

赵志军. 2014. 中国古代农业的形成过程——浮选出土植物遗存证据. 第四纪研究, 34(1): 73-84.

郑洪波, 周友胜, 杨青, 等. 2018. 中国东部滨海平原新石器遗址的时空分布格局——海平面变化控制下的地貌演化与人地关系. 中国科学: 地球科学, 48(2): 127-137.

郑小炉. 2004. 吴越和百越地区周代青铜器研究. 吉林: 吉林大学博士学位论文.

中国社会科学院考古研究所. 1994. 临潼白家村. 成都: 巴蜀书社.

An C B, Feng Z D, Tang L. 2003. Evidence of a humid mid-Holocene in the western part of Chinese Loess Plateau. Science Bulletin, 48(22): 2472-2479.

An C B, Tang L Y, Barton L, et al. 2005. Climate change and cultural response around 4000 cal yr a BP in the western part of Chinese Loess Plateau. Quaternary Research, 63(3): 347-352.

Atahan P, Dodson J, Li X Q, et al. 2011. Subsistence and the isotopic signature of herding in the Bronze Age Hexi Corridor, NW Gansu, China. Journal of Archaeological Science, 38(7): 1747-1753.

Barton L, Newsome S D, Chen F H, et al. 2009. Agricultural origins and the isotopic identity of domestication in northern China. Proceedings of the National Academy of Sciences, 106(14): 5523-5528.

Bestel S, Bao Y J, Zhong H, et al. 2018. Wild plant use and multi-cropping at the early Neolithic Zhuzhai site in the middle Yellow River region, China. The Holocene, 28(2): 195-207.

Bevan A, Colledge S, Fuller D, et al. 2017. Holocene fluctuations in human population demonstrate repeated links to food production and climate. Proceedings of the National Academy of Sciences, 114(49): E10524-E10531.

Borić D. 2009. Absolute dating of metallurgical innovations in the Vinča culture of the Balkans. In: Kienlin T L, Roberts B W. Metals and societies: Studies in honour of Barbara S. Ottaway. Bonn: Verlag Dr. Rudolf Habelt GMBH: 191-245.

Boyle K, Renfrew C, Levine M, et al. 2002. Ancient Interactions: East and West in Eurasia. Cambridge: McDonald Institute for Archaeological Research.

Burney D A, Flannery T F. 2005. Fifty millennia of catastrophic extinctions after human contact. Trends in Ecology & Evolution, 20(7): 395-401.

Byers D A, Broughton J M. 2004. Holocene environmental change, artiodactyl abundances, and human hunting strategies in the Great Basin. American Antiquity, 69(2): 235-255.

Chen F H, Dong G H, Zhang D J, et al. 2015a. Agriculture facilitated permanent human occupation of the Tibetan Plateau after 3600a BP. Science, 347(6219): 248-250.

Chen F H, Xu Q H, Chen J H, et al. 2015b. East Asian summer monsoon precipitation variability since the last deglaciation. Scientific Report, 5: 11186.

Cheng Z J, Weng C Y, Steinke S, et al. 2018. Anthropogenic modification of vegetated landscapes in southern China from 6, 000 years ago. Nature Geoscience, 11(12): 939-943.

Chernykh E N. 1992. Ancient Metallurgy in the USSR: The Early Metal Age. Cambridge: Cambridge University Press.

Childe V G. 1936. Man makes himself. Nature, (3): 699-700.

Clarkson C, Jacobs Z, Marwick B, et al. 2017. Human occupation of northern Australia by 65000 years ago. Nature, 547(7663): 306-310.

Collard M, Edinborough K, Shennan S, et al. 2010. Radiocarbon evidence indicates that migrants introduced farming to Britain. Journal of Archaeological Science, 37(4): 866-870.

Costantini L. 2008. The first farmers in Western Pakistan: The evidence of the Neolithic agropastoral settlement of Mehrgarh. Pragdhara, 18: 167-178.

Craddock P T. 2000. From hearth to furnace: Evidences for the earliest metal smelting technologies in the Eastern Mediterranean. Paléorient, 26(2): 151-165.

Crawford W, 陈雪香, 栾丰实, 等. 2013. 山东济南长清月庄遗址植物遗存的初步分析. 江汉考古, (2): 107-116.

Cullen H M, Demenocal P B, Hemming S, et al. 2000. Climate change and the collapse of the Akkadian empire: Evidence from the deep sea. Geology, 28(4): 379-382.

d'Alpoim Guedes J A, Jiang M, He K, et al. 2013. Site of Baodun yields earliest evidence for the spread of rice and foxtail millet agriculture to south-west China. Antiquity, 87(337): 758-771.

d'Alpoim Guedes J A, Lu H L, Li Y X, et al. 2014. Moving agriculture onto the Tibetan plateau: The archaeobotanical evidence. Archaeological and Anthropological Sciences, 6(3): 255-269.

Daura J, Sanz M, Arsuaga J L, et al. 2017. New Middle Pleistocene hominin cranium from Gruta da Aroeira (Portugal). Proceedings of the National Academy of Sciences, 114(13): 3397-3402.

De Ryck I, Adriaens A, Adams F. 2005. An overview of Mesopotamian bronze metallurgy during the

3rd millennium BC. Journal of Cultural Heritage, 6(3): 261-268.

Deconto R M, Pollard D. 2003. Rapid Cenozoic glaciation of Antarctica induced by declining atmospheric CO_2. Nature, 421(6920): 245-249.

Demenocal P B. 2011. Climate and human evolution. Science, 331(6017): 540-542.

Di Cosmo N. 2002. Ancient China and its Enemies: The Rise of Nomadic Power in East Asian History. Oxford: Cambridge University Press.

Diamond J. 1997. Guns, Germs, and Steel: The Fates of Human Societies. New York: WW Norton & Company, 14.

Diamond J, Bellwood P. 2003. Farmers and their languages: The first expansions. Science, 300(5619): 597-603.

Dodson J, Li X Q, Ji M, et al. 2009. Early bronze in two Holocene archaeological sites in Gansu, NW China. Quaternary Research, 72(3): 309-314.

Dodson J R, Li X Q, Zhou X Y. 2013. Origin and spread of wheat in China. Quaternary Science Reviews, 72: 108-111.

Dodson J, Dodson E, Banati R, et al. 2014. Oldest directly dated remains of sheep in China. Scientific Reports, 4: 7170.

Dong G H. 2018. Understanding past human-environment interaction from an interdisciplinary perspective. Science Bulletin, 63(16): 1023-1024.

Dong G H, Jia X, An C B, et al. 2012. Mid-Holocene climate change and its effect on prehistoric cultural evolution in eastern Qinghai Province, China. Quaternary Research, 77(1): 23-30.

Dong G H, Jia X, Elston R, et al. 2013. Spatial and temporal variety of prehistoric human settlement and its influencing factors in the upper Yellow River valley, Qinghai Province, China. Journal of Archaeological Science, 40(5): 2538-2546.

Dong G H, Wang Z L, Ren L L, et al. 2014. A comparative study of radiocarbon dating charcoal and charred seeds from the same flotation samples in the Late Neolithic and Bronze Age sites in the Gansu and Qinghai Provinces, Northwest China. Radiocarbon, 56(1): 157-163.

Dong G H, Ren L L, Jia X, et al. 2016. Chronology and subsistence strategy of Nuomuhong culture in the Tibetan Plateau. Quaternary International, 426: 42-49.

Dong G H, Yang Y S, Liu X Y, et al. 2018. Prehistoric trans-continental cultural exchange in the Hexi Corridor, northwest China. The Holocene, 28(4): 621-628.

Doumani P N, Frachetti M D, Beardmore R, et al. 2015. Burial ritual, agriculture, and craft production among Bronze Age pastoralists at Tasbas (Kazakhstan). Archaeological Research in Asia, 1-2: 17-32.

Eriksson A, Betti L, Friend A D, et al. 2012. Late Pleistocene climate change and the global expansion of anatomically modern humans. Proceedings of the National Academy of Sciences, 109(40): 16089-16094.

Finkelstein I, Langgut D, Meiri M, et al. 2017. Egyptian imperial economy in Canaan: Reaction to the climate crisis at the end of the Late Bronze Age. Ägypten Levante, 27: 249-259.

Finné M, Holmgren K, Shen C C, et al. 2017. Late Bronze Age climate change and the destruction of the Mycenaean Palace of Nestor at Pylos. PloS One, 12(12): e0189447.

Fiorentino G, Caldara M, De Santis V, et al. 2013. Climate changes and human-environment interactions in the Apulia region of southeastern Italy during the Neolithic period. The Holocene, 23(9): 1297-1316.

Flad R, Li S C, Wu X H, et al. 2010. Early wheat in China: Results from new studies at Donghuishan in the Hexi Corridor. The Holocene, 20(6): 955-965.

Frachetti M D, Spengler R N, Fritz G J, et al. 2010. Earliest direct evidence for broomcorn millet and wheat in the central Eurasian steppe region. Antiquity, 84(326): 993-1010.

Frankopan P. 2015. The Silk Roads: A New History of the World. London: Bloomsbury Publishing.

Fuller D Q, Qin L, Zheng Y F, et al. 2009. The domestication process and domestication rate in rice: Spikelet bases from the Lower Yangtze. Science, 323(5921): 1607-1610.

Fuller D Q, Van Etten J, Manning K, et al. 2011. The contribution of rice agriculture and livestock pastoralism to prehistoric methane levels: An archaeological assessment. The Holocene, 21(5): 743-759.

García-Ruiz J M. 2010. The effects of land uses on soil erosion in Spain: A review. Catena, 81(1): 1-11.

Gignoux C R, Henn B M, Mountain J L. 2011. Rapid, global demographic expansions after the origins of agriculture. Proceedings of the National Academy of Sciences, 108(15): 6044-6049.

Goebel T, Waters M R, O'rourke D H. 2008. The late Pleistocene dispersal of modern humans in the Americas. Science, 319(5869): 1497-1502.

Golden J M. 2016. Dawn of the Metal Age: Technology and Society During the Levantine Chalcolithic. London: Routledge.

Goyal P, Pokharia A K, Kharakwal J S, et al. 2013. Subsistence system, paleoecology, and ^{14}C chronology at kanmer, a harappan site in Gujarat, India. Radiocarbon, 55(1): 141-150.

Greenfield H J, Jongsma Greenfield T L. 2014. Subsistence and settlement in the Early Neolithic of temperate SE Europe: A view from Blagotin, Serbia. Archaeologia Bulgarica, 18(1): 1-33.

Gross B L, Zhao Z J. 2014. Archaeological and genetic insights into the origins of domesticated rice. Proceedings of the National Academy of Sciences, 111(17): 6190-6197.

Halligan J J, Waters M R, Perrotti A, et al. 2016. Pre-Clovis occupation 14550 years ago at the

Page-Ladson site, Florida, and the peopling of the Americas. Science Advances, 2(5): e1600375.

Harari Y N. 2014. Sapiens: A Brief History of Humankind. New York: Random House.

Hong S M, Candelone J P, Patterson C C, et al. 1996. History of ancient copper smelting pollution during Roman and medieval times recorded in Greenland ice. Science, 272(5259): 246-249.

Hou L L, Hu Y W, Zhao X P, et al. 2013. Human subsistence strategy at Liuzhuang site, Henan, China during the proto-Shang culture (~2000−1600 BC) by stable isotopic analysis. Journal of Archaeological Science, 40(5): 2344-2351.

Hovsepyan R, Willcox G. 2008. The earliest finds of cultivated plants in Armenia: Evidence from charred remains and crop processing residues in pisé from the Neolithic settlements of Aratashen and Aknashen. Vegetation History and Archaeobotany, 17(1): 63-71.

Huang X Z, Liu S S, Dong G H, et al. 2017. Early human impacts on vegetation on the northeastern Qinghai-Tibetan Plateau during the middle to late Holocene. Progress in Physical Geography, 41(3): 286-301.

Hunt H V, Vander Linden M, Liu X Y, et al. 2008. Millets across Eurasia: Chronology and context of early records of the genera Panicum and Setaria from archaeological sites in the Old World. Vegetation History and Archaeobotany, 17(1): 5-18.

Jacob J, Disnar J R, Arnaud F, et al. 2009. Impacts of new agricultural practices on soil erosion during the Bronze Age in the French Prealps. The Holocene, 19(2): 241-249.

Jia X, Dong G H, Li H, et al. 2013. The development of agriculture and its impact on cultural expansion during the late Neolithic in the Western Loess Plateau, China. The Holocene, 23(1): 85-92.

Jia X, Sun Y G, Wang L, et al. 2016. The transition of human subsistence strategies in relation to climate change during the Bronze Age in the West Liao River Basin, Northeast China. The Holocene, 26(5): 781-789.

Jiang H G, Wu Y, Wang H H, et al. 2013. Ancient plant use at the site of Yuergou, Xinjiang, China: implications from desiccated and charred plant remains. Vegetation History and Archaeobotany, 22(2): 129-140.

Johnson D L. 1977. The California ice-age refugium and the rancholabrean extinction problem 1. Quaternary Research, 8(2): 149-153.

Jones M K, Hunt H, Lightfoot E, et al. 2011. Food globalization in prehistory. World Archaeology, 43(4): 665-675.

Kaniewski D, Van Campo E, Guiot J, et al. 2013. Environmental roots of the Late Bronze Age crisis. PLoS One, 8(8): e71004.

Kerr R A. 1998. Sea-floor dust shows drought felled Akkadian Empire. Science, 279: 325-326.

King R, Underhill P A. 2002. Congruent distribution of Neolithic painted pottery and ceramic figurines with Y-chromosome lineages. Antiquity, 76(293): 707-714.

Klein R G. 2009. The Human Carrer: Human Biological and Cultural Origins (Third Edition). Chicago: University of Chicago Press.

Kohl P L. 1981. The Namazga civilization: An overview. Soviet Anthropology and Archeology, 19(1-2): vii-xxxviii.

Kuper R, Kröpelin S. 2006. Climate-controlled Holocene occupation in the Sahara: Motor of Africa's evolution. Science, 313(5788): 803-807.

Kuzmina. 2007. The Prehistory of the Silk Road. Philadelphia: University of Pennsylvania Press.

Lanehart R E, Tykot R H, Underhill A P, et al. 2011. Dietary adaptation during the Longshan period in China: Stable isotope analyses at Liangchengzhen (southeastern Shandong). Journal of Archaeological Science, 38(9): 2171-2181.

Leblanc S A, Watson P J. 1973. A comparative statistical analysis of painted pottery from seven Halafian sites. Paléorient, 1(1): 117-133.

Lee G A. 2011. The transition from foraging to farming in prehistoric Korea. Current Anthropology, 52(S4): S307-S329.

Lee G A, Crawford G W, Liu L, et al. 2007. Plants and people from the Early Neolithic to Shang periods in North China. Proceedings of the National Academy of Sciences, 104(3): 1087-1092.

Lespez L, Glais A, Lopez-Saez J A, et al. 2016. Middle holocene rapid environmental changes and human adaptation in Greece. Quaternary Research, 85(2): 227-244.

Li C X, Li H J, Cui Y Q, et al. 2010. Evidence that a West-East admixed population lived in the Tarim Basin as early as the early Bronze Age. BMC Biology, 8(1): 15-27.

Li F, Bae C J, Ramsey C B, et al. 2018. Re-dating Zhoukoudian upper cave, northern China and its regional significance. Journal of Human Evolution, 121: 170-177.

Li H M, Liu F W, Cui Y F, et al. 2017. Human settlement and its influencing factors during the historical period in an oasis-desert transition zone of Dunhuang, Hexi Corridor, northwest China. Quaternary International, 458: 113-122.

Li Z Y, Wu X J, Zhou L P, et al. 2017. Late Pleistocene archaic human crania from Xuchang, China. Science, 355(6328): 969-972.

Linduff K M, Mei J J. 2009. Metallurgy in ancient eastern Asia: Retrospect and prospects. Journal of World Prehistory, 22(3): 265-281.

Liu L, Ge W, Bestel S, et al. 2011. Plant exploitation of the last foragers at Shizitan in the Middle Yellow River Valley China: Evidence from grinding stones. Journal of Archaeological Science, 38(12): 3524-3532.

Liu X Y, Lightfoot E, O'Connell T C, et al. 2014. From necessity to choice: Dietary revolutions in west China in the second millennium BC. World Archaeology, 46(5): 661-680.

Liu X Y, Lister D L, Zhao Z J, et al. 2016a. The virtues of small grain size: Potential pathways to a distinguishing feature of Asian wheats. Quaternary International, 426: 107-119.

Liu X Y, Reid R E B, Lightfoot E, et al. 2016b. Radical change and dietary conservatism: Mixing model estimates of human diets along the Inner Asia and China's mountain corridors. The Holocene, 26(10): 1556-1565.

Liu X Y, Lister D L, Zhao Z J, et al. 2017. Journey to the east: Diverse routes and variable flowering times for wheat and barley en route to prehistoric China. PloS One, 12(11): e0187405.

Liu X Y, Jones P J, Matuzeviciute G M, et al. 2019. From ecological opportunism to multi-cropping: Mapping food globalisation in prehistory. Quaternary Science Reviews, 206: 21-28.

Long T W, Wagner M, Demske D, et al. 2016. Cannabis in Eurasia: Origin of human use and Bronze Age trans-continental connections. Vegetation History and Archaeobotany, 26(2): 245-258.

Long T W, Leipe C, Jin G Y, et al. 2018. The early history of wheat in China from ^{14}C dating and Bayesian chronological modelling. Nature Plants, 4(5): 272-279.

Lorenzen E D, Nogués-Bravo D, Orlando L, et al. 2011. Species-specific responses of Late Quaternary megafauna to climate and humans. Nature, 479(7373): 359-364.

Lösch S, Grupe G, Peters J. 2006. Stable isotopes and dietary adaptations in humans and animals at pre-pottery Neolithic Nevallı Çori, southeast Anatolia. American Journal of Physical Anthropology, 131(2): 181-193.

Lu H Y, Zhang J P, Liu K, et al. 2009. Earliest domestication of common millet (*Panicum miliaceum*) in East Asia extended to 10,000 years ago. Proceedings of the National Academy of Sciences, 106(18): 7367-7372.

Ma M M, Dong G H, Lightfoot E, et al. 2014. Stable isotope analysis of human and faunal remains in the Western Loess Plateau, Gansu, China, approximately 4000cal a BP. Archaeometry, 56(S1): 237-255.

Ma M M, Dong G H, Liu X Y, et al. 2015. Stable isotope analysis of human and animal remains at the Qijiaping site in middle Gansu, China. International Journal of Osteoarchaeology, 25(6): 923-934.

Ma M M, Dong G H, Jia X, et al. 2016. Dietary shift after 3600cal yr a BP and its influencing factors in northwestern China: Evidence from stable isotopes. Quaternary Science Review, 145: 57-70.

Marinova E, Atanassova J. 2006. Anthropogenic impact on vegetation and environment during the Bronze Age in the area of Lake Durankulak, NE Bulgaria: Pollen, microscopic charcoal, non-pollen palynomorphs and plant macrofossils. Review of Palaeobotany and Palynology, 141(1-2): 165-178.

Marshall F, Reid R E B, Goldstein S, et al. 2018. Ancient herders enriched and restructured African grasslands. Nature, 561(7723): 387-390.

Matuzeviciute G M, Lightfoot E, O'Connell T C, et al. 2015. The extent of cereal cultivation among the Bronze Age to Turkic period societies of Kazakhstan determined using stable isotope analysis of bone collagen. Journal of Archaeological Science, 59: 23-34.

Mcconnell J R, Wilson A I, Stohl A, et al. 2018. Lead pollution recorded in Greenland ice indicates European emissions tracked plagues, wars, and imperial expansion during antiquity. Proceedings of the National Academy of Sciences, 115(22): 5726-5731.

Mei J J, Shell C. 1999. The existence of Andronovo cultural influence in Xinjiang during the 2nd millennium BC. Antiquity, 73(281): 570-578.

Miao Y F, Zhang D J, Cai X M, et al. 2017. Holocene fire on the northeast Tibetan Plateau in relation to climate change and human activity. Quaternary International, 443: 124-131.

Miller G H, Fogel M L, Magee J W, et al. 2005. Ecosystem collapse in Pleistocene Australia and a human role in megafaunal extinction. Science, 309(5732): 287-290.

Miller A V, Usmanova E, Logvin V, et al. 2014. Subsistence and social change in central Eurasia: Stable isotope analysis of populations spanning the Bronze Age transition. Journal of Archaeological Science, 42(1): 525-538.

Moorey P R S. 1988. The chalcolithic hoard from Nahal Mishmar, Israel, in context. World Archaeology, 20(2): 171-189.

Motuzaite-Matuzeviciute G, Telizhenko S, Jones M K. 2012. Archaeobotanical investigation of two Scythian-Sarmatian period pits in eastern Ukraine: Implications for floodplain cereal cultivation. Journal of Field Archaeology, 37(1): 51-60.

Motuzaite-Matuzeviciute G, Staff R A, Hunt H V, et al. 2013. The early chronology of broomcorn millet (*Panicum miliaceum*) in Europe. Antiquity, 87(338): 1073-1085.

Nasu H, Momohara A, Yasuda Y, et al. 2007. The occurrence and identification of *Setaria italica* (L.) P. Beauv. (foxtail millet) grains from the Chengtoushan site (ca. 5800cal a BP) in central China, with reference to the domestication centre in Asia. Vegetation History and Archaeobotany, 16(6): 481-494.

Pearson J A, Bogaard A, Charles M, et al. 2015. Stable carbon and nitrogen isotope analysis at Neolithic Çatalhöyük: Evidence for human and animal diet and their relationship to households. Journal of Archaeological Science, 57: 69-79.

Pechenkina E A, Ambrose S H, Ma X L, et al. 2005. Reconstructing northern Chinese Neolithic subsistence practices by isotopic analysis. Journal of Archaeological Science, 32(8): 1176-1189.

Perlès C. 2001. The Early Neolithic in Greece: The First Farming Communities in Europe. Cambridge: Cambridge University Press.

Perlès C, Quiles A, Valladas H. 2013. Early seventh-millennium AMS dates from domestic seeds in the Initial Neolithic at Franchthi Cave (Argolid, Greece). Antiquity, 87(338): 1001-1015.

Pitulko V V, Tikhonov A N, Pavlova E Y, et al. 2016. Early human presence in the Arctic: Evidence from 45000-year-old mammoth remains. Science, 351(6270): 260-263.

Pokharia A K, Kharakwal J S, Srivastava A. 2014. Archaeobotanical evidence of millets in the Indian subcontinent with some observations on their role in the Indus civilization. Journal of Archaeological Science, 42: 442-455.

Price T D. 1987. The mesolithic of western Europe. Journal of World Prehistory, 1(3): 225-305.

Price T D, Bentley R A, Lüning J, et al. 2001. Prehistoric human migration in the Linearbankeramik of Central Europe. Antiquity, 75(289): 593-603.

Rawson J. 2015. China and the steppe: Arms, armour and ornaments. Orientations, 4(5): 2-9.

Rawson J. 2017. China and the steppe: Reception and resistance. Antiquity, 91(356): 375-388.

Revelles J. 2017. Archaeoecology of Neolithisation. Human-environment interactions in the NE Iberian Peninsula during the Early Neolithic. Journal of Archaeological Science: Reports, 15: 437-445.

Richards M P, Schulting R J, Hedges R E M. 2003. Archaeology: Sharp shift in diet at onset of Neolithic. Nature, 425(6956): 366.

Riehl S, Zeidi M, Conard N J. 2013. Emergence of agriculture in the foothills of the Zagros Mountains of Iran. Science, 341(6141): 65-67.

Roberts B W, Thornton C P, Pigott V C. 2009. Development of metallurgy in Eurasia. Antiquity, 83(322): 1012-1022.

Rosenber G D. 2010. Early maceheads in the southern Levant: A "Chalcolithic" hallmark in Neolithic context. Journal of Field Archaeology, 35(2): 204-216.

Ruddiman W F, Guo Z T, Zhou X, et al. 2008. Early rice farming and anomalous methane trends. Quaternary Science Reviews, 27: 1291-1295.

Sandom C, Faurby S, Sandel B, et al. 2014. Global late Quaternary megafauna extinctions linked to humans, not climate change. Proceedings of the Royal Society B: Biological Sciences, 281(1787): 20133254.

Scarre C. 2005. The Human Past: World Prehistory and the Development of Human Societies. London: Thames and Hudson.

Schild R. 1976. The final paleolithic settlements of the European plain. Scientific American, 234(2): 88-100.

Schmidt H. 1908. Archaeological Excavations in Anau and Old Merv, in Explorations in Turkestan: Expeditionof 1904. Washington: Carnegie Institution of Washington.

Sergusheva E A, Vostretsov Y E. 2009. The Advance of Agriculture in the Coastal Zone of East Asia. In: Fairbairn A, Weiss E. From Foragers to Farmers: Papers in Honor of Gordon C. Hillman. Oxford: Oxbow Books: 205-219.

Shen H, Zhou X Y, Zhao K L, et al. 2018. Wood types and human impact between 4300 and 2400 yra BP in the Hexi Corridor, NW China, inferred from charcoal records. The Holocene, 28(4): 629-639.

Spengler R N, Willcox G. 2013. Archaeobotanical results from Sarazm, Tajikistan, an Early Bronze Age Settlement on the edge: Agriculture and exchange. Environmental Archaeology, 18(3): 211-221.

Spengler R, Frachetti M, Doumani P, et al. 2014. Early agriculture and crop transmission among Bronze Age mobile pastoralists of Central Eurasia. Proceedings of the Royal Society of London B: Biological Sciences, 281(1783): 20133382.

Spengler Iii R N. 2015. Agriculture in the Central Asian Bronze Age. Journal of World Prehistory, 28(3): 215-253.

Staubwasser M, Sirocko F, Erlenkeuser H, et al. 2003. South Asian climate change at the end of urban Harappan (Indus valley) civilization and mechanisms of Holocene Monsoon variability. EGS-AGU-EUG Joint Assembly: 6-11.

Stiner M C. 2001. Thirty years on the "Broad Spectrum Revolution" and paleolithic demography. Proceedings of the National Academy of Sciences, 98(13): 6993-6996.

Stiner M C, Munro N D, Surovell T A, et al. 1999. Paleolithic population growth pulses evidenced by small animal exploitation. Science, 283(5399): 190-194.

Tafuri M A, Craig O E, Canci A. 2009. Stable isotope evidence for the consumption of millet and other plants in Bronze Age Italy. American Journal of Physical Anthropology, 139(2): 146-153.

Tengberg M. 1999. Crop husbandry at Miri Qalat Makran, SW Pakistan (4000-2000 BC). Vegetation History and Archaeobotany, 8(1): 3-12.

Timmermann A, Friedrich T. 2016. Late Pleistocene climate drivers of early human migration. Nature, 538(7623): 92-95.

Valsecchi V, Tinner W, Finsinger W, et al. 2006. Human impact during the Bronze Age on the vegetation at Lago Lucone (northern Italy). Vegetation History and Archaeobotany, 15(2): 99-113.

Van Der Kaars S, Miller G H, Turney C S M, et al. 2017. Humans rather than climate the primary cause of Pleistocene megafaunal extinction in Australia. Nature Communications, 8: 14142.

Vannière B, Blarquez O, Rius D, et al. 2016. 7000-year human legacy of elevation-dependent European fire regimes. Quaternary Science Reviews, 132: 206-212.

Wang C, Lu H Y, Gu W F, et al. 2017. The spatial pattern of farming and factors influencing it during the Peiligang culture period in the middle Yellow River valley. China. Science Bulletin, 62(23): 1565-1568.

Wang G, Ding Y, Shen Y, et al. 2003. Environmental degradation in the Hexi Corridor region of China over the last 50 years and comprehensive mitigation and rehabilitation strategies. Environmental Geology, 44(1): 68-77.

Wang T T, Wei D, Chang X, et al. 2017. Tianshanbeilu and the Isotopic Millet Road: Reviewing the late Neolithic/Bronze Age radiation of human millet consumption from north China to Europe. National Science Review, nwx015, https://doi.org/10.1093/nsr/nwx015.

Wang X, Fuller B T, Zhang P C, et al. 2018. Millet manuring as a driving force for the Late Neolithic agricultural expansion of north China. Scientific Reports, 8(1): 5552.

Weiss H, Courty M A, Wetterstrom W, et al. 1993. The genesis and collapse of third millennium north mesopotamian civilization. Science, 261(5124): 995-1004.

Wertime T A. 1973. The beginnings of metallurgy: A new look. Science, 182(4115): 875-887.

Willcox G. 1991. Carbonized plant remains from Shortughai, Afghanistan. In: Renfrew J M. New Light on Early Farming: Recent Developments in Palaeoethnobotany. Edinburgh: Edinburgh University Press: 139-153.

Wilmshurst J M, Hunt T L, Lipo C P, et al. 2011. High-precision radiocarbon dating shows recent and rapid initial human colonization of East Polynesia. Proceedings of the National Academy of Sciences of the USA, 108(5): 1815-1820.

Yang X Y, Wan Z W, Perry L, et al. 2012. Early millet use in northern China. Proceedings of the National Academy of Sciences, 109(10): 3726-3730.

Yang X P, Scuderi L A, Wang X L, et al. 2015. Groundwater sapping as the cause of irreversible desertification of Hunshandake Sandy Lands, Inner Mongolia, northern China. Proceedings of the National Academy of Sciences, 112(3): 702-706.

Yang Y S, Dong G H, Zhang S J, et al. 2017. Copper content in anthropogenic sediments as a tracer for detecting smelting activities and its impact on environment during prehistoric period in Hexi Corridor, Northwest China. The Holocene, 27(2): 282-291.

Yasuda Y, Kitagawa H, Nakagawa T. 2000. The earliest record of major anthropogenic deforestation in the Ghab Valley, northwest Syria: A palynological study. Quaternary International, 73: 127-136.

Zeder M A. 2008. Domestication and early agriculture in the Mediterranean Basin: Origins, diffusion, and impact. Proceedings of the National Academy of Sciences, 105(33): 11597-11604.

Zeng X Q, Guo Y, Xu Q J, et al. 2018. Origin and evolution of qingke barley in Tibet. Nature Communications, 9(1): 5433.

Zhang G L, Wang S Z, Ferguson D K, et al. 2015. Ancient plant use and palaeoenvironmental analysis at the Gumugou Cemetery, Xinjiang, China: Implication from desiccated plant remains. Archaeological and Anthropological Sciences, 9(2): 145-152.

Zhang S J, Yang Y S, Storozum M J, et al. 2017. Copper smelting and sediment pollution in Bronze Age China: A case study in the Hexi corridor, Northwest China. Catena, 156: 92-101.

Zhang X L, Ha B B, Wang S J, et al. 2018. The earliest human occupation of the high-altitude Tibetan Plateau 40 thousand to 30 thousand years ago. Science, 362(6418): 1049-1051.

Zhao K L, Li X Q, Zhou X Y, et al. 2013. Impact of agriculture on an oasis landscape during the late Holocene: Palynological evidence from the Xintala site in Xinjiang, NW China. Quaternary International, 311: 81-86.

Zhao Z J. 2011. New archaeobotanic data for the study of the origins of agriculture in China. Current Anthropology, 52(S4): S295-S306.

Zhou L G, Garvie-Lok S J. 2015. Isotopic evidence for the expansion of wheat consumption in northern China. Archaeological Research in Asia, 4: 25-35.

Zhou X Y, Li X Q, Dodson J, et al. 2012. Land degradation during the Bronze Age in Hexi Corridor (Gansu, China). Quaternary International, 254: 42-48.

Zhou X Y, Li X Q, Dodson J, et al. 2016. Rapid agricultural transformation in the prehistoric Hexi corridor, China. Quaternary International, 426: 33-41.

Zhuang Y J, Kidder T R. 2014. Archaeology of the Anthropocene in the Yellow River region, China, 8000–2000cal a BP. The Holocene, 24(11): 1602-1623.

Zimmermann T. 2007. Anatolia as a bridge from north to south? Recent research in the Hatti heartland. Anatolian Studies, 57: 65-75.

Zvelebil M, Dolukhanov P. 1991. The transition to farming in eastern and northern Europe. Journal of World Prehistory, 5(3): 233-278.

第 2 章 河西走廊的自然环境特征与史前文化谱系

河西走廊地区能够成为历史时期东西方交流的主要通道，除地理位置外，与其独特的气候、地貌和水文特征，以及史前时代晚期文化的积淀是有密切关联的。河西走廊地区地处季风边缘区，冲积平原地带降水稀少且蒸发强烈，人类生存所依托的绿洲的水源主要来源于祁连山山地降水贡献的出山径流，绿洲沿祁连山北侧山前地带呈蛙跳式分布。河西走廊地区低地平原便于人类迁徙，而源于祁连山脉的内流河滋养的绿洲又成为人类长距离迁徙时休养和补充供给的中转站，是古人选择河西走廊地区作为迁徙通道的主要原因。河西走廊地区独特的气候水文条件，孕育了具有地域特色的新石器晚期至青铜时代的文化体系，为该地区历史时期的人类活动和文化发展奠定了基础。

2.1 河西走廊的自然环境特征

2.1.1 河西走廊的地理地貌特征

河西走廊东起乌鞘岭，西至敦煌以西与新疆接壤，地理坐标 $92°12'\sim103°48'E$，$37°17'\sim42°48'N$，介于南山（阿尔金山和祁连山）和北山（马鬃山、合黎山和龙首山）之间，长约 1000km，宽数千米至近 300km，为西北-东南走向的狭长平地，总面积约 27000km^2，因位于黄河以西，故称河西走廊（图 2.1）。河西走廊南倚青藏高原，北接蒙古高原，东连黄土高原，西通天山山脉与塔里木盆地。将中国典型的几大地理板块连接在一起，不同的地貌，不同的气候，不同的文化都连接着河西走廊这一狭长的通道，它是东西交流的咽喉，南北交流的要冲。因此，独特的地理位置造就了河西走廊地区文化面貌的多样性，使其成为东西方文化元素最早碰撞和融合的地区之一。

河西走廊内为狭长盆地，内部地形起伏，海拔一般在 1000~1500m，盆地内又可分为若干的次级构造地貌，自西向东由四大盆地和三大隆起构成，盆地内形成大片的绿洲和荒漠。盆地内部自南而北，依次出现南山北麓坡积带、洪积带、洪积冲积带、冲积带和北山南麓坡积带（任继周，2007；国家地震局地质研究所，1993）（图 2.2）。

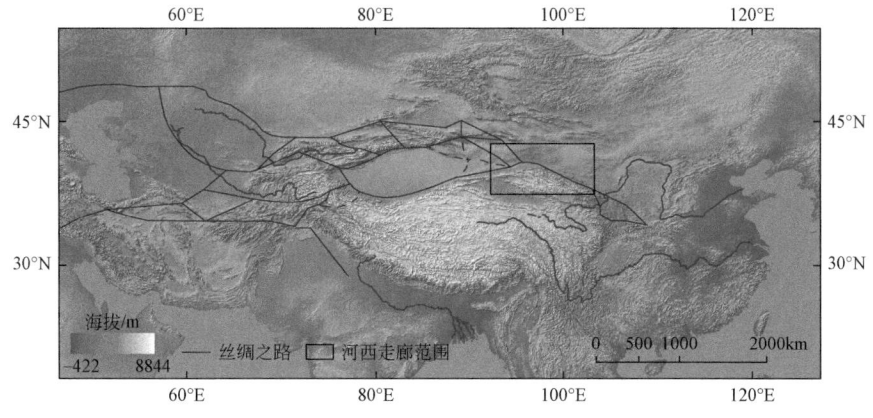

图 2.1　河西走廊地理位置

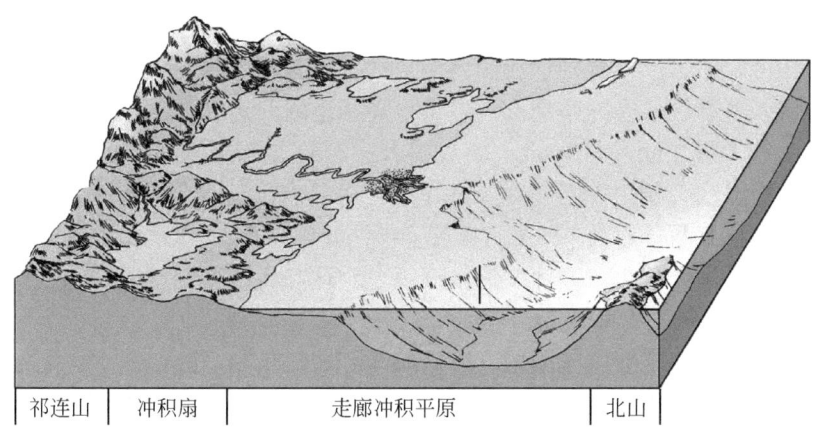

图 2.2　河西走廊地形地貌示意图

河西走廊水系均为内流水系，有大小河流 57 条，绝大部分发源于祁连山，以黑山、宽台山和大黄山为分水岭，自东向西分隔为石羊河、黑河和疏勒河三大内流水系，由山地降水和冰雪融水补给为主。各河流出山后，大部分渗入戈壁滩形成潜流，较大河流下游注入终端湖（冯绳武，1981；中华人民共和国地质部水文地质工程地质研究所，1959）。石羊河流域位于走廊东段，地势南高北低，自西向东北倾斜，南面祁连山前山地区为黄土梁峁地貌及山麓冲积扇，中部为走廊平原地区，北部以沙砾荒漠为主，并有剥蚀石质山地和残丘，东部为腾格里沙漠（祁永安等，2006）。黑河流域位于河西走廊中段，上游由祁连山山地及山麓冲积扇组成，中游为走廊盆地中段，地势平坦开阔，大部分为砾质荒漠和沙砾质荒漠，包括山丹盆地、张掖盆地和酒泉盆地。黑河下游由一系列的剥蚀石质山和三角洲和盆地构成，分布有讨赖河下游的金塔盆地，东西居延海等一系列的湖盆洼地和戈壁及沙漠。疏勒河流域位于走廊西部，上游为高山草地，中下游地势平坦，形成一系列的盆地，主要为疏勒河中游绿洲和党河下游的敦煌绿洲。绿洲外围有面积较广的戈壁，间有沙丘分布。河西走廊各大河流山地的周围，由山区河流搬运下来的物质堆积于山前，形成相互毗连的山前倾斜平原。在较大的河流下游，还分布着冲积平原，这些地区地势低平，是河西走廊绿洲主要的分布区。

2.1.2 河西走廊的气候水文特征

河西走廊深处内陆，由于受到高原阻挡，远离潮湿的海洋气流，形成了大陆性干旱气候。河西走廊年均降水量107mm，自东而西逐渐减少，由150mm左右减少至40mm左右，如武威年均降水量158.4mm，敦煌年均降水量36.8mm。该地区以夏季降水为主，占全年降水的65%（图2.3a）。黄荣辉和陈际龙（2010）研究指出，受到青藏高原、秦岭、祁连山的阻挡，夏季从孟加拉湾、南海和热带西太平洋带来的水汽很难到达我国西部地区，只有从中纬度西风带来的水汽能到达此区域。夏季气候态的整层水汽通量也显示出河西走廊的水汽输送主要来自中高纬度西风（图2.3b）。Huang等（2017，2015）的研究显示，河西走廊夏季气候态降水的水汽主要由中高纬度西风环流所携带输送，而造成该地区极端降水的水汽来源主要有两条路径，即来自印度洋/阿拉伯海的低层水汽沿着青藏高原东缘向西输送，与另一条来自高纬度的水汽辐合。这与我国新疆地区的水汽来源具有相似之处。

河西走廊地处欧亚大陆腹地，远离海洋，加之高山阻隔，属于大陆性中温带干旱-半干旱气候，导致该地区的降水主要依赖于夏季风带来的少量水汽，具体表现在气候干燥、冬夏冷热变化剧烈、昼夜温差大、风大沙多等特点。降水年际变化大。日照时间较长，全年日照可达2550～3500小时，年均气温2～6℃，1月平均气温-13～-10℃，7月平均气温14～22℃，≥0℃和≥10℃积温分别为2600～4200℃和1900～3900℃。光照资源丰富，年积温高，对农作物的生长发育十分有利，作物生长季节气温偏高，有利于农业的发展。受地貌的控制，不同的地貌单元气候显著不同，气候垂直地带性明显。

2.1.3 河西走廊的现代植被和经济形态

河西走廊的自然植被呈现地带性特征，主要由超旱生灌木、半灌木荒漠和超旱生半乔木荒漠组成。东部荒漠植被具有明显的草原化特征，形成较独特的草原

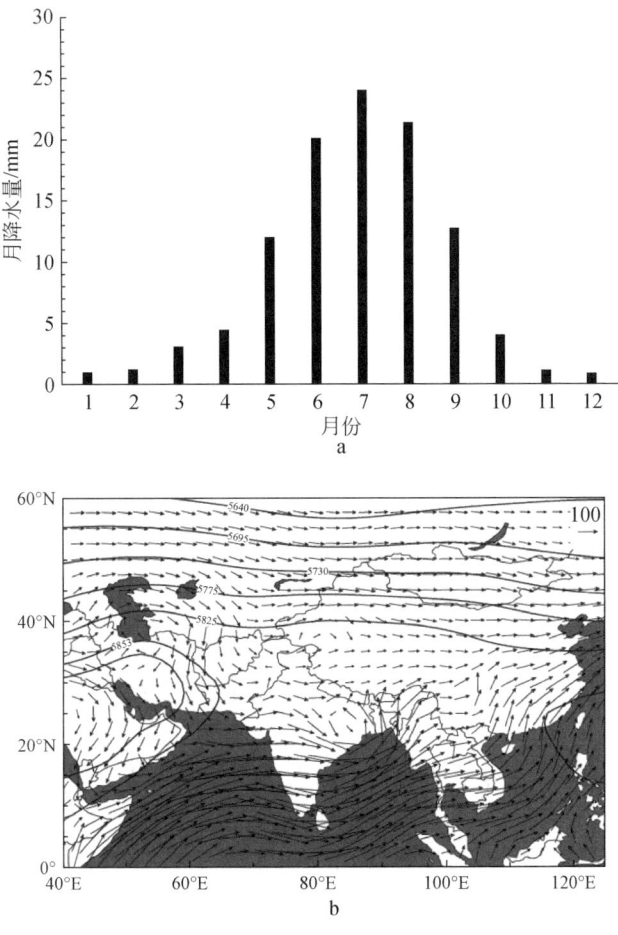

图 2.3 河西走廊地区水文特征图

a. 河西走廊地区气候态月均降水分布;b. 1981~2010 年夏季平均 500hPa 位势高度场(等值线,单位:gpm)和整层水汽通量(箭头,单位:kg/(m·s),Kalnay et al.,1996);中国区域实测站点数据来自中国气象 1951~2010 年的中国地面气候资料日值数据集(V3.0),http://data.cma.cn

化荒漠类型,包括:珍珠猪毛菜群系、猫头刺群系,除常见的荒漠种红砂、合头草、尖叶盐爪爪等,还伴生有不同程度的草原成分,主要有沙生针茅、短花针茅、戈壁针茅、无芒隐子草、中亚细柄茅、多根葱、蒙古葱等。西部广布砾质戈壁和干燥剥蚀石质残丘,砾质戈壁分布有典型的荒漠植被,如红砂、膜果麻黄、泡泡刺、木霸王、裸果木等群落类型。流动沙丘常见有沙拐枣、籽高、沙米、沙芥等。固定沙丘常见有多枝柽柳、齿叶白刺、白刺等。疏勒河中、下游和北大河中游有少量胡杨和尖果沙枣林。湖盆低地,盐化潜水补给的隐域生境,分布有细叶盐爪爪、盐爪爪、盐角草盐漠。河流冲积平原上分布有芦苇、芨芨草、甘草、骆驼刺、花花柴、苦豆子、马蔺、拂子茅等组成的盐生草甸（任继周，2007）。

农牧业生产是河西走廊的重要经济形态。耕地主要分布在山前平原。冲积扇中部和下部组成物质以沙土为主，多辟为耕地。冲积平原土质较细，组成物质以亚砂土、亚黏土为主，也是开耕的主要区域。河西走廊灌溉农业区历史悠久，是我国西北地区最主要的商品粮基地和经济作物集中产区。它提供了甘肃省 2/3 以上的商品粮、几乎全部的棉花、9/10 的甜菜，以及 2/5 以上的油料和瓜果蔬菜。平地绿洲区主要种植春小麦、大麦、糜子、谷子、玉米及少量水稻、高粱、马铃薯。油料作物主要为胡麻。瓜类有西瓜、仔瓜和白兰瓜，果树以枣、梨、苹果为主。山前地区以夏杂粮为主，主要种植青稞、黑麦、蚕豆、豌豆、马铃薯和油菜。

河西走廊地区畜牧业发达，如山丹马营滩自古为著名军马场。走廊草地资源丰富，草原类型复杂多样，是甘肃省草地畜牧业的主产区。河西走廊草地畜牧业有 3 个类型，分别为：河西走廊东端，以永昌、民勤等县为代表的半农半牧区，在农牧结合地区有少量草地面积，家畜以绵羊为主；河西走廊西端，以肃北、甘州、酒泉、敦煌、安西等市（县）为代表的温性荒漠草原放牧区，草原面积大，但草产量低，家畜以绒山羊、骆驼为主；高海拔地区，以肃南、山丹、天祝等县为代表的高山草原放牧区，家畜以牦牛和高山细毛羊为主（杨思维，2010）。河西走廊地区畜牧生产形成了以奶肉牛、肉羊、生猪、禽类为主的产业格局，培育了 20 万头肉牛产业带和百万只南北部沿山肉羊产业带；优质商品猪产业带以党寨、梁家墩、长安、上秦等乡镇为主；蛋肉鸡产业带以上秦、和平等乡镇为主。区域内建有各类中小型活畜交易市场 16 个，年交易畜禽 20 万头只，实现交易额 16 亿元，基本形成畜牧养殖、畜产品及兽药饲料加工、畜产品流通为一体的畜牧产业体系（朱小成等，2015）。

河西走廊地区的光热、土地和矿产资源丰富，开发历史悠久，文化遗产丰厚，有利于原材料工业、灌溉农业、农产品加工工业和旅游业的发展。河西走廊地区在新中国成立以后的开发建设过程中，社会经济有了快速的发展，建成了一批以有色金属、钢铁、石油等为骨干的大、中型工业企业，同时成为甘肃省的重要商品粮基地。河西走廊地区以其雄厚的工农业基础和迅速崛起的乡镇企业，逐渐成为甘肃省乃至我国西北社会经济发展最具有活力的地区之一。有玉门石油、山丹煤田、九条岭煤矿、金昌镍矿及镜铁山铁矿等多处大型矿点。镜铁山矿探明储量达 6 亿 t，占甘肃省 90% 以上。金昌镍和铂族金属产量分别占全国总量的 85% 和 90% 以上。河西走廊光照强、风力大，光伏发电和风能发电的潜力巨大。

2.2 河西走廊的史前时代文化谱系

河西走廊是中国内陆通往西域、中亚、西亚乃至欧洲的必由之路，从史前到历史时期该区域都是人类迁徙和文化传播的重要通道，保存了丰富的新石器晚期—青铜时代的人类文化遗存。从河西走廊史前文化遗存的发现，到系统的发掘研究，以及多学科研究方法在考古学的应用，经历了近一个世纪的漫长过程，为建立该地区史前时代的文化谱系，认识各史前文化的特征奠定了基础。

2.2.1 河西走廊的史前时代考古学文化研究历程

河西走廊史前考古工作可以分为 3 个阶段，分别是 20 世纪 20~60 年代、60~90 年代，以及 21 世纪初至今。基于史前文化遗存调查与重点遗址的发掘，对各时期考古学文化进行综合研究，建立了区域考古学文化序列。在此基础上，深入开展农作物、家畜、早期冶金术传播，生业模式变迁，史前东西方文化交流和人地关系演变等方面的研究工作。

第一个阶段，20 世纪初，随着外国探险者在中国西北地区的探险调查和中外学者联合考古调查，河西走廊发现了大量的文化遗存，揭开了河西走廊史前考古的面纱和序幕。其中最具代表性的是 1924 年安特生在民勤和永昌等地的考古调查和发掘（Andersson，1943；安特生，1925），发现了沙井文化遗存，并发现了马厂文化的彩陶。1927 年 5 月，中瑞西北科学考察团工作期间布林在甘肃酒泉采集到彩陶（陈星灿，1997）。从 40 年代开始，中国学者对西北地区开展科学考古调查，夏鼐和阎文儒在民勤调查发掘了沙井子、黄蒿井和三角城等遗址（阎文儒，1987，1986）。1948 年裴文中在武威、民勤、张掖等地调查发现了新石器—青铜时代遗址（裴文中，1987），同年，路易·艾黎在山丹四坝滩发现了四坝文化遗存（安志敏，1957）。这一阶段的主要工作是在河西走廊的初步调查，调查中发现的彩陶和铜器为认识河西走廊史前考古学提供了丰富的考古资料，"彩陶西来说"成为讨论的焦点。

第二阶段，20 世纪 60 年代开始对河西走廊进行科学的、主动性的考古发掘，包括皇娘娘台遗址、鸳鸯池墓地、金昌三角城遗址、火烧沟墓地、西岗-柴湾岗墓地等的发掘（甘肃省文物考古研究所，2001；蒲朝绂和庞跃先，1990；蒲朝绂和赵建龙，1984；蒲朝绂和贠安志，1982；甘肃省博物馆，1979，1960；魏怀珩，1978；贠安志，1974），为河西走廊史前—青铜时代文化的研究奠定了基础。80 年代李水城在河西走廊进行了系统调查，并发掘了干骨崖墓地（甘肃省文物考古研究所和北京大学考古文博学院，2016，2011），随后甘肃省文物考古研究所对民乐东灰山、玉门火烧沟、武威磨嘴子、塔尔湾遗址进行发掘（王辉等，2004；甘肃省博物馆和吉林大学考古系，1998），为认识河西走廊不同考古学文化的分布、年代和文化演进历史提供了基础。

21 世纪以来，随着新的科学手段和考古学方法的应用，冶金术、驯化的家畜和农作物在河西走廊的发现，专题性的冶金调查、环境考古调查、农业和家畜起源与传播调查等早期东西方文化交流研究在河西走廊开展，甘肃省文物考古研究所对酒泉西河滩遗址、敦煌西土沟、瓜州潘家庄、民乐五坝墓地、张掖西城驿遗址和肃北马鬃山玉矿进行遗址发掘（陈国科等，2016，2015，2014a，2014b；陈国科和王辉，2012；韩翀飞等，2012；赵丛苍，2005；刘瑞俊等，2004，2003），为进一步认识河西走廊新石器—青铜时代文化谱系提供了大量的证据，为探讨东西方文化交流提供了丰富的资料。

基于上述工作，河西走廊地区新石器—青铜时代考古学文化序列基本建立。李水城根据实地调查研究，以及与前人研究成果的对比分析，建立了河西走廊地区的文化谱系：走廊东部为仰韶文化—马家窑文化—半山文化—马厂文化/齐家文化—"过渡类型"遗存/齐家文化—董家台文化—辛店文化/沙井文化，走廊西部为马家窑文化—马厂文化—"过渡类型"遗存/齐家文化—四坝文化—骟马文化（甘肃省文物考古研究所和北京大学考古文博学院，2011；李水城，2009）。随着各考古学文化遗址的全面调查、典型遗址的发掘和多学科研究工作的开展，对河西走廊新石器时代—青铜时代考古学文化时空分布和框架有了更全面的认识（王辉，2012；甘肃省文物考古研究所和北京大学考古文博学院，2011）。

2.2.2 河西走廊的史前文化遗址的时空分布

经过近一百年的不断发现和材料累积，学术界对河西走廊新石器—青铜时代诸考古学文化遗存已经有了综合认识，河西走廊新石器—青铜时代考古学文化从早到晚依次有仰韶文化、马家窑文化、半山文化、马厂文化、齐家文化、西城驿文化、四坝文化、董家台类型、骟马文化、沙井文化等。

仰韶文化是黄河流域最具代表性且对周边地区产生重要影响的考古学文化，其中心主要分布在豫西、晋南和关中地区（严文明，1989；苏秉琦，1965）。根据现有的资料，仰韶文化早期遗存在甘青地区主要分布于甘肃东部的渭河和泾河流域（王辉，2012；谢端琚，2002），仰韶文化中晚期向西扩张止步于青海省东北部的黄河上游和湟水谷地一带（王辉，2012；叶茂林等，2001；孙鸣生和王国道，1991）。仰韶文化是否能够翻越祁连山传播至河西走廊，目前还没有足够的证据证明，正如严文明所推测："中国西北地区存在仰韶文化早期阶段，也有人类活动，但是认识不多，不易发现，主要从事狩猎采集生业模式，随着仰韶文化的西渐，与当地土著发生融合，马家窑文化可能就是这种力作用的结果。"（严文明，1989）。李水城在《河西走廊史前调查报告》（以下简称《报告》）中提到古浪民权乡三角城遗址出土的泥质彩陶钵1件，作者调查期间进一步确认该器物出土于该遗址。李水城推测年代至少不晚于仰韶文化庙底沟类型，这是河西走廊目前确定的最早的新石器文化遗存（甘肃省文物考古研究所和北京大学考古文博学院，2011）。

青海省河湟谷地发掘的胡李家和阳洼坡遗址可以早到庙底沟时期（叶茂林等，2001），这是目前黄河流域最西面发现的仰韶文化庙底沟时期的遗存。河西走廊东段古浪县民权三角城遗址所在的位置与青海省东部较近，说明西进的仰韶文化在庙底沟时期已经扩张至河西走廊东部地区。河西走廊东部地区主要分布在黄土较厚的河流阶地上，这与甘肃黄河上游仰韶文化遗址分布一致。目前河西走廊尚无新石器遗址的测年结果落到仰韶文化年代区间，需要进一步开展工作。

马家窑文化（此处特指马家窑文化的马家窑类型）是黄河上游甘青地区最重要且对该区域影响深远的考古学文化。目前，在河西走廊发现的马家窑文化遗址十余处，可以分为早、晚两段，早期以走廊东面的古浪县陈家厂子遗址为代表，与河湟地区基本一致，走廊东部的古浪县发现的马家窑文化遗物与河湟地区完全一致，表明河西走廊地区马家窑文化是由河湟地区迁徙而来。到了马家窑文化晚期阶段，马家窑文化开始逐步向河西走廊中西部地区传播，西进至河西走廊西部的酒泉地区（甘肃省文物考古研究所和北京大学考古文博学院，2011；李水城，2009）。

根据《报告》和《甘肃省文物地图集》（以下简称《地图集》），目前在河西走廊地区共发现15处马家窑文化遗址（甘肃省文物考古研究所和北京大学考古文博学院，2011；国家文物局，2011）。从近年的发掘调查结果看，马家窑文化遗址在河西走廊有零星的分布，主要发现于河西走廊东部的凉州区和古浪县，中西部分布较少，西面到达了肃州区（甘肃省文物考古研究所和北京大学考古文博学院，2011；李水城，2009）。从河西走廊马家窑遗址分布的地貌特征分析，该时期遗址主要分布在走廊南山北麓坡积带、洪积带等地区，海拔较高。

半山文化（此处特指马家窑文化的半山类型）是马家窑文化的继承和发展（李水城，1998；严文明，1978），是继马家窑文化之后在甘青宁地区广泛分布的一支考古学文化，青海东部的河湟流域是半山文化分布的中心区域（谢端琚，2002）。河西走廊半山遗存目前只是零星发现，大部分遗物都出自墓地（国家文物局，2011；蒲朝绂和负安志，1982），也是河湟谷地该时期文化不断西迁的结果（韩建业，2007）。《报告》中指出典型的半山文化遗存仅仅发现在走廊东部的古浪县，其年代同样晚于河湟地区（甘肃省文物考古研究所和北京大学考古文博学院，2011）。

在走廊中部地区也只是在墓葬中零星出土,器物造型明显具有半山文化晚期特征(韩翀飞等,2012)。《报告》和《地图集》中发现的该时期遗存主要分布在走廊的东部地区,目前最西到达走廊中部的民乐一带,分布在河流洪积冲积带之上。

马厂文化(此处特指马家窑文化的马厂类型)是甘青地区马家窑文化彩陶系统最后繁荣的阶段,是对半山文化的承袭和发展,兰州附近及青海东北部河湟地区是马厂文化分布的中心区(甘肃省文物考古研究所和北京大学考古文博学院,2011;李水城,1998)。马厂文化西进过程中在河西走廊有了空前的发展,特别是在马厂文化晚期在河西走廊分布非常广泛。目前河西走廊地区马厂文化早中期遗存主要分布在东部地区,与湟水地区典型马厂文化遗存一致,马厂文化晚期遗存是河西走廊地区马厂文化向西扩张并继续发展的产物(甘肃省文物考古研究所和北京大学考古文博学院,2011)。在《地图集》和《报告》中都发现了大量马厂文化时期遗址,不完全统计显示,河西走廊至少有120处马厂文化时期的遗址和墓葬(甘肃省文物考古研究所和北京大学考古文博学院,2011;国家文物局,2011)。从分布上来看,主要分布在走廊南山山前南山北麓坡积带、洪积带、河流洪积冲积带之上。以古浪和凉州区为代表的早期遗存,主要分布在黄土较厚的山前高地和河流阶地之上,在河西走廊冲积平原发现很少。在走廊西部地区发现马厂晚期遗存较多,主要分布于河流冲积平原台地之上。

齐家文化是广泛分布于甘青宁地区及内蒙古西部阿拉善地区的考古学文化(陈小三,2012;甘肃省文物考古研究所和北京大学考古文博学院,2011)。齐家文化从陇西黄土高原逐步向西扩张,成为河湟地区和河西走廊最重要的史前考古学文化(王辉,2012;水涛,2001)。以往的研究将齐家文化的西界划定在永昌县以西(李水城,1993),近年来的考古调查和发掘认为单纯的齐家文化遗址目前仅分布在河西走廊的东部,河西走廊西部齐家文化遗址只是零星的发现,并且与西城驿文化和四坝文化遗址共存(陈国科等,2014b;李水城,2014)。近年在河西走廊中部的金塔县发现了齐家文化的遗存,说明齐家文化向西影响至河西走廊的酒泉地区(陈国科,2017;甘肃省文物考古研究所和北京大学考古文博学院,2016)。目前在《地图集》和《报告》中都发现了河西走廊大量齐家文化时期的遗存,总共发现齐家文化遗址20余处。河西走廊齐家文化遗址主要分布在山前洪积冲积带,部分遗址已经分布至河流下游的冲积平原地区。

西城驿文化是河西走廊马厂文化的发展和继续,是彩陶文化在甘青地区的延续(陈国科,2014a;李水城,2014b)。以往的研究称之为过渡类型,西城驿等遗址的发掘,发现四坝文化—西城驿文化—马厂文化存在明确的叠压打破关系,学者们将其命名为西城驿文化(陈国科等,2014a,2014b;李水城,2014),对构建河西走廊新石器—青铜时代考古学文化序列具有重要的意义。西城驿文化主要集中在河西走廊地区,并影响到了其他地区,向西一直影响到了新疆的哈密盆地,其文化因素向南渗透到了大通河流域,向北发展到了阿拉善左旗的北部边境地区,是河西走廊地区继马厂文化之后影响深远的一支考古学文化(陈国科,2017;甘肃省文物考古研究所和北京大学考古文博学院,2016;温成浩和李水城,2016)。西城驿文化许多遗址发现了中国早期冶金的证据,对探讨欧亚大陆冶金术的起源和传播具有重要的研究意义(陈国科,2017;陈国科等,2014b)。近年来,随着河西走廊早期(史前)丝绸之路东西方文化交流的调查,河西走廊及周边发现西城驿文化遗址 22 处之多,大部分遗址都发现了冶金遗物,以及麦类作物遗存,对探讨东西方人群的扩散和文化的交流具有重要的意义。西城驿文化遗址主要分布在黑河及疏勒河流域河流冲积平原的台地上,尤其是在金塔地区北大河下游的尾闾湖周边地区分布较广。

四坝文化是河西走廊马厂文化晚期经西城驿文化发展演变而来的,在此过程中受到了齐家文化部分因素影响的一支考古学文化(李水城,2009,1993)。四坝文化主要分布在河西走廊中西部的黑河流域和疏勒河流域,向西可能深刻地影响到了新疆的哈密地区,北界分布至巴丹吉林沙漠(温成浩和李水城,2014;李水城,1993)。四坝文化同样继承了马厂-西城驿文化的传统,并受到欧亚大陆北方文化的深刻影响(王辉,2012),各种东西方文化因素在这个时期的交流碰撞,形成了独具特色的青铜时代文化。在河西走廊四坝文化遗址中发现了牛、羊、马、青铜冶金术、大麦、小麦、土坯、权杖头等西亚、中亚的文化元素,对探讨史前欧亚大陆东西方文化交流和融合的过程具有重要的意义。目前在河西走廊地区发现大量四坝文化时期的文化遗址,据《地图集》和《报告》的调查结果显示,河西走廊目前发现四坝文化遗址 60 余处。四坝文化遗址主要分布在黑河及疏勒河流域河流上游洪积扇之上和中下游冲积平原的台地上。

董家台类型是李水城最早根据天祝县出土的一批尖圜底器为特征器物分辨出来的一种特殊文化遗存,之后在东起天水附近,经兰州跨黄河向北进入河西走廊民勤的广大地区均有发现,可能影响到了武威地区。早年考古学者把河西走廊东部古浪县、天祝县,以及走廊东部邻近的永登县、榆中县该类型遗存笼统地划入沙井文化(李水城,2009)。目前在河西走廊地区发现典型董家台文化遗址 4 处。从分布上来看,该类型遗存主要分布在河西走廊东部海拔较高的祁连山山前坡积带及谷地。

骟马文化是李水城以玉门发现的一批独具特色的陶器遗存命名的一支考古学文化,兔葫芦类型遗存也应该属于该文化的范畴(甘肃省文物考古研究所和北京大学考古文博学院,2011)。调查研究显示,骟马文化主要分布在黑河下游的酒泉、金塔,内蒙古的额济纳旗,疏勒河流域的瓜州、敦煌、肃北等地区。2009 年在山丹过会台遗址发现了骟马文化遗存（陈国科等，2014b），改变了骟马文化遗存仅分布在酒泉地区的认识，骟马文化已经到达河西走廊中部的黑河上游地区。2005 年在玉门火烧沟遗址发现骟马文化聚落遗址，骟马文化的遗迹打破四坝文化遗存，证明骟马文化晚于四坝文化（王辉，2019）。骟马文化仍然保持了甘青地区史前文化的传统，说明骟马文化是对河西走廊史前文化的继承和发展。在骟马文化遗址中发现了大量北方草原文化特征的青铜器，说明骟马文化受到了北方草原青铜时代文化的深刻影响。骟马文化古董滩遗址发现了城址。骟马文化遗址一部分分布在河流冲积平原的台地上或河流下游的尾闾湖附近，另一部分分布于海拔较高的山地和山前坡积带。

沙井文化（期）最早是由瑞典考古学家安特生提出的，他将民勤县柳湖墩遗址和一处墓地的材料定为甘肃远古文化的最后一期——沙井期，该阶段是中国彩陶文化的最后阶段（Andersson，1943）。李水城认为沙井文化分布区未能越出永昌、金昌、民勤三市（县）（李水城，2009），然而 2009 年在张掖农场遗址发现了沙井文化的遗物（陈国科等，2014b），阿拉善左旗发现沙井文化的相关遗存（温成浩和李水城，2016），说明沙井文化分布范围已经到达河西走廊中部的张掖地区和北部内蒙古阿拉善地区，至于沙井文化的东部是否只分布在永昌、金昌、民勤三市（县）有待进一步研究。据《地图集》和《报告》调查结果，在武威市及古浪县也有沙井文化遗址分布，因此，沙井文化中心可能在永昌、金昌、民勤三市（县），其影响范围则可能覆盖河西走廊的中东部地区。目前沙井文化已经发掘的遗址和墓地出土了大量的青铜器，还出土了少量的铁器，说明沙井文化已经进入早期铁器时代（甘肃省文物考古研究所，2001；蒲朝绂和庞跃先，1990）。沙井文化金昌三角城和民勤三角城都保存有完整的城墙，说明沙井文化同骟马文化一样，已经开始筑城（许宏，2018）。《地图集》和《报告》的调查结果显示，沙井文化遗存在河西走廊东部有 16 处，大部分分布在金昌-民勤盆地河流冲积平原的台地上或河流下游的尾闾湖附近，只有少量遗址分布在古浪、凉州区山前坡积带。

综上所述，新石器晚期河湟地区马家窑文化-马厂文化不断向西扩张至河西走廊地区，该时期文化继承了河湟地区新石器晚期文化传统，大部分遗址主要分布在河西走廊南山北麓坡积带、洪积带等地区，部分分布在河流冲积台地上，海拔分布较高。青铜时代早期（齐家文化、西城驿文化和四坝文化时期），人类居住地向海拔较低的走廊平原绿洲转移，遗址主要分布在走廊冲积平原河流两侧的台地上。青铜时代晚期—铁器时代早期，人类迁徙空间发生分异，沙井文化和骟马文化遗址一部分分布在河流冲积平原的台地上或海拔更低的河流下游的尾闾湖附近，另一部分开始向海拔较高的山地和山前坡积带发展（图 2.4）。

第 2 章 河西走廊的自然环境特征与史前文化谱系

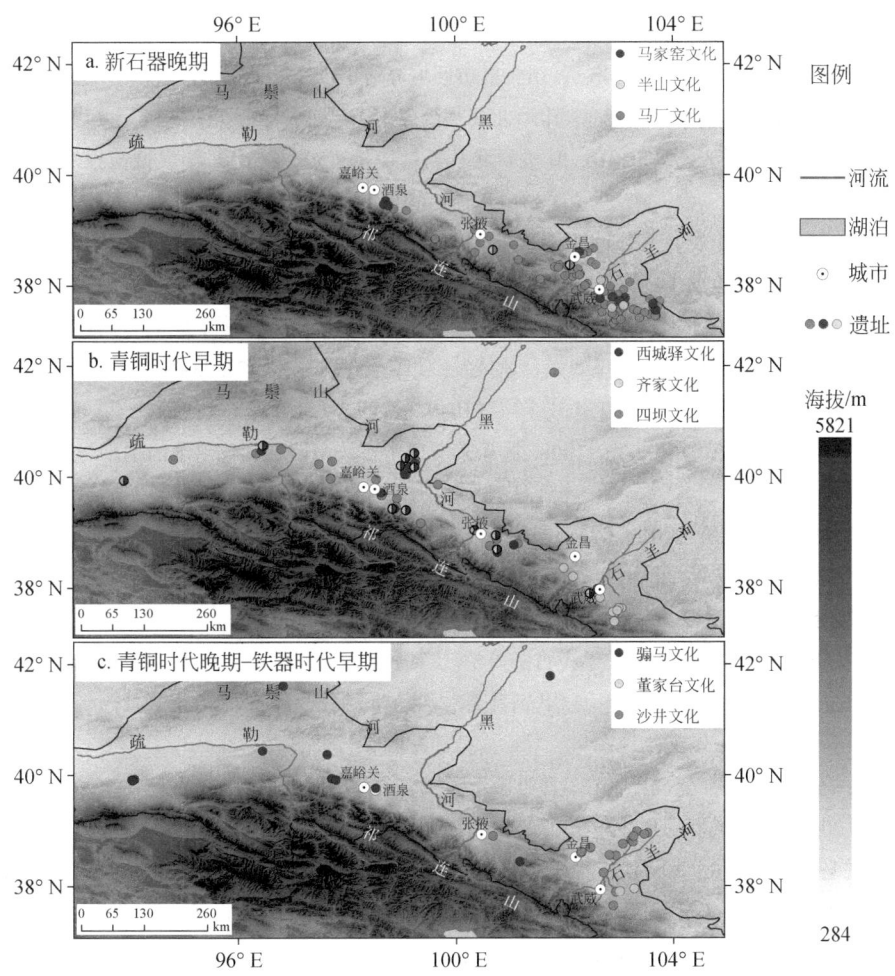

图 2.4 河西走廊史前时代遗址时空分布（见彩图）

参 考 文 献

安特生. 1925. 甘肃考古记. 乐森璕译. 北京: 农商部地质调查所.

安志敏. 1957. 甘肃山丹四坝滩新石器时代遗址. 考古学报, (3): 7-16.

陈国科. 2017. 西城驿—齐家冶金共同体——河西走廊地区早期冶金人群及相关问题初探. 考古与文物, (5): 37-44.

陈国科, 王辉. 2012. 甘肃肃北马鬃山玉矿遗址 2011 年发掘简报. 文物, (8): 38-44.

陈国科, 王辉, 李延祥. 2014a. 西城驿遗址二期遗存文化性质浅析. 见: 甘肃省文物考古研究所, 北京大学考古文博学院, 中国国家博物馆综合考古部, 等. 早期丝绸之路暨早期秦文化国际学术研讨会论文集. 北京: 文物出版社: 22-23.

陈国科, 王辉, 李延祥, 等. 2014b. 甘肃张掖市西城驿遗址. 考古, (7): 3-17.

陈国科, 蒋超年, 王辉, 等. 2015. 甘肃肃北县马鬃山玉矿遗址. 考古, (7): 3-14.

陈国科, 王辉, 杨月光, 等. 2016. 甘肃肃北县马鬃山玉矿遗址 2012 年发掘简报. 考古, (1): 40-53

陈小三. 2012. 河西走廊及其邻近地区早期青铜时代遗存研究. 吉林: 吉林大学博士学位论文.

陈星灿. 1997. 中国史前考古学史研究（1895~1949）. 北京: 生活-读书-新知三联书店.

冯绳武. 1981. 甘肃河西水系的特征和演变. 兰州大学学报（自然科学版）, (1): 128-132.

甘肃省博物馆. 1960. 甘肃武威皇娘娘台遗址发掘报告. 考古学报, (2): 53-71.

甘肃省博物馆. 1979. 文物考古工作三十年（1949~1979）. 北京: 文物出版社.

甘肃省博物馆, 吉林大学考古系. 1998. 民乐东灰山考古——四坝文化墓地的揭示与研究. 北京: 科学出版社.

甘肃省文物考古研究所. 2001. 永昌西岗柴湾岗: 沙井文化墓葬发掘报告. 兰州: 甘肃人民出版社.

甘肃省文物考古研究所, 北京大学考古文博学院. 2011. 河西走廊史前考古调查报告. 北京: 文物出版社.

甘肃省文物考古研究所, 北京大学考古文博学院. 2016. 酒泉干骨崖. 北京: 文物出版社.

国家地震局地质研究所. 1993. 祁连山-河西走廊活动断裂系. 北京: 地震出版社.

国家文物局. 2011. 中国文物地图集·甘肃省分册. 北京: 测绘出版社.

韩翀飞, 马智全, 王永安, 等. 2012. 甘肃民乐五坝史前墓地发掘简报. 考古与文物, (4): 3-13.

韩建业. 2007. 半山类型的形成与东部文化的西迁. 考古与文物, (3): 33-38.

黄荣辉, 陈际龙. 2010. 我国东、西部夏季水汽输送特征及其差异. 大气科学, 34(6): 1035-1045.

李水城. 1993. 四坝文化研究. 见: 苏秉琦. 考古学文化论集（三）. 北京: 文物出版社: 80-121.

李水城. 1998. 半山与马厂彩陶研究. 北京: 北京大学出版社.

李水城. 2009. 东风西渐: 中国西北史前文化之进程. 北京: 文物出版社.

李水城. 2014. "过渡类型"遗存与西城驿文化. 见: 甘肃省文物考古研究所, 北京大学考古文博学院, 中国国家博物馆综合考古部, 等. 早期丝绸之路暨早期秦文化国际学术研讨会论文集. 北京: 文物出版社: 9-21.

刘瑞俊, 赵雪野, 丁岩, 等. 2003. 甘肃安西潘家庄遗址调查试掘. 文物, (1): 65-72.

刘瑞俊, 王建新, 赵雪野. 2004. 丁岩. 甘肃敦煌西土沟遗址调查试掘简报. 考古与文物, (3): 3-7.

裴文中. 1987. 中国西北甘肃走廊和青海地区的考古调查. 见: 裴文中. 裴文中史前考古学论文集. 北京: 文物出版社: 256-273.

蒲朝绂, 负安志. 1982. 甘肃永昌鸳鸯池新石器时代墓地. 考古学报, (2): 199-227.

蒲朝绂, 赵建龙. 1984. 甘肃永昌三角城沙井文化遗址调查. 考古, (7): 598-601.

蒲朝绂, 庞跃先. 1990. 永昌三角城与蛤蟆墩沙井文化遗存. 考古学报, (2): 205-237.

祁永安, 李吉均, 张建明, 等. 2006. 石羊河流域生态功能区研究. 兰州大学学报（自然科学版）, 42(4): 29-33.

任继周. 2007. 河西走廊山地-绿洲-荒漠复合系统及其耦合. 北京: 科学出版社.

水涛. 2001. 中国西北地区青铜时代考古论集. 北京: 科学出版社.

苏秉琦. 1965. 关于仰韶文化的若干问题. 考古学报, (1): 51-82.

孙鸣生, 王国道. 1991. 青海化隆、循化两县考古调查简报. 考古, (4): 313-331.

王辉. 2012. 甘青地区新石器—青铜时代考古学文化的谱系与格局. 见: 北京大学考古文博学院, 北京大学中国考古学研究中心. 考古学研究（九）: 庆祝严文明先生80寿辰论文集. 北京: 文物出版社: 210-244.

王辉. 2019. 甘肃玉门火烧沟遗址2005年发掘简报. 文物, 754(03): 4-18.

王辉, 周广济, 庞耀先. 2004. 武威塔儿湾新石器时代遗址及五坝山墓葬发掘简报. 考古与文物, (3): 8-11.

魏怀珩. 1978. 武威皇娘娘台遗址第四次发掘. 考古学报, (4): 421-448.

温成浩, 李水城. 2014. 内蒙古额济纳旗史前文化调查简报. 边疆考古研究, (02): 7-22.

温成浩, 李水城. 2016. 内蒙古阿拉善左旗苏红图遗址调查简报. 考古与文物, (1): 3-8.

许宏. 2018. 小仪金昌三角城的历史位置与特质. 三代考古, 8: 1-96.

谢端琚. 2002. 甘青地区史前考古. 北京: 文物出版社.

严文明. 1978. 甘肃彩陶的源流. 文物, (10): 62-76.

严文明. 1989. 仰韶文化研究. 北京: 文物出版社.

阎文儒. 1986. 河西考古杂记（上）. 社会科学战线, (4): 135-152.

阎文儒. 1987. 河西考古杂记（下）. 社会科学战线, (1): 130-148.

杨思维. 2010. 河西走廊草原畜牧业主要生产模式优化研究. 甘肃: 甘肃农业大学硕士学位论文.

叶茂林, 王国道, 蔡林海, 等. 2001. 青海民和县胡李家遗址的发掘. 考古, (1): 40-58.

贠安志. 1974. 永昌鸳鸯池新石器时代墓地的发掘. 考古, (5): 299-308.

赵丛苍. 2005. 西河滩遗址发掘主要收获及其意义. 西北大学学报（哲学社会科学版）, 35(5): 50-51.

中华人民共和国地质部水文地质工程地质研究所. 1959. 河西走廊水文地质研究. 北京: 地质出版社.

朱小成, 戚晓花, 朱跃明. 2015. 河西农区畜牧业产业化发展现状与思考. 中国牛业科学, 41(2): 74-76.

Andersson J G. 1943. Researches into the Prehistory of the Chinese. Sweden: The Museum of Far Eastern Antiquities.

Huang W, Feng S, Chen J H, et al. 2015. Physical mechanisms of summer precipitation variations in the Tarim Basin in northwestern China. Journal of Climate, 28(9): 3579-3591.

Huang W, Chang S Q, Xie C L, et al. 2017. Moisture sources of extreme summer precipitation events in North Xinjiang and their relationship with atmospheric circulation. Advances in Climate Change Research, 8(1): 12-17.

Kalnay E, Kanamitsu M, Kistler R, et al. 1996. The NCEP/NCAR 40-year reanalysis project. Bulletin of the American Meteorological Society, 77: 437-472.

第3章 河西走廊史前文化绝对年代序列重建

河西走廊地区可靠史前文化绝对年代序列的建立，是准确认识该地区汉代之前文化演化历史，分析其与气候环境变化关系的前提。考古学家已经初步建立了河西走廊地区的绝对年代序列，为研究该地区新石器-青铜文化与史前时代跨大陆文化交流历史和人地关系演变过程奠定了重要基础。然而，由于河西走廊地区不同史前文化已获得的测年数据不均衡、测年材料不一致，以及缺乏统一的数理统计分析方法的运用等因素的影响，该地区史前文化的绝对年代序列的厘定工作仍有改进的空间。针对这一问题，本章首先在河西走廊地区的 31 个新石器时代—青铜时代—早期铁器时代遗址采集样品，新测定了 54 个加速器质谱技术（accelerator mass spectrometer，AMS）^{14}C 年代。其次，通过对不同测年材料系列年代的对比，认为炭屑年代存在一定的不确定性，而炭化农作物种子和骨骼年代更为可靠。最后，统一运用贝叶斯模型，对河西走廊地区史前时代不同文化遗址出土的农作物和骨骼遗存的 ^{14}C 年代进行建模分析，重建了该地区史前文化的绝对年代序列。

3.1 河西走廊地区已有的史前文化年代序列

通过多年的考古调查发掘和研究，河西走廊地区新石器时代—青铜时代—早期铁器时代考古学文化序列基本建立。王辉（2003）初步提出河西走廊地区史前文化的发展谱系为马家窑类型—半山类型—马厂类型—四坝文化及河西走廊东段的马厂类型—沙井文化的序列。甘肃省文物考古研究所和北京大学考古文博学院（2011）建立了河西走廊地区的文化谱系：河西走廊东部为"仰韶文化—马家窑文化—半山文化—马厂文化/齐家文化—'过渡类型'遗存/齐家文化—董家台文化—辛店文化/沙井文化"，河西走廊西部为"马家窑文化—马厂文化—'过渡类型'遗存/齐家文化—四坝文化—骟马文化"。这些工作为该地区与考古学相关的研究奠定了基础。

目前河西走廊地区史前时代考古学文化相对年代序列已建立，但是由于缺乏直接测年数据，不同学者厘定的各文化的绝对年代范围还是存在差别和争议。李水城（2009）认为河西走廊马家窑文化早期遗存年代可以早到石岭下类型，其主体年代在 5000~4800a BP（甘肃省文物考古研究所和北京大学考古文博学院，2011），河西走廊半山文化应该是半山文化的晚期阶段（李水城，2009；张弛，1994）。河西走廊马厂文化存在早、中、晚三个阶段的遗物，年代在 4300~4000a BP（甘肃省文物考古研究所和北京大学考古文博学院，2011）。张雪莲等（2015a，b）等对西城驿遗址测年，认为西城驿遗址一期马厂文化遗存，年代为 2135~1900BCE。

齐家文化皇娘娘台遗址被认为是齐家文化早段的遗物（水涛，2001；张忠培，1987），陈国科（2016）认为河西走廊皇娘娘台和海藏寺遗址齐家文化遗存都是齐家文化中期的遗物，年代在 4000a BP 前后。早年西城驿文化被称为"过渡类型"，李水城（2009）认为其年代晚于马厂时期。李水城（2014）根据西城驿遗址的发掘将"过渡类型"遗存，正式命名西城驿文化，认为其年代范围在 2100~1950BCE；陈国科认为西城驿文化的上限不超过马厂文化的下限，年代上限不超过 4000a BP，西城驿文化的年代为 4000~3700a BP（陈国科，2017；陈国科等，2014a，2014b）；张雪莲等（2015a，b）在对西城驿遗址出土遗存测年的基础上，认为西城驿遗址二期（西城驿文化）遗存年代范围在 1880~1680BCE；Dodson 等（2013，2009）在缸缸洼和火石梁遗址开展了测年工作，结果显示西城驿文化的年代上限在 4000a BP 左右。李水城（2009，1993）根据火烧沟和干骨崖遗址出土遗存测年结果认为四坝文化的年代范围在 3900~3400a BP，张雪莲等（2015a，b）认为西城驿遗址三期四坝文化遗存年代范围在 1670~1530BCE；陈国科通过对西城驿遗址的发掘，以及对齐家文化和四坝文化出土铜器比较，认为四坝文化年代为 3700~3300a BP（陈国科，2016；陈国科等，2014b）。

李水城（2009）认为董家台文化年代早于西周早期，晚于石岭下阶段。骟马文化年代在公元前 1 千纪左右（甘肃省文物考古研究所和北京大学考古文博学院，2011）；王辉（2012）认为骟马文化的下限应该不晚于公元前 5~4 世纪。安特生早年估计沙井文化的年代在 2000~1700a BP，后来修正年代在 700~500BCE（Andersson，1943；安特生，1925）；安志敏提供了一个沙井文化的 ^{14}C 年代（560±90BCE，树轮校正为 891~410BCE）（丹尼等，2002）；根据金昌三角城、西岗、蛤蟆墩遗址年代推测沙井文化年代范围为 900~409BCE（甘肃省文物考古研究所，2001）；李水城（1994）认为沙井文化年代在 1000BCE 左右，相当于西周早期阶段。

综上所述，河西走廊地区史前文化年代序列的最初建立主要依赖于传统的器物类型学和地层叠压关系（甘肃省文物考古研究所和北京大学考古文博学院，2011；王辉，2003）。^{14}C 测年工作的开展，为该地区史前文化的绝对年代序列的建立奠定了基础。然而，河西走廊地区不同史前文化已开展的测年工作并不均衡。其中以马厂文化、西城驿文化和四坝文化遗址已发表 ^{14}C 测年数据较多，分别为 14 个、17 个和 43 个（Dong et al.，2018；Zhou et al.，2016；Flad et al.，2010）。

但至今还没有董家台类型文化和骟马文化遗址的测年结果发表,齐家文化和沙井文化遗址已发表的测年数据也很少,各有 4 个和 3 个。此前的研究显示,炭屑测年容易受到"老木效应"的影响,从而导致其测定的年代比人类实际生活的年代偏老（Dong et al., 2014; Gavin, 2001）。因此,基于炭屑测年结果建立的绝对年代序列可能存在不确定性,但在河西走廊地区尚未开展不同测年材料 ^{14}C 年代测试结果的对比分析工作。针对这一问题,作者对河西走廊地区不同史前文化遗址出土的炭屑、炭化农作物种子和骨骼样品测定的 ^{14}C 年代总和频率曲线进行对比分析,筛选不易受 ^{14}C 测年"老木效应"影响的材料的 ^{14}C 年代,应用贝叶斯模型重新厘定了该地区史前文化的绝对年代序列。

3.2 材料和方法

3.2.1 样品采集和 ^{14}C 测年

2014 年和 2015 年,团队在河西走廊调查了 50 个史前时代遗址,并在 33 个遗址剖面地层及遗迹单位调查并采集土样（图 3.1）,其中在马家窑文化高苜蓿地遗址和古浪三角城遗址采集完整剖面两个,从地表采集及剖面出土陶片判断,应该为典型马家窑类型时期陶片；在马厂文化磨嘴子、棋盘山、茂林山、郭家山、新寨、朵家梁、水口、西台、官地、西河滩遗址完整剖面或灰坑进行调查采样,其中在茂林山遗址发现晚于马厂文化时期的夹砂陶片,朵家梁和水口遗址发现有齐家文化陶片,西河滩遗址发现有西城驿文化时期遗物,其他遗址剖面及灰坑发现典型的马厂文化陶片；仅在齐家文化李家圪楞遗址断面发现大量的灰坑,从出土陶片判断为典型齐家文化遗存；对西城驿文化缸缸洼、火石梁、一个地窝南、一个地窝南 2 号遗址剖面和地表进行调查采样,从采集陶片判断除缸缸洼遗址可能存在马厂文化晚期遗存外,其他遗址地表和剖面采集陶片均判断为典型的西城驿文化遗存；在四坝文化西灰山、砂锅梁、大墩湾、鹰窝树、干骨崖、四坝滩遗址剖面、灰坑和地表进行调查采样,其中西灰山遗址剖面下部地层为西城驿文化堆积,上部地层为四坝文化堆积,其他遗址采集陶片均为典型四坝文化遗物；仅对董家台类型（文化）土坝遗址剖面或灰坑调查采样,从采集遗物判断为董家台类型陶片；在骟马文化赵家水磨、过会台、火烧沟、古董滩、绿城遗址剖面或灰坑调查采样,从采集陶片判断为骟马文化遗存；在沙井文化金昌三角城、民勤三角城、火石滩、柳湖墩地表及剖面进行采样,从采集遗物判断为沙井文化陶片。同时对甘肃省文物考古研究所近年发掘的西城驿遗址和马鬃山玉矿遗址采样,其中在西城驿遗址 2012ZXAIVT0702 东壁系统采样,从早到晚包括马厂文化晚期—

西城驿文化—四坝文化早期地层,并且在骟马文化马鬃山玉矿遗址2016年发掘区域房址、灰坑内进行系统采样。

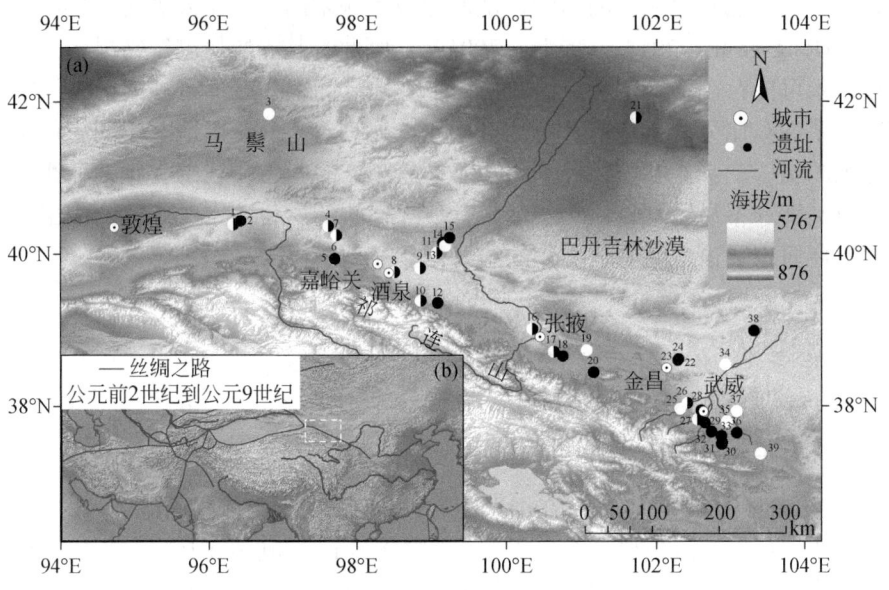

图3.1 河西走廊开展^{14}C测年工作的史前遗址分布

1. 鹰窝树;2. 兔葫芦;3. 马鬃山;4. 古董滩;5. 大墩湾;6. 火烧沟;7. 砂锅梁;8. 赵家水磨;9. 高苜蓿地;10. 干骨崖;11. 火石滩;12. 西河滩;13. 缸缸洼;14. 一个地窝南;15. 火石梁;16. 西城驿;17. 西灰山;18. 东灰山;19. 四坝滩;20. 过会台;21. 绿城;22. 蛤蟆墩;23. 三角城(金昌);24. 西岗;25. 棋盘山;26. 郭家山;27. 茂林山;28. 黄娘娘台;29. 磨嘴子;30. 李府寨;31. 五坝;32. 西台;33. 李家圪楞;34. 柳湖梁;35. 土坎;36. 朵家梁;37. 水口;38. 三角城(民勤);39. 三角城(古浪)。白色和黑色的点分别代表本章及已发表的^{14}C年代数据遗址点。

图b为汉唐丝绸之路路线图;公元前2世纪~公元9世纪,改自Barisitz(2017)

对其中31个遗址剖面出土的54份炭屑和炭化植物种子样品进行了测年。这些遗址的文化属性跨越新石器晚期、青铜时代和早期铁器时代。考古遗址的选择以及样品的采集遵循以下标准:①有典型的陶片以便确定其文化类型;②灰坑或文化层没有被晚期遗存扰动以避免污染(图3.2)。采样过程中还采集到陶片、兽骨、石器、炉渣、矿石和植物遗存等标本。对31个遗址采集的样品进行了标准的浮选过程。炭化植物种子在中国社会科学院文物考古研究所进行鉴定并拍照(见第4章)。

在AMS测试之前,样品先经过酸-碱-酸的前处理,然后进行石墨的合成(Goslar et al.,2004)。石墨制靶在兰州大学西部环境教育部重点实验室下属的年代学实验室完成。共计52个炭化植物种子和2个炭屑样品在北京大学加速质谱实验室完成测试,其中2个炭化植物种子也在美国Beta加速质谱实验室进行测试。

基于 IntCal 13（Reimer et al.，2013）校正曲线，用 OxCal v.4.3.2（Ramsey，2017）软件将 ^{14}C 年代进行校正。所有的年代用"cal a BP"表示。

图 3.2　河西走廊新石器晚期和青铜时代遗址的文化层和灰坑
a. 西灰山；b. 新寨；c. 赵家水磨；d. 三角城（古浪）；e. 水口；f. 李家圪塄；g. 土坝

3.2.2　^{14}C 数据集的建立

包含炭化植物种子、炭屑及骨骼年代的数据集（附录 2.2）是由河西走廊地区已发表的（n=123，n 表示样品数量）和本章（n=54）提供的 ^{14}C 年代数据组成的。本章中来自遗址文化层和灰坑的 ^{14}C 数据和传统类型学所确定该地区的 9 个考古学文化相一致（附录 2.2）。短生长周期的考古遗存（如炭化作物种子）被认为是最可靠的 ^{14}C 测年材料（Dong et al.，2014；Crombé et al.，2009）。为了检验炭屑和骨骼的年代是否受"老木效应"的影响，利用 ^{14}C 年代频率总和曲线来比较炭屑和骨骼与一年生农作物炭化种子年代的差异。结果表明炭化植物种子和骨骼样品 ^{14}C 年代频率总和曲线基本一致（图 3.3），说明骨骼的 ^{14}C 年代对建立河西走廊史前年代序列是可靠的。人类利用的动物生长时间多为几年到几十年，受生长效应的影响有限，因此动物骨骼遗存被认为是理想的 ^{14}C 测年材料。骨骼遗存的 ^{14}C 测年已经被用于重建哈萨克斯坦、丹麦和爱尔兰等地区新石器及青铜时代文化的绝对年代序列（Beisenov et al.，2016；Schulting et al.，2012；Olsen et al.，2011）。

3.2.3 贝叶斯年代模型

马厂文化（n=16，n 指数据个数）、西城驿文化（n=20）、四坝文化（n=52）、沙井文化（n=13）和骟马文化（n=7）的 ^{14}C 数据被用来建立贝叶斯模型。利用 OxCal v.4.3.2 的内置"Phase"（阶段）模型（Ramsey，2017）和 IntCal 13 校准

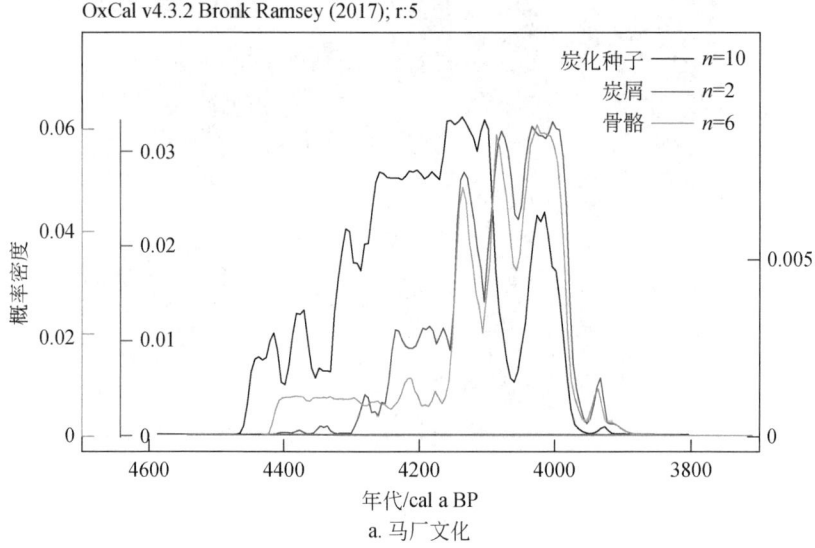

a. 马厂文化

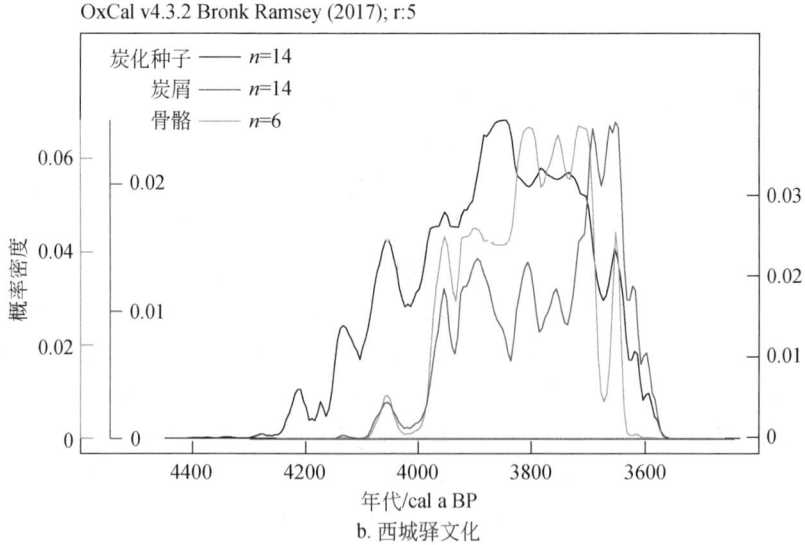

b. 西城驿文化

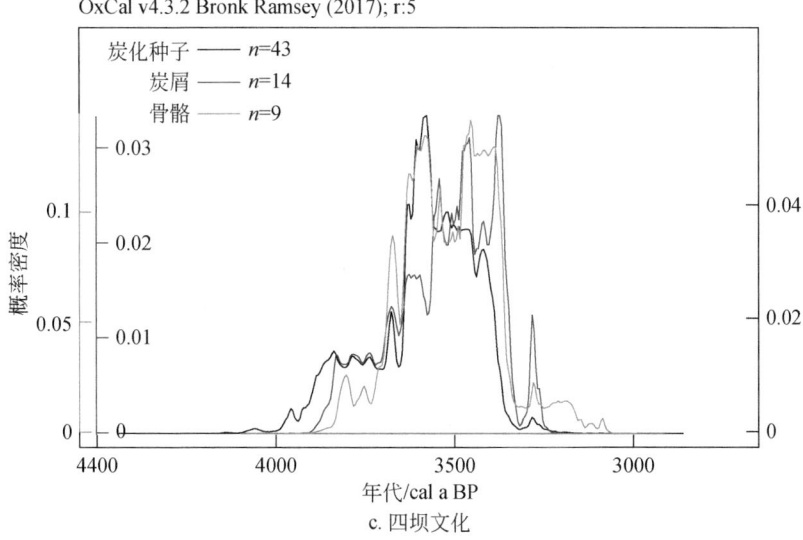

c. 四坝文化

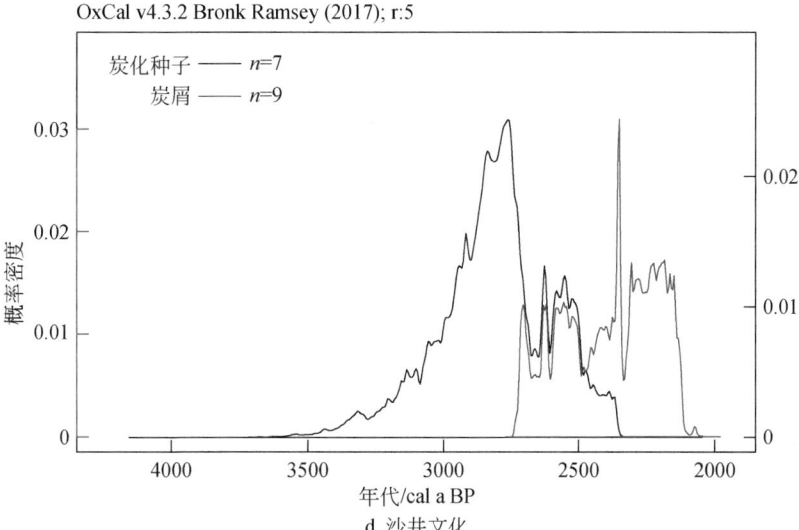

d. 沙井文化

图 3.3 河西走廊史前遗址炭化种子、骨骼和炭屑的 ^{14}C 年代频率总和曲线
(改自 Yang et al., 2019)

曲线数据（Reimer et al., 2013），对 ^{14}C 年代数据进行了贝叶斯建模。每一个"Phase"结合了一个史前文化所有的经过筛选的 ^{14}C 年代（附录 2.1）。在每个"Phase"中，使用"R-Date"函数输入 ^{14}C 年代数据。作为这个模型的附加约束，每个史前文化的开始和结束使用"Order"函数按时间顺序排列。使用"Boundary"

（界限）函数确定每个"Phase"的开始和结束时间，并提供反映各个文化开始和结束的概率密度函数。从全新世开始（9650BCE 或 11600cal a BP）到 1950BCE（Barrows et al., 2007），这个明确的先验年龄区间被分配给所有的"Boundary"，以避免在区间估计中出现不准确的长尾分布。

"Outlier"（异常值）函数被用于每个接受的 ^{14}C 数据（Long et al., 2017），它使得此模型更加可靠（Ramsey, 2009）。由于使用了"Outlier"函数，模型中一致性指数低于60%的 ^{14}C 年代没有被移除（Ramsey, 2009）。此次研究遵循了放射性碳模型的报告惯例，包括：95.4%的范围，68.2%的范围，以及中值到中值的范围。这里采用中值到中值的范围作为确定不同史前文化年代范围的主要方法（Long et al., 2015）。此外，为模型收敛设定了95%的标准临界值，这是衡量模型自适应性的一个参数，并拒绝了任何不可靠的建模结果（即收敛值较低）。

3.3 测年数据集与年代模型的建立

3.3.1 ^{14}C 测年

54 个炭化植物种子、骨骼和炭屑的 ^{14}C 年代如附录2.2所示。新石器时代晚期，高苜蓿地遗址出土的炭化粟和古浪三角城遗址出土的炭屑，其测年结果为 4816～4437cal a BP。棋盘山和水口遗址的 2 个炭化粟样品测年结果为 4136～3985cal a BP，郭家山遗址出土的炭化粟年代为 4406～4295cal a BP。在青铜时代早期的遗址中，一个地窝南和西城驿遗址出土的两个炭化粟年代、干骨崖遗址出土的炭化小麦年代分别为 3829～3724cal a BP 和 3706～3641cal a BP。西灰山遗址出土 2 个炭化粟和黍的年代为 3613～3510cal a BP。砂锅梁、干骨崖、四坝滩、大墩湾、鹰窝树、西灰山等7个遗址出土的炭化小麦样品的年代在3828～3080cal a BP。在青铜时代晚期至铁器时代早期的遗址中，测试了出自土坝遗址的小麦年代，其范围为 3156～3070cal a BP。赵家水磨和古董滩遗址出土的 2 个炭化小麦样品，以及赵家水磨、绿城和马鬃山遗址出土的 5 个炭化大麦样品，年代在 2761～2065cal a BP。柳湖墩、火石滩、金昌三角城遗址出土的炭化小麦和大麦样品的年代范围为 2717～2126cal a BP。

3.3.2 数据集的构建

筛选过程排除了 21 个 ^{14}C 年代数据，这些年代明显偏离了考古学文化背景（附录2.1）。对其他炭化植物种子、骨骼和炭屑材料的年代频率总和曲线的比较结果（n=156）表明，马厂文化、西城驿文化、四坝文化和沙井文化的种子和骨骼的年代没有明显差异（图 3.3）。然而，西城驿文化和沙井文化炭屑测年结果的年代频率总和曲线则明显老于炭化植物种子的结果，很可能受到 ^{14}C 测年"老木效应"的影响（Dong et al., 2014）。因此，炭屑的 ^{14}C 年代结果在本章中不被用于做贝叶斯模型分析。本章在贝叶斯模型中分析的 ^{14}C 年代数据，包含了马厂文化、西城驿文化、四坝文化、沙井文化和骟马文化五种史前文化的炭化植物种子和骨骼的 ^{14}C 年代（$n=108$）。

3.3.3 年代模型

构建的贝叶斯模型结果如图 3.4 所示。基于中值到中值范围的方法，显示了每个边界的 68.2%和 95.4%的界限。模型的收敛性超过了 95%的临界值，表明该模型在统计上是可靠的，其结果为 5 个文化阶段提供了可靠的年龄边界估计。模型中的一致性指标高于推荐临界值 60%。在新石器晚期，马厂文化年代范围在 4200～4000cal a BP，持续时间约 200 年。在青铜时代早期，西城驿文化的年龄跨度为 4000～3600cal a BP，持续时间约为 400 年。四坝文化年代范围在 3700～3300cal a BP，持续时间约为 400 年。在青铜器晚期和铁器时代早期，骟马文化和沙井文化的时间跨度分别为 2900～2100cal a BP 和 2700～2100cal a BP，持续时间分别约为 800 年和 600 年。

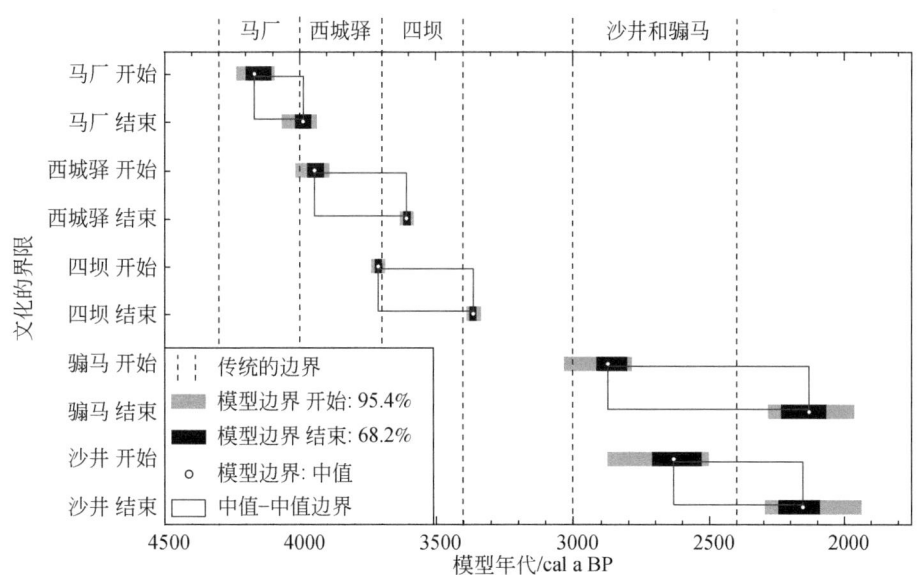

图 3.4 基于贝叶斯模型厘定的河西走廊 5 个史前文化的年代范围

5 个时期的上下边界用 95%和 68%的范围表示，前人厘定的 5 个文化的年代范围用虚线表示

3.4 年代序列

本章提供了河西走廊地区 54 个新的 ^{14}C 年代数据,其中 50 个年代和考古学背景相一致。此外,有 4 个炭化植物种子的年代较遗址的文化属性年代明显偏年轻,可能反映了文化层受到后期生物扰动的影响,这在考古遗址中并不少见(Liu et al.,2016;Motuzaite-Matuzeviciute et al.,2013;Keepax,1977),因此这 4 个年代数据被排除。最终的模型只使用与遗址文化属性一致的 50 个 ^{14}C 年代数据。结合已发表的资料,共计 117 个年代被用于建立河西走廊地区史前文化的年代序列(附录 2.1)。然而,马家窑文化($n=3$)、半山文化($n=1$)、齐家文化($n=4$)和董家台文化($n=1$)的数据太少,因此不能用贝叶斯模型进行分析建模。这 4 个史前文化的年代范围用 ^{14}C 年代频率总和曲线(95% range)来确定,结果分别是 4800~4450cal a BP、4450~4250cal a BP、4000~3600cal a BP 和 3200~3000cal a BP,这和前人厘定的年代序列基本一致(表 3.1)。

表 3.1 河西走廊新石器、青铜时代和早期铁器时代文化传统的和新的年代序列

文化阶段	传统年代序列/cal a BP	文献	本章的年代(95%)/cal a BP	持续时间/a
马家窑	5000~4600	甘肃省文物考古研究所和北京大学考古文博学院,2011	4800~4450 [a]	350
半山	4600~4300	甘肃省文物考古研究所和北京大学考古文博学院,2011;王辉,2012	4450~4250 [a]	200
马厂	4300~4000	甘肃省文物考古研究所和北京大学考古文博学院,2011	4200~4000 [b]	200
齐家	4000~3500	甘肃省文物考古研究所和北京大学考古文博学院,2011	4000~3600 [a]	400
西城驿	4000~3700	李水城,2014	4000~3600 [b]	400
四坝	3700~3400	陈国科,2017	3700~3300 [b]	400
董家台	3600~3000	甘肃省文物考古研究所和北京大学考古文博学院,2011	3200~3000 [a]	200
骟马	3000~2400	甘肃省文物考古研究所和北京大学考古文博学院,2011;王辉,2012	2900~2100 [b]	800
沙井	3000~2400	甘肃省文物考古研究所和北京大学考古文博学院,2011	2700~2100 [b]	600

注:a 表示 ^{14}C 年代频率总和曲线确定的年代;b 表示贝叶斯模型年代。

马厂文化、西城驿文化、四坝文化和沙井文化的 ^{14}C 年代数据包含了不同的

测年材料，如未鉴定的炭屑、炭化植物种子和骨骼。马厂文化和四坝文化炭屑 ^{14}C 年代频率总和曲线和农作物种子基本一致（图 3.3a、c），表明炭屑的年代很可能是可靠的。然而，^{14}C 年代频率总和曲线显示西城驿文化和沙井文化炭屑年代比炭化农作物种子分别偏老 200 年和 300 年（图 3.3b、d）。西城驿文化的炭屑年代很可能受到"老木效应"的影响。西亚的文化元素，包括小麦、大麦、羊和青铜器在西城驿文化的遗址中频繁出现（陈国科等，2014），在西城驿文化时期人类铜冶炼活动对遗址文化层和附近湖泊中的沉积物造成了污染（Yang et al.，2017；Zhang et al.，2017；Li et al.，2011）。这些考古证据表明，西城驿文化是在河西走廊受到跨欧亚大陆文化交流出现后发展起来的，根据系统的小麦、大麦、粟和黍炭化植物种子 ^{14}C 测年研究，西亚文化元素最早传入河西走廊的时间大约为 4000cal a BP（Dong et al.，2018；Dodson et al.，2013）。西城驿文化炭化农作物种子和骨骼的 ^{14}C 年代频率总和曲线范围为 4000~3600cal a BP，与上述研究结果是一致的。然而，西城驿文化炭屑年代的上限达到了约 4200cal a BP，表明其很可能受到"老木效应"的影响。

马厂文化和四坝文化的模型结果和前人厘定的年代范围基本一致（图 3.4），但是两者之间有一个间断。由于河西走廊地区马厂文化早期的遗址很少，而且没有 ^{14}C 年代数据，因此，马厂文化的上限可能比本章模型获得的结果更早，这需要今后更多的工作去补充和验证。此外，模型的结果显示西城驿文化（4000~3600cal a BP）和四坝文化（3700~3300cal a BP）在时间上有重叠（图 3.4），两种文化遗存都在东灰山遗址中存在，Flad 等（2010）在东灰山遗址的测年结果表明，四坝文化的年代范围为 3586~3407cal a BP，而 Zhou 等（2012）的结果显示其范围是 3830~3560cal a BP，这个重叠很可能是在采样过程中没有很好地区分开不同时期文化层的界限所造成的，也不排除在特定时期两种文化同时存在的可能。

本章模型显示沙井文化（2700~2100cal a BP）和骟马文化（2900~2100cal a BP）的年代中值边界比前人厘定的晚约 300 年（图 3.4）。根据已有的沙井和骟马文化（3000~2400cal a BP）（表 3.1）的年代序列（王辉，2012；甘肃省文物考古研究所和北京大学考古文博学院，2011），河西走廊地区人类在 2400~2100cal a BP 的活动存在一个空白期，但是历史文献记载河西走廊地区在汉朝（202BCE~220CE）进驻之前一直有月氏、匈奴等民族生活。本章研究显示，这一人类定居的空白在河西走廊地区很可能是不存在的。史料如《史记》和《汉书》支持了作者的这一猜想，即河西走廊在约 176BCE 被匈奴征服之前，曾被月氏和乌孙等游牧部落占领。河西走廊东部沙井文化的遗址被认为是月氏的遗存（杨富学，2017；戴春阳，1991；蒲朝绂和庞跃先，1990），这也得到了本章模型结果的支持（图 3.4）。

结合李水城根据地层关系和典型器物类型学构建的河西走廊文化谱系，以及近年发表的测年数据，重新将河西走廊地区史前考古学文化谱系进行归纳，河西走廊东部考古学文化序列为：仰韶文化—马家窑文化—半山文化—马厂文化/齐家文化—西城驿文化/齐家文化—董家台类型—沙井文化，其中齐家文化与马厂文化晚期年代有共存，齐家文化与西城驿文化年代也有共存。马厂、董家台、沙井文化之间存在缺环。河西走廊西部考古学文化序列为：马家窑文化—半山文化—马厂文化/齐家文化—西城驿文化/齐家文化—四坝文化/齐家文化—骟马文化。马厂文化晚期、西城驿文化、四坝文化与齐家文化之间也存在共存关系。

3.5 本章小结

基于对河西走廊地区史前遗址 ^{14}C 年代的总结分析，以及贝叶斯建模方法的运用，对该地区新石器时代、青铜时代和早期铁器时代文化的绝对年代序列进行了重新厘定。河西走廊马厂文化、西城驿文化、四坝文化、沙井文化和骟马文化的年代范围分别为 4200～4000cal a BP、4000～3600cal a BP、3700～3300cal a BP、2900～2100cal a BP 和 2700～2100cal a BP。此外，用 ^{14}C 年代频率总和曲线厘定了河西走廊地区马家窑文化、半山文化、齐家文化和董家台文化的年代范围，分别为 4800～4450cal a BP、4450～4250cal a BP、4000～3600cal a BP 和 3200～3000cal a BP。然而，这些文化或类型遗址的测年数据仍然很缺乏，需要进一步开展系统的测年工作厘定年代范围。

参 考 文 献

安特生. 1925. 甘肃考古记. 乐森璕译. 北京: 农商部地质调查所印行.

安志敏. 1957. 甘肃山丹四坝滩新石器时代遗址. 考古学报, (3): 7-16.

陈国科. 2016. 齐家文化与四坝文化铜器年代再认识. 见: 朱乃诚, 王辉, 马永福. 2015 中国·广河齐家文化与华夏文明国际研讨会论文集. 北京: 文物出版社.

陈国科. 2017. 西城驿-齐家冶金共同体——河西走廊地区早期冶金人群及相关问题初探. 考古与文物, (5): 37-44.

陈国科, 王辉. 2012. 甘肃肃北马鬃山玉矿遗址 2011 年发掘简报. 文物, (8): 38-44.

陈国科, 王辉, 李延祥. 2014a. 西城驿遗址二期遗存文化性质浅析. 见: 甘肃省文物考古研究所, 北京大学考古文博学院, 中国国家博物馆综合考古部, 等. 早期丝绸之路暨早期秦文化国际学术研讨会论文集. 北京: 文物出版社: 22-23.

陈国科, 王辉, 李延祥, 等. 2014b. 甘肃张掖市西城驿遗址. 考古, (7): 3-17.

陈国科, 蒋超年, 王辉, 等. 2015. 甘肃肃北县马鬃山玉矿遗址. 考古, (7): 3-14.

陈国科, 王辉, 杨月光, 等. 2016. 甘肃肃北县马鬃山玉矿遗址 2012 年发掘简报. 考古, (1):

40-53.

陈小三. 2012. 河西走廊及其邻近地区早期青铜时代遗存研究. 吉林: 吉林大学博士学位论文.

陈星灿. 1997. 中国史前考古学史研究（1985~1949）. 北京: 生活·读书·新知三联书店.

戴春阳. 1991. 月氏文化族属、族源刍议. 西北史地, (1): 12-20.

丹尼 A H, 马松 V M. 2002. 中亚文明史（第一卷）. 芮传明译. 北京: 中国对外翻译出版公司.

冯绳武. 1981. 甘肃河西水系的特征和演变. 兰州大学学报（自然科学版）, (1): 128-132.

甘肃省博物馆. 1960. 甘肃武威皇娘娘台遗址发掘报告. 考古学报, (2): 53-71.

甘肃省博物馆. 1979. 文物考古工作三十年（1949~1979）. 北京: 文物出版社.

甘肃省博物馆, 吉林大学考古系. 1998. 民乐东灰山考古——四坝文化墓地的揭示与研究. 北京: 科学出版社.

甘肃省文物考古研究所. 2001. 永昌西岗柴湾岗: 沙井文化墓葬发掘报告. 兰州: 甘肃人民出版社.

甘肃省文物考古研究所, 北京大学考古文博学院. 2011. 河西走廊史前考古调查报告. 北京: 文物出版社.

甘肃省文物考古研究所, 北京大学考古文博学院. 2016. 酒泉干骨崖. 北京: 文物出版社.

国家地震局地质研究所. 1993. 祁连山—河西走廊活动断裂系. 北京: 地震出版社.

国家文物局. 2011. 中国文物地图集·甘肃省分册. 北京: 测绘出版社.

韩翀飞, 马智全, 王永安, 等. 2012. 甘肃民乐五坝史前墓地发掘简报. 考古与文物, (4): 3-13.

韩建业. 2007. 半山类型的形成与东部文化的西迁. 考古与文物, (3): 33-38.

黄荣辉, 陈际龙. 2010. 我国东、西部夏季水汽输送特征及其差异. 大气科学, 34(6): 1035-1045.

景学义, 边文利, 傅兴业, 等. 2014. 内蒙古额济纳旗史前文化调查简报. 边疆考古研究, (02): 7-22.

李水城. 1993. 四坝文化研究. 见: 苏秉琦. 考古学文化论集（三）. 北京: 文物出版社.

李水城. 1994. 沙井文化研究. 见: 袁行霈. 国学研究（第二卷）. 北京: 北京大学出版社.

李水城. 1998. 半山与马厂彩陶研究. 北京: 北京大学出版社.

李水城. 2009. 东风西渐: 中国西北史前文化之进程. 北京: 文物出版社.

李水城. 2014. "过渡类型"遗存与西城驿文化. 见: 甘肃省文物考古研究所, 北京大学考古文博学院, 中国国家博物馆综合考古部, 等. 早期丝绸之路暨早期秦文化国际学术研讨会论文集. 北京: 文物出版社.

刘瑞俊, 赵雪野, 丁岩, 等. 2003. 甘肃安西潘家庄遗址调查试掘. 文物, (1): 65-72.

刘瑞俊, 王建新, 赵雪野, 等. 2004. 甘肃敦煌西土沟遗址调查试掘简报. 考古与文物, (3): 3-7.

裴文中. 1987. 中国西北甘肃走廊和青海地区的考古调查. 见: 裴文中. 裴文中史前考古学论文集. 北京: 文物出版社: 256-273.

蒲朝绂, 庞跃先. 1990. 永昌三角城与蛤蟆墩沙井文化遗存. 考古学报, (2): 205-237.

蒲朝绂, 负安志. 1982. 甘肃永昌鸳鸯池新石器时代墓地. 考古学报, (2): 199-227.

蒲朝绂, 赵建龙. 1984. 甘肃永昌三角城沙井文化遗址调查. 考古, (7): 598-601.

祁永安, 李吉均, 张建明, 等. 2006. 石羊河流域生态功能区研究. 兰州大学学报（自然科学版）, 42(4): 29-33.

任继周. 2007. 河西走廊山地-绿洲-荒漠复合系统及其耦合. 北京: 科学出版社.

水涛. 2001. 中国西北地区青铜时代考古论集. 北京: 科学出版社.

苏秉琦. 1965. 关于仰韶文化的若干问题. 考古学报, (1): 51-82.

孙鸣生, 王国道. 1991. 青海化隆、循化两县考古调查简报. 考古, (4): 313-331.

王辉. 2003. 20世纪甘肃考古的回顾与展望. 考古, (6): 7-18.

王辉. 2012. 甘青地区新石器—青铜时代考古学文化的谱系与格局. 见: 北京大学考古文博学院, 北京大学中国考古学研究中心. 考古学研究（九）: 庆祝严文明先生80寿辰论文集. 北京: 文物出版社.

王辉, 周广济, 庞耀先. 2004. 武威塔儿湾新石器时代遗址及五坝山墓葬发掘简报. 考古与文物, (3): 8-11.

魏怀珩. 1978. 武威皇娘娘台遗址第四次发掘. 考古学报, (4): 421-448.

温成浩, 李水城. 2016. 内蒙古阿拉善左旗苏红图遗址调查简报. 考古与文物, (1): 3-8.

谢端琚. 2002. 甘青地区史前考古. 北京: 文物出版社.

严文明. 1978. 甘肃彩陶的源流. 文物, (10): 62-76.

严文明. 1989. 仰韶文化研究. 北京: 文物出版社.

阎文儒. 1986. 河西考古杂记. 社会科学战线, (4): 135-152.

阎文儒. 1987. 河西考古杂记. 社会科学战线, (1): 130-148.

杨富学. 2017. 河西考古学文化与月氏乌孙之关系. 丝绸之路研究集刊, （第一辑）: 29-45.

杨思维. 2010. 河西走廊草原畜牧业主要生产模式优化研究. 甘肃: 甘肃农业大学硕士学位论文.

叶茂林, 王国道, 蔡林海, 等. 2001. 青海民和县胡李家遗址的发掘. 考古, (1): 40-58.

贠安志. 1974. 永昌鸳鸯池新石器时代墓地的发掘. 考古, (5): 299-308.

张弛. 1994. 半山式文化遗存分析. 考古学研究（二）. 北京: 北京大学出版社.

张雪莲, 仇士华, 钟建, 等. 2015a. 放射性碳素测定年代报告（四一）. 考古, (7): 107-109.

张雪莲, 张良仁, 王辉, 等. 2015b. 张掖市西城驿遗址的碳十四测年及初步分析. 华夏考古, (4): 38-45.

张忠培. 1987. 齐家文化研究（下）. 考古学报, (2): 153-176.

赵丛苍. 2005. 西河滩遗址发掘主要收获及其意义. 西北大学学报（哲学社会科学版）, 35(5): 50-51.

中国社会科学院考古研究所. 1991. 中国考古学中碳十四年代数据集1965–1991. 北京: 文物出版社.

中华人民共和国地质部水文地质工程地质研究所. 1959. 河西走廊水文地质研究. 北京: 地质出版社.

朱小成, 戚晓花, 朱跃明. 2015. 河西农区畜牧业产业化发展现状与思考. 中国牛业科学, 41(2): 74-76.

Andersson J G. 1943. Researches into the prehistory of the Chinese. Sweden: The Museum of Far Eastern Antiquities.

Atahan P, Dodson J, Li X, et al. 2011. Subsistence and the isotopic signature of herding in the Bronze Age Hexi Corridor, NW Gansu, China. Journal of Archaeological Science, 38(7): 1747-1753.

Barisitz S. 2017. Central Asia and the Silk Road. New York: Springer Publishing.

Barrows T T, Lehman S J, Fifield L K, et al. 2007. Absence of cooling in New Zealand and the adjacent ocean during the younger dryas chronozone. Science, 318(5847): 86-89.

Beisenov A Z, Svyatko S V, Kassenalin A E, et al. 2016. First radiocarbon chronology for the early iron age sites of Central. Kazakhstan (Tasmola culture and Korgantas period). Radiocarbon, 58(1): 179-191.

Crombé P, van Strydonck M, Boudin M. 2009. Towards a refinement of the absolute (typo) chronology for the Early Mesolithic in the coversand area of northern Belgium and the southern Netherlands. In: Crombe P, Van Strydonck M, Sergant J, et al. Chronology and Evolution within the Mesolithic of North-West Europe. Cambridge: Cambridge Scholars Publishing.

Dodson J, Li X, Ji M, et al. 2009. Early bronze in two Holocene archaeological. sites in Gansu, NW China. Quaternary Research, 72(3): 309-314.

Dodson J, Bertuch F, Chen L, et al. 2012. Cranial metric, age and isotope analysis of human remains from Huoshiliang, western Gansu, China. Terra Australia, 34: 177-191.

Dodson J R, Li X, Zhou X, et al. 2013. Origin and spread of wheat in China. Quaternary Science Reviews, 72: 108-111.

Dong G H, Wang Z L, Ren L L, et al. 2014. A comparative study of ^{14}C dating on charcoal. and charred seeds from Late Neolithic and Bronze Age sites in Gansu and Qinghai Provinces, NW China. Radiocarbon, 56(1): 157-163.

Dong G H, Yang Y S, Liu X Y, et al. 2018. Prehistoric trans-continental cultural exchange in the Hexi Corridor, northwest China. The Holocene, 28(4): 621-628.

Flad R, Li S C, Wu X H, et al. 2010. Early wheat in China: Results from new studies at Donghuishan in the Hexi Corridor. Holocene, 20(6): 955-965.

Gavin D G. 2001. Estimation of inbuilt age in radiocarbon ages of soil charcoal for fire history studies. Radiocarbon, 43(1): 27-44.

Goslar T, Czernik J, Goslar E. 2004. Low-energy ^{14}C AMS in Poznań radiocarbon laboratory, Poland. Nuclear instruments and methods in physics research section B: Beam Interactions with Materials and Atoms, 223: 5-11.

Huang W, Feng S, Chen J H, et al. 2015. Physical mechanisms of summer precipitation variations in the Tarim Basin in northwestern China. Journal of Climate, 28(9): 3579-3591.

Huang W, Chang S Q, Xie C L, et al. 2017. Moisture sources of extreme summer precipitation events in North Xinjiang and their relationship with atmospheric circulation. Advances in Climate Change Research, 8(1): 12-17.

Kalnay E, Kanamitsu M, Kistler R, et al. 1996. The NCEP/NCAR 40-year reanalysis project. Bulletin of the American Meteorological Society, 77: 437-472.

Keepax C. 1977. Contamination of archaeological. deposits by seeds of modern origin with particular reference to the use of flotation machines. Journal of Archaeological Science, 4(3): 221-229.

Li X Q, Sun N, Dodson J, et al. 2011. The impact of early smelting on the environment of Huoshiliang in Hexi Corridor, NW China, as recorded by fossil charcoal and chemical elements. Palaeogeography, Palaeoclimatology, Palaeoecology, 305(1-4): 329-336.

Liu F W, Li H M, Cui Y F, et al. 2019. Chronology and plant utilization from the earliest walled settlement in the Hexi Corridor, northwestern China. Radiocarbon, 61(4): 971-989.

Liu X, Lightfoot E, O'Connell T C, et al. 2014. From necessity to choice: dietary revolutions in west China in the second millennium BC. World Archaeology, 46(5): 661-680.

Liu X Y, Lister D L, Zhao Z, et al. 2016. The virtues of small grain size: Potential pathways to a distinguishing feature of Asian wheats. Quaternary International, (426): 107-119.

Liu X Y, Lister D L, Zhao Z, et al. 2017. Journey to the east: Diverse routes and variable flowering times for wheat and barley en route to prehistoric China. PLoS One, 12: e0187405.

Long T W, Taylor D. 2015. A revised chronology for the archaeology of the lower Yangtze, China, based on Bayesian statistical modelling. Journal of Archaeological Science, (63): 115-121.

Long T W, Wagner M, Tarasov P E. 2017. A Bayesian anal ysis of radiocarbon dates from prehistoric sites in the Haidai Region, East China, for evaluation of the archaeological chronology. Journal of Archaeological Science: Reports, (12): 81-90.

Motuzaite-Matuzeviciute G, Staff R A, Hunt H V, et al. 2013. The early chronology of broomcorn millet (*Panicum miliaceum*) in Europe. Antiquity, 87(338): 1073-1085.

Olsen J, Hornstrup K M, Heinemeier J, et al. 2011. Chronology of the Danish Bronze Age based on ^{14}C dating of cremated bone remains. Radiocarbon, 53(2): 261-275.

Ramsey C B. 2009. Bayesian analysis of radiocarbon dates. Radiocarbon, 51(1): 337-360.

Ramsey C B. 2017. OxCal. version 4. 3. 2. https://c14.arch.ox.ac.uk/oxcal.html.

Reimer P J, Bard E, Bayliss A, et al. 2013. IntCal13 and Marine13 radiocarbon age cal. ibration curves 0–50000 yearscal BP. Radiocarbon, 55(4): 1869-1887.

Schulting R J, Murphy E, Jones C, et al. 2012. New dates from the north and a proposed chronology for Irish court tombs. Proceedings of the Royal Irish Academy: Archaeology, Culture, History, Literature, 112C: 1-60.

Yang Y S, Dong G H, Zhang S J, et al. 2017. Copper content in anthropogenic sediments as a tracer for detecting smelting activities and its impact on environment during prehistoric period in Hexi Corridor, Northwest China. The Holocene, 27(2): 282-291.

Yang Y S, Zhang S J, Oldknow C, et al. 2019. Refined chronology of prehistoric cultures and its implication for re-evaluating human-en vironment relations in the Hexi Corridor, northwest China. Science China: Earth Sciences, 62(10): 1578-1590.

Zhang S J, Yang Y S, Storozum M J, et al. 2017. Copper smelting and sediment pollution in Bronze Age China: A case study in the Hexi corridor, Northwest China. Catena, 156: 92-101.

Zhou X Y, Li X Q, Dodson J, et al. 2012. Land degradation during the Bronze Age in Hexi Corridor (Gansu, China). Quaternary International, 254: 42-48.

Zhou X Y, Li X Q, Dodson J, et al. 2016. Rapid agricultural. transformation in the prehistoric Hexi corridor China. Quaternary International, 426: 33-41.

第4章 河西走廊史前时代人类对植物资源的利用策略

植物考古是研究古代人类生业模式和生存策略选择的一种重要方法。河西走廊近年来开展了大规模的调查采样和植物遗存研究工作,使得人们对河西走廊史前生业模式变迁及农业的发展过程有了初步认识。为了深入了解河西走廊地区新石器晚期—青铜时代—早期铁器时代的农业发展历程,我们在该地区35个史前遗址采集了浮选土样303份,总计3309L,鉴定植物种子122818粒。通过统计对比新石器晚期、青铜时代早中期和青铜时代晚期—铁器时代早期三个阶段粟、黍、大麦、小麦4种农作物的比例变化,结合已发表的植物考古数据,探讨不同阶段农业变迁的历程。新石器晚期(4800~4000a BP),河西走廊以粟黍旱作农业为主;青铜时代早中期(4000~3300a BP),种植粟、黍、大麦、小麦多种作物的混合农业在河西走廊地区出现和发展;青铜时代晚期—铁器时代早期(3200~2100a BP),河西走廊地区人类主要种植大麦,黍、粟和小麦则作为补充性的农作物资源。

4.1 河西走廊植物考古研究现状

4.1.1 植物考古研究发展的背景

植物大遗存的浮选鉴定是认识古代人群食物来源及获得方式的重要手段,可以复原古代人类的生业模式及生存策略选择,是近年考古学研究的热点(Savard et al., 2003; Asouti and Fairbairn, 2002; 赵志军, 2001)。通过对一个地区不同时段主要农作物比例变化的分析,可以重建其农业变迁的历史(Zhou et al., 2016; Chen et al., 2015; d'Alpoim Guedes et al., 2014; Liu et al., 2014; Weber et al., 2003)。

早在19世纪就有在遗址和墓葬中发现植物遗存的报道,如在瑞士的村落遗址发现了浸泡在水中的各种植物遗存(Leuzinger and Rast-Eicher, 2011)。20世纪中叶一些意识超前的考古学者开始在考古发掘中有意识地寻找植物遗存,如Ole和Flanney在伊朗西南部的考古发掘,以及Braidwood在伊拉克新石器遗址的发掘中，针对西亚农业起源的问题开展了专题研究（Hole and Flannery，1968；Braidwood and Braidwood，1950）。60年代，西方考古学界对考古学理论和方法开展了深入的探讨，考古学者开始探讨复原古代人类生活方式和解释古代社会发展过程，在此背景下获得植物大遗存的主要方法——"浮选法"应运而生。

中国植物考古研究的发展相对较晚。20世纪70年代开始，陆续出现考古遗址出土植物遗存的报道，如河北磁山遗址发现了大量灰化黍的窖藏遗存（孙德海等，1981），在南方新石器时代遗址发现浸泡在水中的水稻等植物种子（游修龄，1976），在许多墓葬随葬的陶罐内发现炭化的植物种子（王庆瑞和敦德勇，1984）。然而，该时期的植物遗存报道多为零星的发现，没有对农业起源及古代农业的发展状况开展系统研究。90年代初赵志军将植物浮选法介绍到中国，但是发展依然缓慢。直到21世纪初，中国考古学者开始重视植物考古的方法和理论，植物考古研究才取得了迅速的发展（赵志军，2010）。

目前全球范围内炭化植物研究主要围绕古代人类食谱结构的重建、古代社会的经济形态、农业起源与发展及其对文明演化影响、农业与古代生态环境等科学问题开展研究（Zohary et al.，2012；赵志军，2001；Zvelebil and Dolukhanov，1991）。随着不同地区植物考古研究的广泛开展和资料数据的大量积累，农业起源及其传播历史的研究成为当前学术界关注的前沿和热点问题（Liu et al.，2019；Long et al.，2018；Jones et al.，2011；Fuller et al.，2009），从食物传播和消费的视角研究史前时代东西方文化交流的过程也受到了关注（Dong et al.，2017；Wang et al.，2017）。

4.1.2 植物考古研究方法

植物考古研究方法的创新与应用，是植物考古研究取得快速发展的前提。植物考古研究方法主要包括植物大遗存（植物大化石）分析、植硅体、淀粉粒和孢粉分析，后三者统称为植物微体化石分析（赵志军，2010）。植物大遗存主要包括木材、种子、果实、茎秆、块茎等，植物体在古人类活动过程中经过高温火烧或者在自然条件下脱水而形成炭化物，其物理化学性质稳定，能够长久保存在考古遗址的文化层中。在不同的埋藏环境下，考古学家可以从古遗址文化堆积物中获得炭化、脱水、印痕、未炭化等不同状态的植物遗存。本书的植物考古研究主要是围绕植物大化石鉴定开展的，因此对植物微体化石分析方法不做更多介绍。

植物大遗存最有效的提取方法是浮选法，而对于在考古遗址发现的一些较大的炭化植物遗存，如果核、坚果等可以通过肉眼发现并直接采集。目前浮选方法包括水波浮选仪浮选法、摇筛式浮选仪浮选法和小水桶浮选法三种（赵志军，2010）。其原理在于炭化后的植物遗存一般比土壤颗粒轻，且密度略小于水，因此将考古遗址采集的土样放入水中便可使炭化植物遗存脱离土壤浮出水面，从而提取出来。浮选操作如下：浮选土样之前，用量杯对晾干后的土样进行体积量化；将量化后的土样倒入小木桶，往小木桶中注入水之后反复进行搅拌，或者将土样导入注满水的浮选仪水槽中，经过水冲刷、浮选后，密度小的炭化植物遗存会浮出水面，最后将浮出的炭化物倒入 80 目（0.2mm）的细筛网中；最后用白纱布收取细筛里面的轻浮物，并记录样品的编号；此外，密度大于水的骨头、陶片等遗存则落于水箱的筛网上和木桶底部，需要用样品袋进行收集并编号；将用白纱布所收取的轻浮物放置在阴凉处晾干（赵志军，2010）。

实验室工作主要包括样品前处理、称重、分选、种子挑选与鉴定、拍照与测量等。阴干后的轻浮物在实验室进行筛分处理，将轻浮物分别倒入孔径为 5 目（4mm）、10 目（2mm）、18 目（1mm）、26 目（0.7mm）、35 目（0.35mm）和 80 目（0.2mm）的分样筛中进行筛分。

将筛分后的样品置于可变焦的体视显微镜下进行挑选，挑选后的炭化植物遗存一般可分为四大类：炭化植物种子、炭化木块、炭化块茎类和炭化果壳类。对于炭化木块（1mm 以上）进行称重计量，然后以样品为单位进行等量换算；对于大于 0.5mm 的轻浮物，需要对其中的炭化植物种子遗存进行挑选，根据现代种子标本图谱《中国杂草原色图鉴》（中华人民共和国农业部农药检定所和日本国（财）日本植物调节剂研究协会，2000）、《植物考古学：理论、方法和实践》（赵志军，2010）和《植物考古：种子和果实研究》（刘长江等，2008）等专著和相关文献的研究成果对比进行种属鉴定。

从某种意义上讲，浮选法虽然帮助人们获取了植物遗存，但是由于采样、浮选、鉴定等过程中的误差，获得的植物遗存在数量上或种类上与古人类对植物资源的实际利用情况存在一定的误差。因此，为了更好地认识和分析实验数据，必须采用科学的量化分析方法来尽可能地准确阐释和复原出土植物遗存与古代人类生产生活的关系。目前量化分析方法主要包括：绝对数量统计方法、等级统计方法和出土概率统计方法（赵志军，2010）。

4.1.3 河西走廊地区植物考古研究进展

河西走廊地区已开展了较多的史前遗址调查，以及在此基础上开展的植物大遗存鉴定分析工作（Shen et al., 2018；甘肃省文物考古研究所和北京大学考古文博学院，2016；Zhou et al., 2016；温成浩和李水城，2014）。相对而言，该地区基于考古遗址发掘而开展的植物大遗存系统浮选与鉴定的工作则并不充分。赵志军（2011）在磨嘴子遗址开展了出土植物遗存研究，出土 2500 粒左右炭化植物种子，其中农作物遗存包括粟和黍，占出土植物遗存的 90%以上。鉴定结果表明河西走廊地区马厂文化时期继承了黄土高原传统的粟作农业生产方式。

范宪军（2016）在西城驿遗址 2012 年和 2014 年发掘采集的 179 份样品中共浮选出可鉴定种子和果实 29611 粒，农作物种子有粟、黍、小麦、大麦和大麻，非农作物种子以藜、狗尾草等农田杂草为主。植物遗存的分析显示，西城驿遗址的农业始终以粟、黍旱作农业为主，四坝文化时期小麦和大麦普遍种植，农业呈现出多样化的特点。蒋宇超等（2017a）对 2010 年发掘西城驿遗址时采集的系列样品进行浮选，对浮选所获的丰富的炭化植物种子和麦类作物穗轴进行鉴定、统计和分析。结果表明，炭化种子以谷物类为主。各类谷物的比例和出土概率反映该遗址在西城驿文化和四坝文化阶段从事以粟黍为主的小米类农业，在西城驿文化偏晚阶段开始利用以小麦为主的麦类作物，在四坝文化时期发展成粟黍为主、麦类作物为辅的农业模式。

东灰山遗址在 20 世纪 80 年代发掘的过程中就出土过农作物遗存，经鉴定为炭化小麦（李璠等，1989），但因其测试年代与文化性质不符而广受争议。Flad 等（2010）对东灰山遗址剖面进行系统采样，鉴定出大量的大麦、小麦和粟黍遗存，以及炭化大麦和小麦的穗轴，表明小麦和大麦是本地种植的。在此基础上，对出土的小麦和大麦作物开展了系统测年，年代集中在 3600~3400cal a BP，与四坝文化年代范围一致。蒋宇超等（2017b）对东灰山遗址剖面采集的系列样品进行浮选，并对所获得的炭化植物种子和麦类作物穗轴进行鉴定、统计和分析，表明四坝文化时期的农业经济以粟为主、黍为次，小麦、大麦和裸大麦被普遍使用，以大麦和裸大麦为主的麦类作物，是当地旱作农业的补充。孔昭宸和杜乃秋（1998）对东灰山遗址开展了孢粉分析，结果表明旱生的草本植物花粉占优势，占孢粉总含量的 98%，其中禾本科植物的花粉含量占 19%~48.4%，推测农田就在东灰山遗址附近。

Zhou 等（2016）在河西走廊地区青铜时代的皇娘娘台遗址、火石梁遗址、缸缸洼遗址、西河滩遗址、火烧沟遗址、砂锅梁遗址剖面及遗迹单位采样并开展植物遗存鉴定工作，结果显示除西河滩遗址出土作物遗存全部为炭化粟黍外，其他 5 个遗址的作物遗存全部包括粟、黍、小麦和大麦。其中西城驿-齐家文化时期的火石梁遗址、缸缸洼遗址、皇娘娘台遗址小麦和大麦作物遗存所占比例很低，粟黍作物依然是主要的农作物，占到农作物遗存的 95%以上。四坝文化时期的火烧沟遗址、砂锅梁遗址小麦和大麦作物遗存所占比例很高，表明这些西亚驯化的作物已经成为四坝文化时期最重要的农作物。据此，Zhou 等（2016）提出在 3700a BP 左右河西走廊地区的农业结构出现了明显的转变。

基于河西走廊地区已开展的植物考古工作，对该地区史前时代的农业活动和生业变迁有了初步认识。然而，目前的研究还较为零散，且主要集中在青铜文化早中期（4000~3300a BP），新石器晚期和青铜时代晚期−铁器时代早期的植物考古研究工作相对薄弱。针对这一问题，团队对河西走廊地区的史前遗址进一步开展了系统的调查取样，开展植物大化石种属鉴定和分析工作。通过将本章的工作与此前的研究结果进行对比，探讨河西走廊地区先民对植物资源的利用策略。

4.2 材料和方法

4.2.1 材料

本章对河西走廊新石器晚期—青铜时代—铁器时代早期 35 个遗址采样。除马鬃山遗址为发掘过程中采样，其他遗址均为遗址调查过程中采集文化层或灰坑样品，应用针对性采样法获得大植物遗存。共采集 303 份土样，总计 3309L，鉴定炭化植物种子 122818 粒（图 4.1~图 4.3，附录 4）。通过统计对比新石器晚期、青铜时代早中期和青铜时代晚期—铁器时代早期三个阶段粟、黍、大麦、小麦四种农作物遗存的比例变化，探讨了不同阶段农业变迁的历程，重建河西走廊史前不同时期农作物结构的变化。

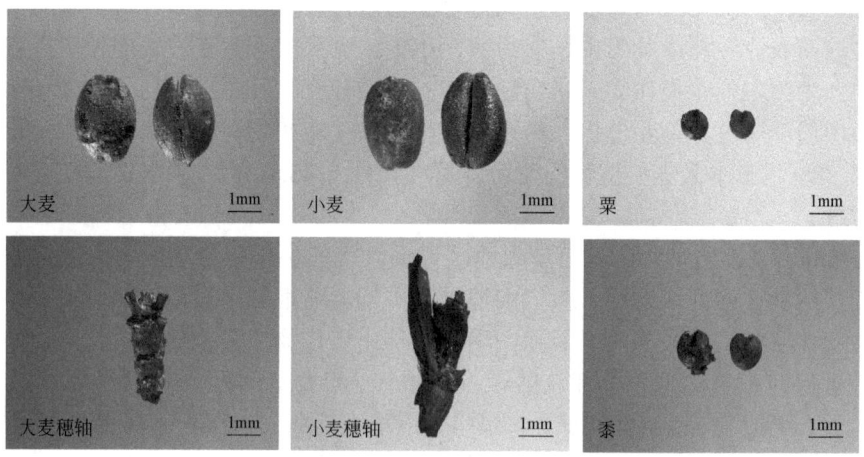

图 4.1　河西走廊出土农作物遗存部分照片

第4章 河西走廊史前时代人类对植物资源的利用策略

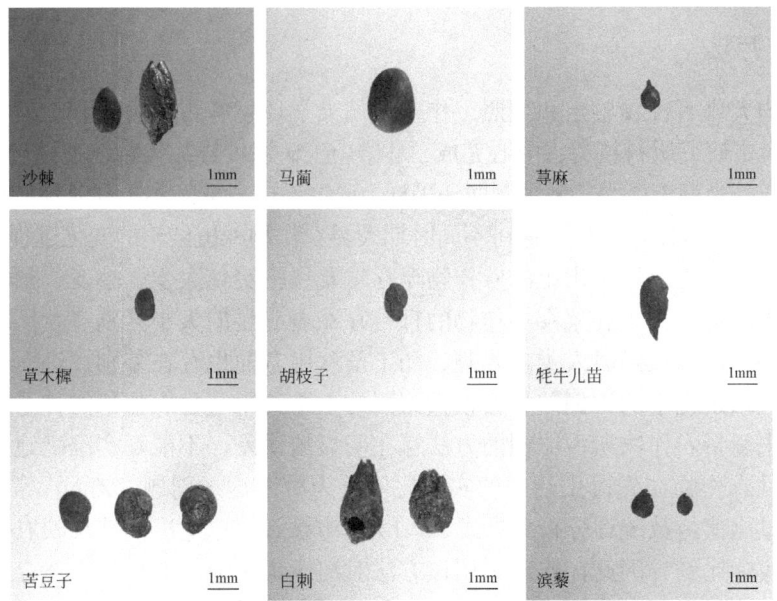

图 4.2 河西走廊出土杂草种子部分照片

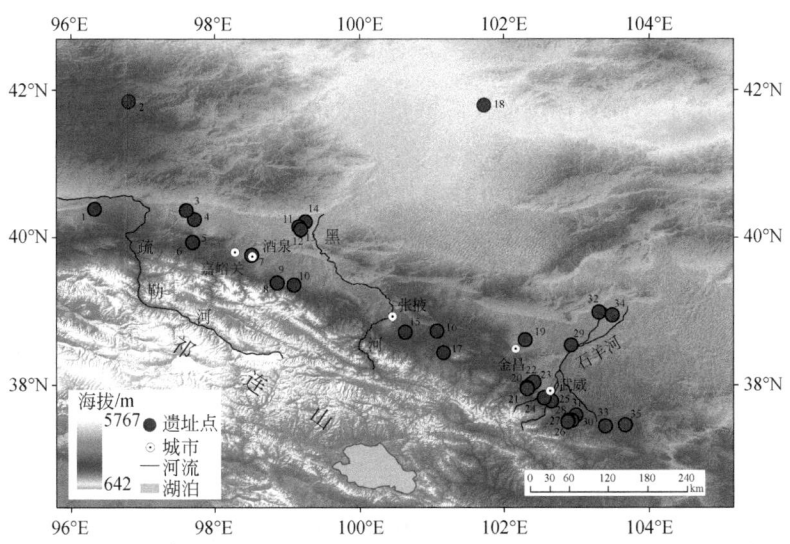

图 4.3 河西走廊植物遗存调查和采样遗址分布

1.鹰窝树遗址;2.马鬃山玉矿;3.玉门古董滩;4.砂锅梁;5.大墩湾遗址;6.火烧沟;7.赵家水磨;8.高苜蓿地;9.干骨崖;10.西河滩;11.缸缸洼;12.一个地窝南;13.一个地窝南2;14.火石梁;15.西灰山;16.四坝滩;17.过会台;18.绿城;19.金昌三角城遗址;20.棋盘山遗址;21.石城山;22.新寨遗址;23.郭家山;24.茂林山;25.磨嘴子遗址;26.土坝;27.西台遗址;28.李家圪楞;29.柳湖墩;30.水口;31.朵家梁;32.民勤三角城;33.古浪三角城遗址;34.火石滩;35.官地

4.2.2 方法

植物大化石种属鉴定和拍照工作在兰州大学环境考古实验室和中国社会科学院文物考古研究所科技考古中心完成。马鬃山玉矿遗址样品为系统发掘所得，而其他遗址样品为调查所得，采用剖面法采样，通过不同遗址间和不同时期遗址出土农作物的绝对数量比值分析，探讨不同时期人类农作物种植结构的变化过程。

河西走廊史前遗址出土的农作物遗存主要包括炭化大麦、小麦、粟和黍。然而，由于小麦、大麦和粟黍类作物的籽粒存在着明显的大小区别（董玉琛和郑殿升，2006），导致当时人类在收割、加工及食用方面也存在差别，进而使得四类作物在埋藏过程中的比例差异会很大。因此，单纯用一种农作物的种子的绝对出土数量来衡量农作物所占比例的方法存在明显的误差，不能真实准确地反映不同时期不同农作物在先民生活中的实际比例。为解决这一问题，Zhou 等（2016）提出重量比值函数统计分析［见式（4-1）］方法，可以更准确地反映农作物出土种子的实际比例。因此，作者采用该方法对河西走廊地区的植物大遗存鉴定数据进行统计分析。

$$P(s) = \frac{N_S \times F_S}{N_1 \times F_1 + N_2 \times F_2 + N_3 \times F_3 + N_4 \times F_4} \tag{4-1}$$

式中，$P(s)$为出土不同农作物的实际产量；N_S为出土不同农作物的数量；F_S为现代不同农作物平均质量；N_1为粟的数量；F_1为 2.6g（1000 粒现代粟的平均质量）；N_2为黍的数量；F_2为 7.5g（1000 粒现代黍的平均质量）；N_3为小麦的数量；F_3为 35g（1000 粒现代小麦的平均质量）；N_4为大麦的数量；F_4为 45g（1000 粒现代大麦的平均质量）。

4.3 河西走廊新石器时代晚期－铁器时代早期植物资源利用状况

4.3.1 新石器时代晚期（4800～4000a BP）植物资源利用状况

1. 马家窑文化时期植物遗存鉴定和分析

河西走廊马家窑文化时期遗址中，仅在肃州区高苜蓿地遗址和古浪县三角城遗址采集到浮选样。其中高苜蓿地遗址文化层采集浮选样 2 份（GMXD1-2），经鉴定总共发现31粒炭化植物遗存,其中农作物种子29粒,粟24粒,黍5粒。其他植物种子包括藜科2粒。古浪三角城遗址剖面文化层采集土样3份(GLSJC1-3),经鉴定一共发现14粒炭化植物遗存,全部为植物种子,其中包括粟11粒,黍2粒,大麦1粒(附录4)。

马家窑文化2个遗址出土农作物主要包括粟和黍。从出土农作物的绝对数量分析,粟所占比例高,其中高苜蓿地遗址粟绝对数量占农作物总量的83%,粟黍数量比值为4.8,古浪三角城遗址粟绝对数量占农作物总量的85%,粟黍数量比值为5.5(图4.4)。高苜蓿地遗址粟和黍重量比例分别为62%和38%,古浪三角城遗址粟和黍的重量比例分别为66%和34%(图4.5、附录3和附录4)。不论是绝对数量比还是重量比例,马家窑文化时期粟在农作物中占优势。与黄土高原典型马家窑文化时期农作物比较,其中山那树扎遗址粟黍数量比值1.4(胡中亚,2015),青藏高原东北部黄河上游谷地该时期遗址粟黍数量比值1.31(贾鑫,2012),而河西走廊地区粟所占的比例要高于黄河上游地区,说明马家窑文化从河湟谷地扩张至河西走廊地区,粟为主的旱作农业在河西走廊地区建立。

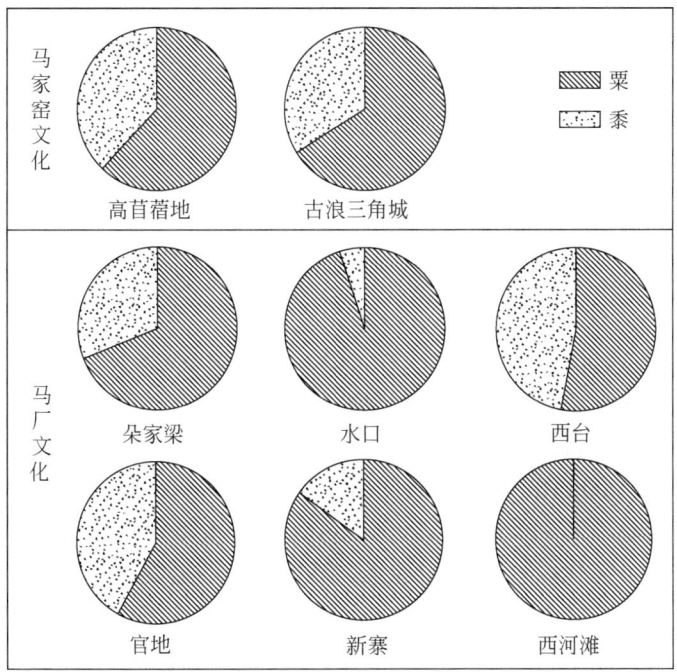

图4.4 河西走廊新石器晚期各遗址出土农作物遗存数量比例

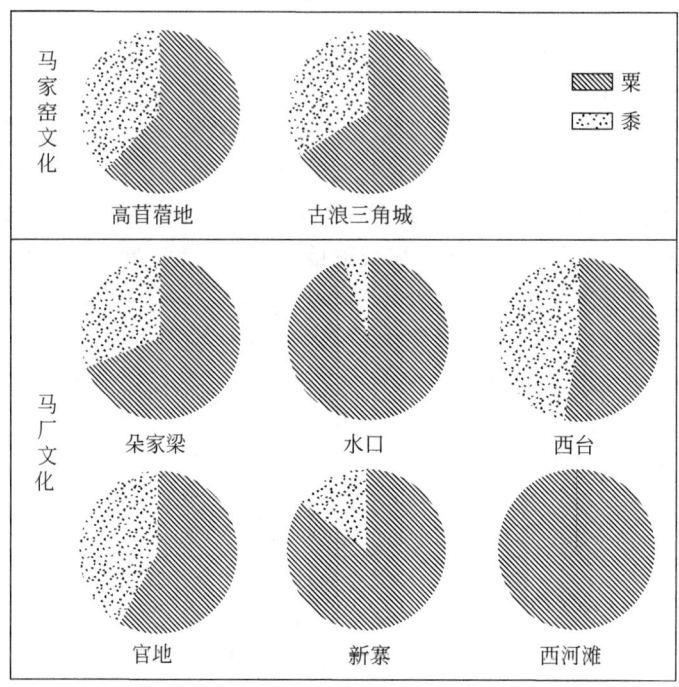

图 4.5 河西走廊新石器晚期各遗址出土农作物遗存重量比例

古浪三角城②层出土小麦 1 粒。目前中国龙山时期遗址最早的小麦所测年代为 4510~4158a BP（靳桂云等，2011），河西走廊最早的麦类遗存出自西城驿文化火石梁遗址，炭化小麦直接测年在 4084~3843a BP（Dodson et al.，2013）。此外该遗址之上汉代建造有古城一座（国家文物局，2011），说明出土的这粒小麦可能是晚期遗存扰动到早期地层中的。近年中国多个早期龙山地层出土的麦类遗存直接测年结果与出土地层时代不相符（Liu et al.，2016）。在欧洲多个 8000~7000a BP 的遗址地层出土粟黍遗存（Hunt et al.，2008），但其直接测年结果均晚于 3500a BP（Motuzaite-Matuzeviciute et al.，2013）。这些案例显示在包含多个文化时代属性的遗址，晚期地层的植物遗存有可能被扰动到早期文化地层中。在第 3 章中介绍过部分马厂文化遗址出土的小麦测年结果与其地层文化性质相悖的情况，进一步说明古浪三角城的小麦遗存可能为晚期遗存混入所致。综上所述，马家窑文化时期人类主要种植和食用粟黍农作物，且粟占有绝对的优势。

2. 马厂文化时期植物遗存鉴定和分析

河西走廊凉州区新寨遗址、茂林山遗址、郭家山遗址、棋盘山遗址、磨嘴子遗址，古浪县水口遗址、西台遗址、朵家梁遗址、官地遗址，肃州区西河滩遗址等采样遗址属于马厂文化遗址。其中在凉州区新寨遗址剖面采集文化层浮选样10份（XZ1-10），共鉴定出3377粒炭化植物种子，其中粟2818粒、黍175粒、小麦1粒、大麦1粒、其他杂草种子382粒。茂林山遗址剖面文化层及灰坑采集浮选样5份（MLS1-5），共鉴定出炭化植物种子78粒，其中粟41粒、黍16粒、小麦8粒、大麦5粒、其他杂草种子8粒。郭家山遗址剖面采集文化层浮选样5份（GJS1-5），共鉴定出669粒炭化植物种子，其中粟377粒、黍222粒、小麦20粒、大麦1粒、其他杂草种子49粒。棋盘山遗址剖面采集文化层浮选样4份（QPS1-4），共鉴定出炭化植物种子337粒，其中粟199粒、黍9粒、小麦8粒、大麦15粒、其他杂草种子106粒。磨嘴子遗址灰坑采集浮选样4份（MZZ1-4），共鉴定出炭化植物种子229粒，其中黍21粒、小麦41粒、大麦96粒、其他杂草种子71粒。肃州区西河滩遗址灰坑分层采集土样3份（XHT1-3），共鉴定出42196粒炭化植物种子，全部为粟，说明该灰坑可能为储藏坑（附录3、附录4）。

古浪县朵家梁遗址文化层和灰坑采集浮选样6份（DJL1-6），共鉴定出炭化植物种子518粒，其中粟418粒，黍66粒，其他杂草种子34粒。水口遗址文化层和灰坑采集浮选样8份（SK1-8），共鉴定出4607粒炭化植物种子，其中粟4492粒，黍77粒，其他杂草种子38粒。西台遗址文化层和灰坑采集浮选样4份（XT1-4），共鉴定出炭化植物种子563粒，其中粟422粒、黍130粒、大麦1粒、其他杂草种子10粒。官地遗址剖面文化层采集浮选样2份（GD1-2），共鉴定出炭化植物种子7粒，其中粟4粒、黍1粒、藜2粒。另外杨家厂子遗址采集地层土样2份，没有发现任何炭化植物种子（附录3、附录4）。

河西走廊最东面的古浪县4个马厂文化时期的遗址出土的农作物主要包括粟、黍，仅在西台遗址出土了1粒小麦，这1粒小麦可能是晚期遗存混入导致的，因为在西台遗址南面不到100m就是晚期的董家台类型土坝遗址（国家文物局，2011），晚期董家台类型植物遗存很可能被扰动到早期马厂地层中，土坝遗址出土的小麦遗存直接测年在3168~3006a BP。水口遗址、西台遗址、朵家梁遗址、官地遗址中粟和黍绝对数量占各遗址农作物总量的比例分别为98%和2%、76%和24%、86%和14%、80%和20%（图4.4），粟黍数量比值分别为58.3、3.3、6.3、4.0，粟和黍重量比例分别为95%和5%、53%和47%、69%和31%、58%和42%（图4.5），表明粟的比例高于黍。邻近的河湟谷地马厂文化遗址出土的粟黍数量之比为3.99（贾鑫，2012），与本章的鉴定结果相似，说明马厂文化继承了早期马家窑文化粟作农业并强化了以粟为主的旱作农业。

古浪县北面的凉州区的5个马厂文化时期遗址出土农作物，与古浪县马厂文化遗址出土农作物最大的差别是普遍出土了小麦、大麦植物遗存。其中茂林山遗址、郭家山遗址、棋盘山遗址、磨嘴子遗址小麦和大麦遗存绝对数量分别占农作物的18%、3%、9%、87%。在上文中对茂林山、郭家山和磨嘴子遗址出土的小麦或大麦遗存在不同实验室所测年代都在3500a BP之后，Dodson等（2013）对磨嘴子出土小麦遗存测年为2304～1949a BP，Zhou等（2016）对郭家山出土的小麦遗存测年结果为3697～3485a BP。为了进一步确认马厂遗址出土小麦遗存的年代，团队对郭家山最下的⑤层的炭化粟和小麦直接测年，炭化粟的年代为4405～4295a BP，而炭化小麦的直接年代为3585～3483a BP，结果显示炭化小麦显然不是马厂文化时期的遗存（附录3）。武威马厂文化时期遗址地层和遗迹出土小麦遗存的现象，可能是三个原因造成的：一是晚期遗存扰动至早期地层中，磨嘴子遗址内发现了晚期汉代墓葬（朱安等，2011），Dodson等（2013）对磨嘴子出土小麦遗存直接测年为2304～1949a BP，说明麦类遗存是晚期汉代遗存扰动到马厂文化遗迹中造成的；二是麦类测年与文化属性不一致，茂林山和郭家山3个小麦和2个大麦测年结果为3632～2953a BP，凉州区马厂文化之后遗址的文化属性认识可能存在问题，马厂文化之后该区域可能存在晚于马厂文化时期的遗存，受到齐家、西城驿、四坝文化的影响出土了麦类作物，还待今后的考古工作佐证。三是不排除采样过程中造成的误差，Zhou等（2016）对磨嘴子遗址采样鉴定结果全部是粟和黍，赵志军（2011）在磨嘴子遗址进行植物遗存研究显示，共出土2500粒炭化植物种子，其中农作物遗存包括粟和黍，占出土植物遗存的90%以上。

为避免晚期遗存混入的干扰，不对马厂遗址晚期大量出现小麦和大麦遗存样品的遗址做分析。因此，本章只对新寨、茂林山、郭家山和棋盘山4个遗址的粟、黍遗存进行分析，粟和黍绝对数量占农作物比例分别为94%和6%、72%和28%、63%和37%、96%和4%（见附录4），粟和黍数量比值分别为16.1、2.5、1.7、22.1，粟和黍重量比例分别为84%和15%、52%和47%、37%和62%、88%和11%（附录4），表明大部分遗址中粟的绝对数量和重量比占优势，与河湟地区和古浪县粟和黍的比例基本相当，凉州区马厂时期的分析结果同样呈现以粟为主的特征。

河西走廊西部西河滩遗址只出土了炭化粟（图4.4），这可能与采样数量有限有关，也可能因为采集样品的地方是个储藏坑。Zhou等（2016）在西河滩遗址采样鉴定结果显示，粟、黍的数量比为 9.8，范宪军（2016）在西城驿遗址马厂文化地层及遗迹单位系统采样 31 份样品，出土农作物遗存 3755 粒，包括粟 3224 粒，黍 530 粒，小麦 1 粒。粟、黍的出土概率均为 100%，粟和黍的绝对数量占农作物比例为 85.88%和 14.09%，粟、黍的数量比值为 6.1，粟绝对数量占优势，说明河西走廊中西部马厂文化时期种植的作物也是以粟为主。

综上所述，马家窑文化-马厂文化时期河西走廊地区受到河湟谷地同时期文化向西扩张的影响（李水城，2009），继承了河湟谷地以种植粟为主的旱作农业生产方式。马厂文化遗址在河西走廊不同区域均有分布，显示这一时期该地区文化快速发展，粟作农业的传播和发展很可能是推动马厂文化在河西走廊地区繁荣的重要因素。

4.3.2 河西走廊青铜时代早中期（4000～3300a BP）植物资源利用状况

1. 西城驿文化时期植物遗存鉴定和分析

金塔县火石梁、缸缸洼、一个地窝、一个地窝南 2 号遗址文化层所采集的样品属于西城驿文化的遗存。在火石梁遗址地表不同区域采集浮选样 5 份（HSL1-5），在剖面文化层采集浮选样 8 份（HSL6-13），共鉴定出炭化植物种子 1258 粒，其中粟 428 粒，黍 783 粒，小麦 26 粒，大麦 3 粒，还鉴定出小麦穗轴 1 个，其他杂草种子 18 粒。在缸缸洼遗址剖面文化层采集土样 4 份（GGW1-4），共鉴定出炭化植物种子 275 粒，其中粟 70 粒，黍 147 粒，小麦 4 粒、大麦 2 粒，其他杂草种子 52 粒。在一个地窝南遗址文化层采集土样 6 份（YGDW1-6），共鉴定出炭化植物种子 28 粒，其中粟 2 粒，黍 22 粒，小麦 3 粒、大麦 1 粒。在一个地窝南 2 号遗址文化层采集土样 3 份（YGDWN2 1-3），共鉴定出炭化植物种子 26 粒，其中粟 3 粒，黍 21 粒，蓼科植物种子 2 粒（附录 3 和附录 4）。

西城驿文化缸缸洼、火石梁、一个地窝南遗址都出土了小麦和大麦遗存，其中在火石梁遗址发现了大麦穗轴，说明该作物是本地种植的。火石梁遗址出土的粟、黍、小麦和大麦遗存绝对数量占农作物比例分别为 35%、63%、1.8%、0.2%；粟黍与小麦、大麦的数量比值为 41.7，缸缸洼遗址出土的粟、黍、小麦和大麦遗存绝对数量占农作物比例分别为 31%、66%、2%、1%，粟黍与小麦、大麦的数量比值为 36.2，一个地窝南遗址出土的粟、黍、小麦和大麦遗存绝对数量占农作物比例分别为 7%、79%、11%、4%，粟黍与小麦、大麦的数量比值为 6；一个地窝南 2 号出土的粟、黍遗存绝对数量占农作物比例分别为 12%和 88%，没有发现小麦和大麦遗存。4 个遗址中黍的绝对数量比例最高，出土小麦、大麦遗存的数量很少（图 4.6）。此前缸缸洼和火石梁遗址出土农作物遗存的研究显示，粟黍与麦类作物数量比值为 148（Zhou et al.，2016；Dodson et al.，2013）。范宪军（2016）在西城驿遗址二期（相当于西城驿文化时期）没有发现小麦和大麦遗存，炭化粟和黍绝对数量所占农作物比例分别为 86.22%和 13.78%。本章的研究结果与此前的研究基本是一致的，显示河西走廊西城驿文化继承了马厂文化时期以粟黍为主的旱作农业生产方式，可能是由于小麦和大麦传入河西走廊的时间较短，还未被广泛种植。西城驿文化与马厂文化相比，呈现出以粟为主的旱作农业逐渐向以黍为主的旱作农业转变。4 个遗址农作物重量比进一步体现出这一特征，4 个遗址炭化黍的重量比例为 52%~88%，而炭化小麦和大麦的重量比例在 20%~30%（图 4.7），表明西城驿文化先民已经开始尝试种植西亚作物，但本地作物粟黍仍占主体地位，其中黍是该时期河西走廊地区最重要的农作物。

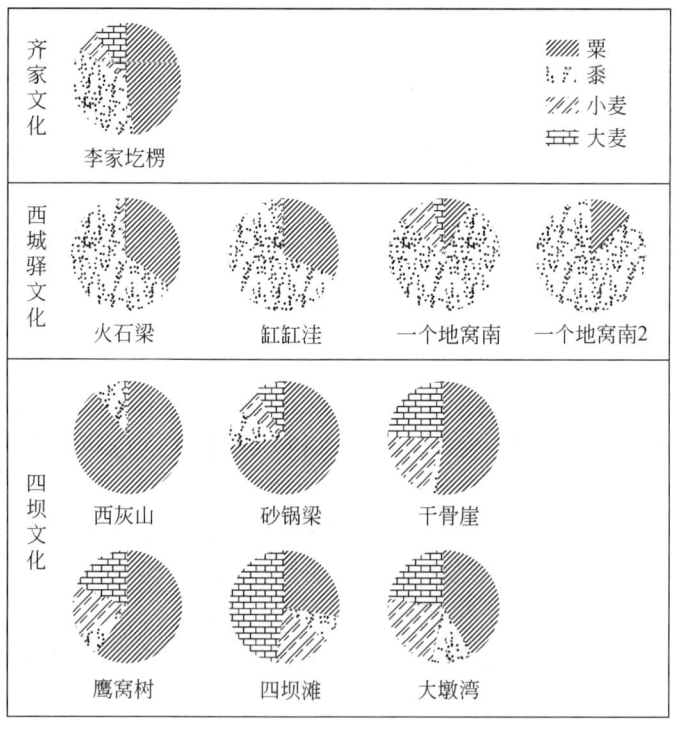

图 4.6 河西走廊青铜时代早期各遗址出土农作物遗存数量比例

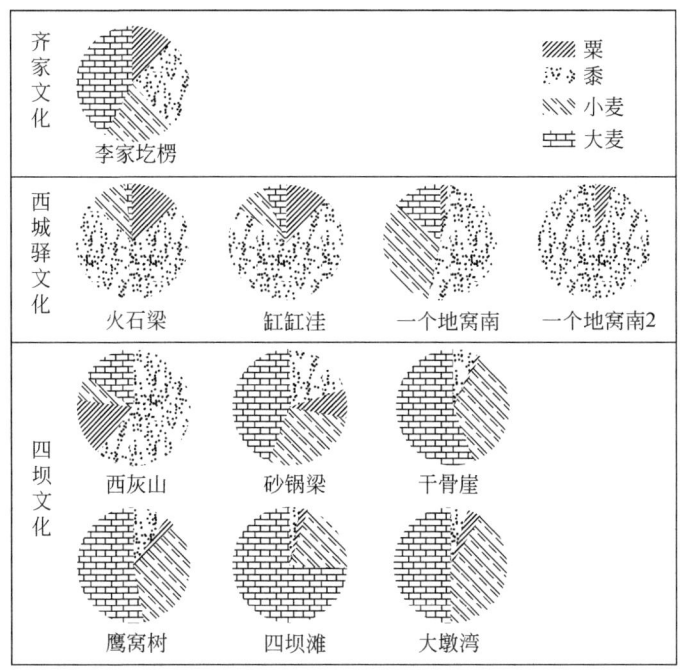

图4.7 河西走廊青铜时代早期各遗址出土农作物遗存重量比例

2. 齐家文化时期植物遗存鉴定和分析

河西走廊采集的齐家文化地层单位的浮选样品较少，仅在古浪县李家圪楞遗址灰坑采集了浮选样 4 份（LJGL1-4），共鉴定出 3038 粒炭化植物种子，其中粟 1435 粒，黍 1103 粒，小麦 181 粒，大麦 291 粒，杂草种子 28 粒。此外，还鉴定出小麦穗轴 2 个（附录3和附录4）。

齐家文化时期出土的农作物包括粟、黍、大麦和小麦，出土了大麦穗轴，表明该地区大麦是本地种植的。4 种农作物遗存绝对数量占农作物的比例分别为 48%、37%、6%、10%，粟黍与小麦、大麦遗存的数量比值为 5.4，粟与黍数量比值为 1.3，小麦与大麦遗存数量比值为 0.62（图4.6）。皇娘娘台遗址出土农作物遗存的鉴定结果显示，粟、黍、小麦绝对数量占农作物的比例分别为 62%、35%和3%（Zhou et al.，2016）。皇娘娘台遗址采集样品没有出土大麦，粟黍与小麦遗存数量比为 28，显示粟黍是河西走廊地区齐家文化时期最主要的农作物。相邻的大通河流域的金蝉口遗址、河湟谷地的李家坪遗址植物考古研究结果显示，两个遗址出土粟黍与小麦、大麦数量比值分别为 34.3 和 6.9，而喇家遗址仅出土小麦 2 粒（杨颖，2014；张晨，2013）。上述结果显示齐家文化时期河西走廊地区与大通河流域小麦和大麦的种植比例高于河湟谷地，可能是由于小麦和大麦最先传入河西走廊地区，此后经祁连山和大通河流域逐步向青藏高原东北部地区传播。李家圪楞遗址粟、黍、小麦和大麦重量比例分别为12%、26%、20%、42%，大麦所占比例最高（图4.7），表明大麦可能已经成为齐家文化时期河西走廊地区人类重要的种植作物。综上所述，河西走廊齐家文化先民继承了河湟谷地以粟为主的粟黍旱作农业，麦类作物传播至走廊东部后，开始被齐家文化人群种植，可能成为他们重要的农作物。由于浮选样品数量有限，还需要更多植物考古研究检验。

3. 四坝文化时期植物遗存鉴定和分析

四坝文化样品采集于民乐西灰山、玉门砂锅梁和大墩湾、瓜州鹰窝树、肃州干骨崖和山丹四坝滩遗址的文化层及灰坑。西灰山遗址剖面文化层采集浮选样25份（XHS1-25），共鉴定出炭化植物种子30491粒，其中粟27174粒，黍2506粒，小麦232粒、大麦406粒，杂草种子173粒，此外还有小麦穗轴3个，大麦穗轴4个。玉门砂锅梁遗址不同的剖面文化层采集土样7份，剖面1文化层采集浮选样4份（SGL1-4），剖面2文化层采集浮选样3份（SGL5-7），共鉴定出炭化植物种子27462粒，其中粟17104粒，黍2483粒，小麦1811粒、大麦2133粒和杂草种子3931粒，在该遗址鉴定出小麦穗轴77个，大麦穗轴244个。玉门大墩湾遗址剖面文化层和灰坑采集浮选样7份（DDW1-7），共鉴定出炭化植物种子1643粒，其中粟653粒，黍192粒，小麦379粒、大麦361粒和杂草种子58粒，以及小麦穗轴33个，大麦穗轴5个。肃州干骨崖遗址不同的剖面文化层采集浮选样6份，剖面1文化层采集浮选样3份（GGY1-3），剖面2文化层采集浮选样3份（GGY4-6），并采集灰坑1个（GGY-7），共鉴定出炭化植物种子1031粒，其中粟591粒，黍31粒，小麦201粒、大麦244粒和杂草种子56粒，以及小麦穗轴35个，大麦穗轴1个。瓜州鹰窝树遗址剖面文化层及地表采集浮选样5份（YWS1-5），共鉴定出炭化植物种子32粒，全部为农作物种子，其中粟19粒，黍2粒，小麦5粒、大麦6粒。山丹四坝滩遗址文化层采集浮选样2份（SBT1-2），共鉴定出炭化植物种子66粒，其中粟18粒，黍5粒，小麦11粒、大麦31粒，杂草植物种子1粒（附录3和附录4）。

四坝文化遗址出土的农作物遗存包括粟、黍和小麦、大麦，西灰山遗址、砂锅梁和大墩湾、干骨崖遗址发现了大麦和小麦的穗轴，且大墩湾、干骨崖、砂锅梁遗址出土大麦和小麦穗轴较多，东灰山、西城驿遗址三期也发现了小麦、大麦的穗轴（范宪军，2016；Flad et al.，2010），说明大麦和小麦是本地种植的，且在该时期的种植已经很普遍。西灰山遗址出土的粟、黍、小麦和大麦遗存绝对数量占农作物比例分别为90%、8%、1%、1%；粟黍与小麦、大麦的数量比值为47；砂锅梁遗址出土的粟、黍、小麦和大麦遗存绝对数量占农作物比例分别为73%、10%、8%、9%，粟黍与小麦、大麦数量比值为5；大墩湾遗址出土的粟、黍、小麦和大麦遗存绝对数量占农作物比例分别为41%、12%、24%、23%，粟黍与小麦、大麦数量比值为1.1；干骨崖遗址出土的粟、黍、小麦和大麦遗存绝对数量分别占农作物的比例为52%、3%、20%、25%，粟黍与小麦、大麦数量比值为1.2；鹰窝树遗址出土的粟、黍、小麦和大麦遗存绝对数量分别占农作物的比例为59%、6%、16%、19%，粟黍与麦类遗存数量比值为1.9；四坝滩遗址出土的粟、黍、小麦和大麦遗存绝对数量分别占农作物的比例为28%、8%、17%、47%，粟黍与小麦、大麦数量比值0.5（图4.6）。从绝对数量分析，四坝滩遗址出土的大麦绝对数量在农作物比例占优势，其余5个遗址出土的粟的绝对数量所占比例最高，绝对数量和数量比值显示大麦略多于小麦。

西灰山遗址粟、黍、小麦和大麦重量比例分别为61%、16%、7%、16%，砂锅梁遗址粟、黍、小麦和大麦重量比例分别为20%、8%、28%、44%，鹰窝树遗址粟、黍、小麦和大麦重量比例分别为10%、3%、34%、53%，大墩湾遗址粟、黍、小麦和大麦重量比例分别为5%、4%、41%、50%，干骨崖遗址粟、黍、小麦和大麦重量比例分别为7%、1%、36%、56%，四坝滩遗址粟、黍、小麦和大麦重量比例分别为3%、2%、21%、74%。6个遗址重量比例表明，西灰山遗址粟占比例最高，其余五个遗址大麦小麦的比例已经占到70%，且大麦重量比高于小麦，说明麦类作物成为当时人类最重要的作物。

李水城根据四坝滩、东灰山、西灰山、鹰窝树、干骨崖和火烧沟墓地等遗址典型陶器将四坝文化分为5期。第一期以东灰山、西灰山为代表，是四坝文化形成期；第二期到第四期是四坝文化兴盛期，以火烧沟墓地、干骨崖墓地一期和二期、鹰窝树墓地和砂锅梁遗址为代表；第五期是四坝文化衰落期，以四坝滩、干骨崖墓地三期和四期、鹰窝树墓地晚期和大墩湾遗址为代表（李水城，2009）。粟、黍与大麦、小麦的绝对数量所占比例、数量比值和重量比例的变化，表明四坝文化不同文化发展阶段各类农作物的种植结构存在差别。四坝文化早期以西灰山、东灰山和西城驿遗址为代表（李水城，1993），东灰山遗址和西城驿遗址三期的研究结果表明，粟、黍和大麦、小麦遗存的数量比值分别为10.7和6.17（范宪军，2016；Flad et al.，2010），西灰山遗址粟、黍与大麦和小麦的数量比值66，与西城驿文化3个遗址比值基本相当，粟黍至少是小麦、大麦的6倍，说明四坝文化早期以粟黍为主，麦类作物发展相对缓慢，但是不同农作物重量比例的变化表明,四坝文化时期小麦和大麦所占比例明显增加（图4.7）。

四坝文化中期以砂锅梁、干骨崖早期和鹰窝树早期遗址为代表（李水城，1993），砂锅梁、干骨崖和鹰窝树遗址粟、黍与麦类的数量比值为 1.5～5，与四坝文化早期阶段相比，麦类比例明显上升，重量比例上升更明显，大麦和小麦重量比例占到 90%。Zhou 等（2016）对砂锅梁、火烧沟遗址研究结果显示粟、黍与大麦、小麦的数量比值分别为 0.12 和 0.16（Zhou et al.，2016）。其他学者的研究与本章研究结果表明，四坝文化中期麦类在农作物种植结构中的比例快速增加，反之粟黍开始出现明显的减少，说明麦作农业得到了快速的发展，表明四坝文化中期粟、黍和麦类混合农业在河西走廊建立并快速发展。

四坝文化晚期以大墩湾和四坝滩遗址为代表（李水城，1993），四坝滩遗址和大墩湾遗址粟、黍与大麦、小麦的数量比值为 0.5 和 1，粟、黍与大麦、小麦的重量比例麦类占到 90%，绝对数量显示麦类与粟黍相当，甚至数量超过粟黍，重量比例显示麦类中大麦占主导地位，说明以大麦为主的麦作农业在四坝文化晚期得到了空前的发展。

四坝文化时期麦类农作物重要性不断增加，重量比例表现得更为突出，除了西灰山遗址粟的重量比例为 61%，其他遗址粟黍重量比例都低于 20%，而大麦的重量比例都超过了 50%，大麦和小麦重量比例从早期西灰山遗址到晚期四坝滩遗址明显地逐渐上升，到四坝文化中晚期 3500a BP 前后麦类作物超越了粟黍作物，说明麦类成为河西走廊广泛种植和食用的农作物（图 4.7）。Liu 等（2014）对火烧沟和干骨崖墓地人骨同位素分析结果显示，C_3 信号早期向晚期有逐渐增强的趋势，认为麦类比例在逐渐增加（甘肃省文物考古研究所和北京大学考古文博学院，2016）。因此，植物遗存的绝对数量和重量比例变化显示麦类逐渐上升，直到麦类超越粟黍，表明从四坝文化早期—中期—晚期麦类作物的比例不断增加，直到四坝文化中晚期 3500a BP 前后麦类超越粟黍，粟黍和麦类混合农业在河西走廊西部普遍建立。

4.3.3 河西走廊青铜时代晚期—铁器时代早期（3200～2100a BP）植物资源利用状况

1. 董家台文化时期植物遗存鉴定和分析

仅在古浪土坝遗址剖面董家台类型文化层和灰坑采集浮选样 6 份（TB1-6），经鉴定总共出土 692 粒炭化植物遗存，其中粟 37 粒，黍 102 粒，小麦 16 粒、大麦 399 粒，小麦穗轴 6 个，大麦穗轴 1 个，其他植物杂草种子 138 粒（附录 3 和附录 4）。

土坝遗址农作物主要包括粟、黍、小麦和大麦4种，出土了大麦和小麦的穗轴，说明大麦和小麦是当地种植。粟、黍、小麦和大麦的绝对数量占农作物比例分别为7%、18%、3%、72%，粟黍与麦类数量比值为0.3，粟与黍数量比值为0.36，小麦与大麦数量比值为0.04（图4.8）。4种作物的绝对数量反映出董家台文化时期麦类已经超过粟黍成为主要的农作物，且大麦占主导地位，黍成为旱作农业中最主要的农作物，说明该时期河西走廊东部地区以大麦和黍为主的混合农业得到了快速的发展。土坝遗址粟、黍、小麦和大麦重量比例分别为1%、4%、3%、92%（图4.9），进一步证明3200~3000a BP，河西走廊先民种植的作物以大麦为主。这一特征与青海省青铜时代的诺木洪文化、卡约文化相一致，其中互助丰台遗址大麦占到出土农作物总量的92%，大麦成为主要种植的农作物（Dong et al., 2016; Chen et al., 2015; 赵志军, 2014）。

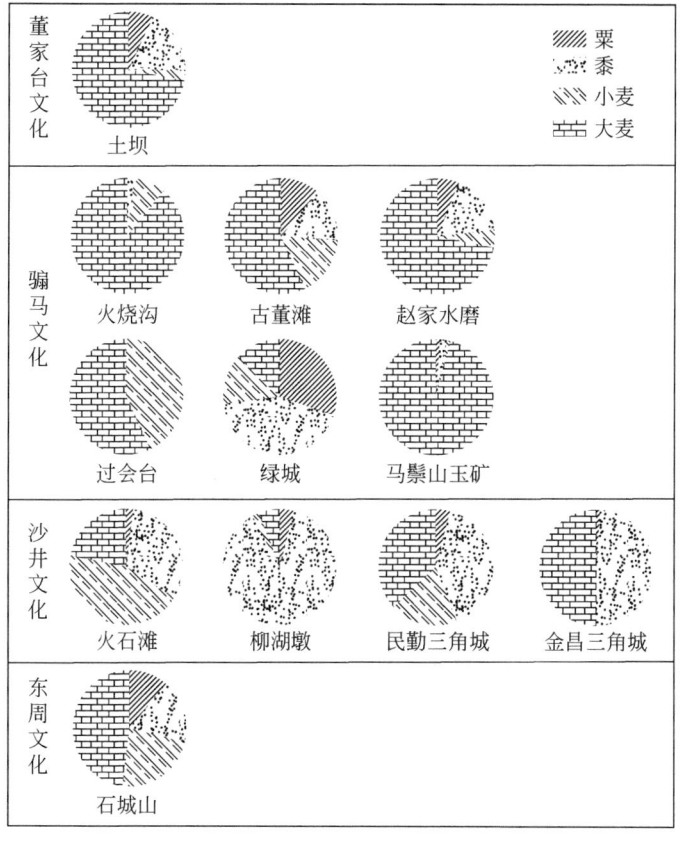

图4.8　河西走廊青铜时代晚期－铁器时代早期各遗址出土农作物遗存数量比例

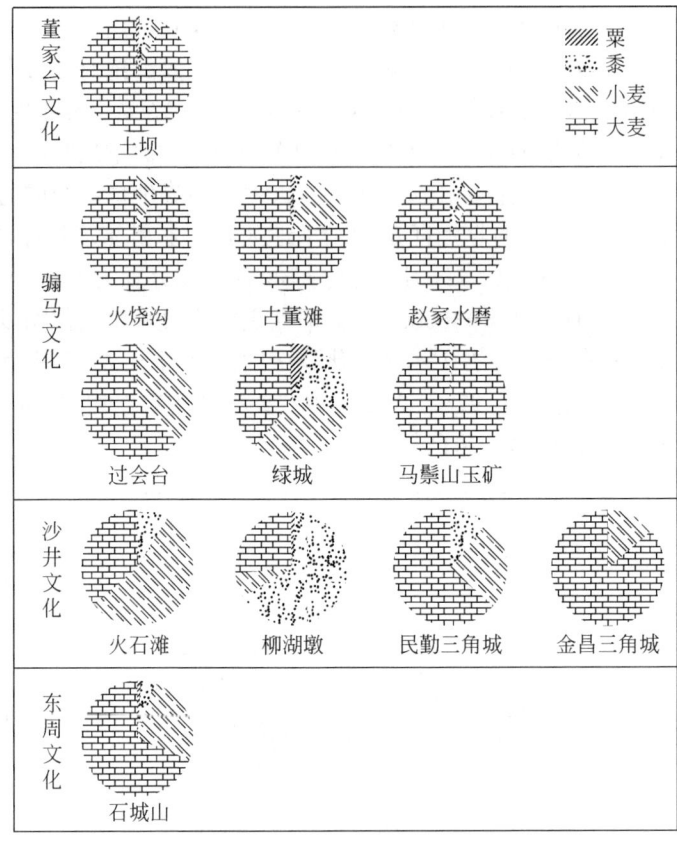

图 4.9 河西走廊青铜时代晚期－铁器时代早期各遗址出土农作物遗存重量比例

2. 骟马文化时期植物遗存鉴定和分析

在额济纳旗绿城遗址、肃州区赵家水磨遗址、山丹过会台遗址、玉门火烧沟遗址和古董滩遗址骟马文化文化层及灰坑采集样品，同时对骟马文化马鬃山玉矿遗址 2016 年发掘区系统采样。绿城遗址发掘探方未回填，选择保存较好的灰坑浮选样 6 份（LC1-6），经鉴定总共出土 162 粒炭化植物遗存，粟 41 粒，黍 59 粒，小麦 19 粒、大麦 17 粒，其他植物杂草种子 26 粒。赵家水磨遗址剖面文化层及灰坑采集浮选样 8 份（ZJSM1-8），经鉴定总共出土 147 粒炭化植物遗存，粟 6 粒，黍 17 粒，小麦 5 粒、大麦 71 粒，其他植物杂草种子 48 粒。火烧沟遗址文化层采集浮选样 4 份（HSG1-4），经鉴定总共出土 130 粒炭化植物遗存，黍 2 粒，小麦 10 粒、大麦 104 粒，大麦穗轴 1 个，其他植物杂草种子 14 粒。古董滩倒塌堆积剖面采集浮选样 9 份（GDT1-9），经鉴定总共出土 851 个炭化植物遗存，粟 76 粒，黍 105 粒，小麦 111 粒、大麦 390 粒，小麦穗轴 3 个，大麦穗轴 15 个，其他植物杂草种子 169 粒。山丹过会台遗址采集文化层及灰坑浮选样 3 份（GHT1-3），经鉴定总共出土 52 粒炭化植物遗存，小麦 20 粒、大麦 27 粒，其他植物杂草种子 5 粒（附录 3 和附录 4）。

调查的绿城、赵家水磨、过会台、火烧沟遗和古董滩遗址主要农作物包括粟、黍、小麦和大麦，在火烧沟遗址和古董滩遗址发现了大麦和小麦的穗轴，说明大麦和小麦是当地种植的。绿城遗址粟、黍、小麦和大麦绝对数量占农作物比例分别为 30%、43%、14%、13%，粟黍与麦类数量比值为 2.7，粟与黍数量比值为 0.69，小麦与大麦数量比值为 1.1；赵家水磨遗址粟、黍、小麦和大麦绝对数量占农作物比例分别为 6%、17%、5%、72%，粟黍与麦类数量比值为 0.3，粟与黍数量比值为 0.35，小麦与大麦数量比值为 0.07；火烧沟遗址没有发现粟，黍、小麦和大麦绝对数量占农作物比例分别为 2%、8%、90%，黍与麦类数量比值为 0.02，小麦与大麦数量比值为 0.1；古董滩遗址粟、黍、小麦和大麦绝对数量占农作物比例分别为 11%、15%、17%、57%，粟黍与麦类数量比值为 0.36，粟与黍数量比值为 0.72，小麦与大麦数量比值为 0.28；过会台遗址没有发现粟黍遗存，小麦和大麦绝对数量占农作物比例分别为 43%、57%，小麦与大麦数量比值为 0.74（图 4.8）。通过各类农作物绝对数量比例和数量比值分析，除了绿城遗址，其他遗址麦类的数量超过了粟黍，且粟黍中黍占比例较高，麦类中大麦所占比例较高。因此，骟马文化时期以大麦为主的混合农业得到了快速的发展。同时 5 个遗址粟、黍、小麦和大麦农作物的重量比例分析显示，除了绿城遗址粟黍重量比例为 27%，其他遗址粟黍的重量比例都低于 5%，大麦的重量比例都超过 70%，赵家水磨遗址和火烧沟遗址大麦的重量比例超过 98%，进一步显示骟马文化时期大麦为主的农业在河西走廊西部得到了快速的发展（图 4.9）。这与同时期青藏高原东北部海拔 2500m 以上地区以大麦为主的农业结构一致（Dong et al., 2016; Chen et al., 2015）。

马鬃山玉矿遗址 2016 年发掘区域系统采样 99 份，总计 275L，有 55 份样品发现了炭化植物种子，总计 1437 粒。鉴定出的植物种子除粟、黍、小麦、大麦 4 类农作物外，还发现了麦仁珠、牻牛儿苗、金狗尾草、藜、尼泊尔蓼和白刺等杂草种子，没有发现农作物的穗轴（附录 4）。大麦、小麦、粟、黍的出土概率分别为 55%、10%、7% 和 8%。大麦是发现数量最多且最为普遍的一类农作物，各时期遗迹单位出土大麦 1326 粒，绝对数量占农作物总量的 96%（图 4.8），粟、黍、小麦在该遗址发现非常有限，分别出土 14 粒、13 粒、22 粒，分别占谷物总量的 1%、2%和1%，粟、黍和大麦、小麦数量比值为 0.03，粟与黍数量比值为 0.59，小麦与大麦数量比值为 0.01。杂草数量有限，总共出土 62 粒，绝对数量占所有出土植物种子的 4.2%。

从马鬃山遗址出土植物遗存统计分析结果看，植物遗存以大麦为主，其他农作物及杂草种类数量有限且种属极少，说明采矿人群以大麦为主食，小麦和粟黍在食物结构中所占的比例较低，与调查的 5 个骟马文化遗址一致，说明在骟马文化时期以大麦为主的农业生产结构已经建立，大麦成为人类食物的主要来源。

从马鬃山遗址农作物出土的遗迹单位分析，大部分农作物主要出自房址、灶膛内，以及灶膛附近，而房址内堆积和房址内的其他附属灰坑、操作台都很少发现农作物，说明这些农作物都是先民生活所遗留。出土杂草种子很少，没有发现农作物穗轴，说明马鬃山玉矿遗址的农作物并非当地种植，而是从外地运输而来满足采矿人群需求，很可能就是河西走廊骟马文化人群将大麦运输至马鬃山采矿区。

考古学证据将骟马文化分不同的地方类型，以马鬃山遗址为代表的遗存偏晚（陈国科等，2016；李水城，2009）。早期以玉门和酒泉为中心的地区，火烧沟遗址、赵家水磨遗址和古董滩遗址粟、黍与小麦、大麦的数量比值为 0.2～0.36，大麦和小麦数量比值为 0.07～0.28，大麦重量比例占到 78%～93%，说明在骟马文化早期以大麦为主的农业得到了快速的发展，大麦是人类主要种植作物。晚期以马鬃山玉矿遗址和绿城遗址晚期为代表，马鬃山玉矿遗址粟黍与麦类比值为 0.03，小麦与大麦的比值为 0.01，说明马鬃山玉矿遗址继承了骟马文化早期的以大麦为主农业传统。居延绿洲的绿城遗址鉴定结果与骟马文化其他遗址存在差异，绝对数量中粟黍的比例高于麦类，景学义等（2014）在绿城遗址灰坑采集土样 3.5L，出土粟 5 粒，黍 1 粒，大麦 3 粒，与本章鉴定的结果相当，粟黍多于麦类，这一结果可能受到该遗址下限晚到 2100a BP 前后的西汉时期的影响，此时该区域已经被汉代管辖，绿城遗址所在地区有近圆形的汉代城址一座（景学义等，2014），说明当时土著骟马文化和汉朝移民可能共存，造成粟作农业又一次兴起（韩茂莉，2012），额济纳旗晚期又出现粟黍和麦类并重的农业。

3. 沙井文化时期植物遗存鉴定和分析

我们在金昌市沙井文化三角城遗址、民勤三角城遗址、火石滩遗址、柳湖墩遗址文化层剖面及灰坑采浮选样。在金昌三角城文化层及灰坑采集浮选样 10 份（JCSJC1-10），经鉴定总共出土 468 粒炭化植物遗存，粟 4 粒，黍 167 粒，大麦 169 粒，其他植物杂草种子 128 粒。民勤三角城剖面文化层和地表采集浮选样 5 份（MQSJC1-5），经鉴定总共出土 563 粒炭化植物遗存，粟 3 粒，黍 34 粒，小麦 16 粒，大麦 31 粒，其他植物杂草种子 479 粒。民勤火石滩遗址剖面文化层采集浮选样3份（HST1-3），经鉴定总共出土256粒炭化植物遗存，粟3粒，黍54粒，小麦74粒，大麦37粒，其他植物杂草种子88粒。民勤柳湖墩遗址剖面地表文化层采集浮选样2份（LHD1-2），经鉴定总共出土104粒炭化植物遗存，粟4粒，黍92粒，小麦2粒，大麦6粒（附录3和附录4）。

沙井文化4个遗址主要出土的农作物包括粟、黍、小麦和大麦。其中金昌三角城遗址没有发现小麦遗存，粟、黍、大麦绝对数量占农作物比例分别为1%、49%、50%，粟黍与大麦数量比值为1.01，粟与黍数量比值为0.02；民勤三角城遗址粟、黍、小麦和大麦绝对数量占农作物比例分别为4%、40%、19%、37%，粟黍与麦类数量比值为0.79，粟与黍数量比值为0.09，小麦与大麦数量比值为0.52；火石滩遗址粟、黍、小麦和大麦绝对数量占农作物比例分别为2%、32%、44%、22%，粟黍与麦类数量比值为0.51，粟与黍数量比值为0.06，小麦与大麦数量比值为2；柳湖墩遗址粟、黍、小麦和大麦绝对数量占农作物比例分别为4%、88%、2%、6%，粟黍与麦类数量比值为12，粟与黍数量比值为0.04，小麦与大麦数量比值为0.33（图4.8）。这些遗址中只有柳湖墩遗址中粟黍的比例较高，这可能是采集样品量太少造成的误差，其他遗址麦类遗存数量比例均相当或超过粟黍，且大麦占主导，说明沙井文化时期河西走廊东部主要发展以大麦为主的混合农业，黍所占的比例不低，还是人类重要的食物来源。4个遗址的重量比例除了柳湖墩遗址黍占66%，其他的遗址大麦和小麦重量占比均超过50%（图4.9），且大麦最高，进一步证实走廊东部为以大麦为主的混合农业。沙井文化西岗-柴湾岗墓葬出土了麦粒，进一步证明麦类在当时生活中的重要地位（甘肃省文物考古研究所，2001）。

4. 石城山类型遗址植物遗存鉴定和分析

2015年调查期间在武威市石城山遗址地层及灰坑采集浮选样6份（SCS1-6），经鉴定总共出土64粒炭化植物遗存，其中粟5粒，黍8粒，小麦10粒，大麦21粒，其他植物杂草种子20粒（附录3和附录4）。粟、黍、小麦、大麦的绝对数量所占农作物遗存比例分别为11%、18%、23%、48%，粟黍与麦类数量比值为0.03，粟与黍数量比值为0.63（图4.8）；小麦与大麦数量比值为0.48。同时粟、黍、小麦、大麦农作物的重量比例分别为1%、4%、26%、69%（图4.9）。绝对数量和重量比例表明麦类所占比例最高，说明石城山遗存时期以大麦为主的混合农业快速发展。与同时期的沙井文化和骟马文化遗址出土农作物基本一致，以大麦为主的混合农业在2500a BP后得到了快速的发展。

4.4 河西走廊地区史前时代不同阶段人类植物资源利用策略的变化

仰韶文化中晚期（6000~5000a BP）黄河流域中原地区粟黍旱作农业形成（赵志军，2014；秦岭，2012），5000a BP后黄河流域进入龙山时代（严文明，1981），以中原为核心的文化体系形成（韩建业，2015），粟黍旱作农业进一步发展（赵志军，2011），进而迅速扩张影响至黄河上游地区——川西高原乃至青藏高原地区（董广辉等，2017；Chen et al.，2015；d'Alpoim Guedes et al.，2014；秦岭，2012；赵志军和陈剑，2011）。5000a BP左右黄河上游地区马家窑文化时期粟作农业得到了快速的发展，向西进一步扩张至河西走廊地区（Dong et al.，2018；Liu et al.，2018；董广辉等，2017）。粟黍作物传播至河西走廊地区后，继承了中国北方地区龙山时代以粟黍旱作农业为主的传统，河西走廊地区马家窑文化—马厂文化时期遗址出土农作物遗存主要为炭化粟和黍。

龙山时代晚期—二里头文化时期北方旱作农业在形成之后又发生了一次重要的转变（赵志军，2015，2014；靳桂云，2013），西亚驯化的麦类作物传播至中国北方地区（Dong，2018；Long et al.，2018），西来的小麦开始逐步成为北方旱作农业的重要农作物。龙山时代麦类传播至黄河中下游地区，但是不论出土绝对数量还是出土概率，所占比例都是微不足道的（刘昶等，2018；吴文婉等，2018；刘焕等，2017；靳桂云等，2011），说明龙山晚期麦类作物传播至黄河中下游地区，但是始终没有改变粟黍旱作农业的传统地位。二里头时期大量的遗址中发现了麦类作物，但是依然很少，所占比例很低（陈雪香，2016；吴文婉等，2014；张俊娜等，2014；陈微微等，2012；赵春青，2005）。直到商代，中原地区以粟黍种植为主，麦类成为当时重要的农作物品种之一（贾世杰等，2018；钟华等，2018；杨玉璋等，2017；赵志军和方燕明，2007）。

龙山末期—夏商时期河西走廊地区进入青铜时代，与黄河流域比较，麦类作物对西北地区的新疆和河西走廊影响更明显，青铜时代麦类作物在新疆地区快速发展，大量遗址中发现了麦类作物，麦类作物成为最重要的农作物（Zhang et al.，2017；Zhao et al.，2013）。4000a BP前后麦类作物传播至河西走廊地区，改变了河西走廊以粟黍为主的农业传统，麦类作物自西城驿文化和齐家文化出现后，迅速成为重要的农作物，到四坝文化时期麦类已经成为人类最重要的种植作物，且以大麦为主。麦类作物在河西走廊发展之后，迅速传播至青藏高原东北部，青藏高原齐家、辛店、卡约、诺木洪诸文化遗址都发现了麦类作物（张山佳和董广辉，2017；Dong et al.，2016；Chen et al.，2015；d'Alpoim Guedes et al.，2015；杨颖，2014；赵志军，2004），研究认为耐寒的麦类作物和家畜羊的传入和利用促使人类向青藏高原高海拔地区扩张（Chen et al.，2015；d'Alpoim Guedes et al.，2015）。

河西走廊青铜时代晚期—铁器时代早期，相当于中原地区晚商—两周时期，中原地区粟作仍然是主要的农作物，最大的变化是小麦种植保持了一个持续发展的势头，中原地区周原、庄里遗址浮选样品中出土的植物遗存鉴定结果表明周人已经开始规模性地种植小麦（周原考古队，2011；赵志军和徐良高，2004）。海岱地区东盘、河南庄、陈庄和唐冶等遗址的周代遗址中，小麦的出土数量及出土概率较前期明显增高（魏娜等，2017）。文献记载晚商—周代麦类已经成为重要的农作物，甲骨文中"麦"字的大量出现，应该是当时小麦已经成为比较重要的粮食作物的体现（宋镇豪，2002）。春秋战国后粮食作物结构开始发生变化，小麦的地位逐渐上升。西汉后期小麦在粮食作物中的地位显著上升，文献记载证明西汉以后小麦已经成为中国北方十分重要的一种粮食作物（李璠，1993），汉代画像砖、画像石较多地反映了小麦的耕种与收割场景，说明汉代小麦的种植与推广已经相当普遍了（林正同，1996）。与中原地区比较，河西走廊地区3200a BP后麦类作物已取代粟黍成为最重要的农作物，特别是大麦的种植和利用已成为重要的生计方式，以大麦为主的混合农业在河西走廊地区建立（图4.10）。

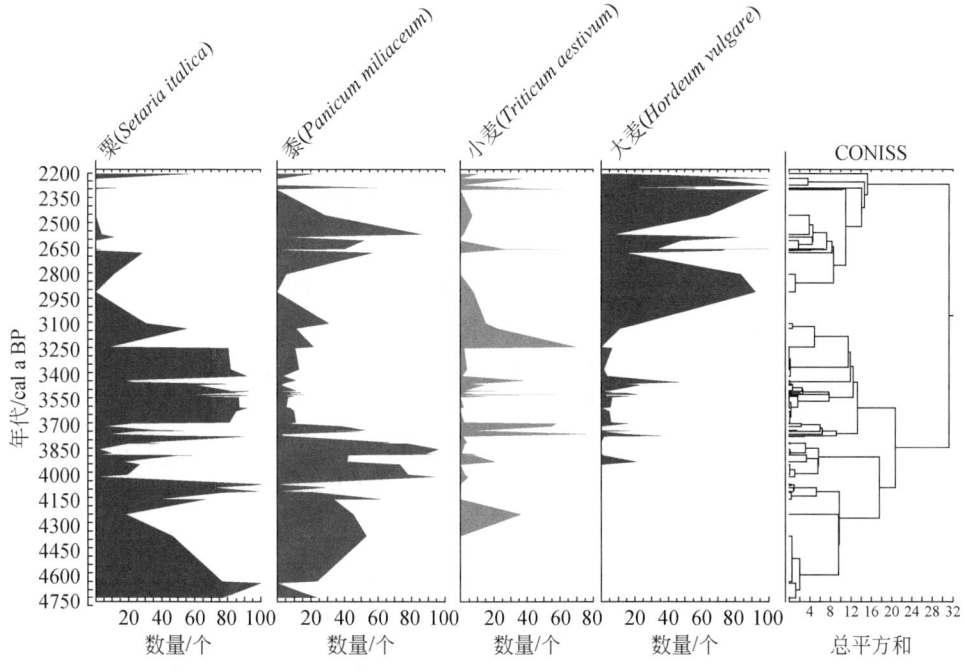

图4.10 河西走廊史前不同时期农作物遗存数量变化

4.5 本章小结

根据河西走廊史前遗址的植物考古研究结果,可以梳理出该地区新石器晚期至青铜—铁器时代早期人类对植物资源利用策略及其变化的轨迹。4800~2100a BP 河西走廊地区人类摄食的植物资源均主要来源于农业生产,但不同时期的种植结构是不一样的。4800~4000a BP 河西走廊地区先民主要种植粟,次要种植黍。4000~3700a BP,河西走廊地区先民已经开始种植外来的作物小麦和大麦,但黍和粟仍是最主要的种植作物。3700~3300a BP,河西走廊地区先民的种植结构发生较大转变,大麦和小麦的重要性超过粟黍。3200~2100a BP 河西走廊地区先民的种植结构呈现以大麦为主导,以黍、小麦和粟的种植为辅的格局。

参 考 文 献

陈微微, 张居中, 蔡全法. 2012. 河南新密古城寨城址出土植物遗存分析. 华夏考古, (1): 54-62.

陈国科, 王辉, 杨月光, 等. 2016. 甘肃肃北县马鬃山玉矿遗址 2012 年发掘简报. 考古, (1): 40-53.

陈雪香. 2016. 中国青铜时代小麦种植规模的考古学观察. 中国农史, (3): 3-9.

董广辉, 杨谊时, 韩建业, 等. 2017. 农作物传播视角下的欧亚大陆史前东西方文化交流. 中国科学: 地球科学, 47(5): 530-543.

董玉琛, 郑殿升. 2006. 中国作物及其野生近缘植物粮食作物卷. 北京: 中国农业出版社.

范宪军. 2016. 西城驿遗址炭化植物遗存分析. 山东: 山东大学硕士学位论文.

甘肃省文物考古研究所. 2001. 永昌西岗柴湾岗: 沙井文化墓葬发掘报告. 兰州: 甘肃人民出版社.

甘肃省文物考古研究所, 北京大学考古文博学院. 2016. 酒泉干骨崖. 北京: 文物出版社.

国家文物局. 2011. 中国文物地图集·甘肃省分册. 北京: 测绘出版社.

韩建业. 2015. 早期中国: 中国文化圈的形成和发展. 上海: 上海古籍出版社.

韩茂莉. 2012. 中国历史农业地理. 北京: 北京大学出版社.

胡中亚. 2015. 甘肃山那树扎遗址炭化植物遗存研究. 陕西: 西北大学博士学位论文.

贾世杰, 张娟, 杨玉璋, 等. 2018. 郑州商城遗址炭化植物遗存浮选结果与分析. 江汉考古, (2): 97-103.

贾鑫. 2012. 青海省东北部地区新石器-青铜时代文化演化过程与植物遗存研究. 甘肃: 兰州大学博士学位论文.

蒋宇超, 陈国科, 李水城. 2017a. 甘肃张掖西城驿遗址 2010 年浮选结果分析. 华夏考古, (1): 62-68.

蒋宇超, 王辉, 李水城. 2017b. 甘肃民乐东灰山遗址的浮选结果. 考古与文物, (1): 119-128.

靳桂云. 2013. 龙山文化居民食物结构研究. 文史哲, (2): 99-111.

靳桂云, 王海玉, 燕生东, 等. 2011. 山东胶州赵家庄遗址龙山文化炭化植物遗存研究. 见: 中国社会科学院考古研究所科技考古中心. 科技考古（第三辑）. 北京: 科学出版社: 36-53.

景学义, 边文利, 傅兴业, 等. 2014. 内蒙古额济纳旗史前文化调查简报. 边疆考古研究, (02): 7-22.

孔昭宸, 杜乃秋. 1998. 东灰山遗址孢粉分析报告. 见: 甘肃省文物考古研究所, 吉林大学北方考古研究室. 民乐东灰山考古——四坝文化墓地的揭示与研究. 北京: 科学出版社.

李璠. 1993. 中国栽培植物起源与发展简论. 农业考古, (1): 49-55.

李璠, 李敬仪, 卢晔, 等. 1989. 甘肃省民乐县东灰山新石器遗址古农业遗存新发现. 农业考古, (1): 56-69.

李水城. 1993. 四坝文化研究. 见: 苏秉琦. 考古学文化论集（三）. 北京: 文物出版社: 80-121.

李水城. 2009. 东风西渐: 中国西北史前文化之进程. 北京: 文物出版社.

林正同. 1996. 从画像砖、石看汉代农业经济特点. 农业考古, (1): 38-47.

刘长江, 靳桂云, 孔昭宸. 2008. 植物考古：种子和果实研究. 北京: 科学出版社.

刘昶, 赵志军, 方燕明. 2018. 河南禹州瓦店遗址 2007、2009 年度植物遗存浮选结果分析. 华夏考古, (1): 10.

刘焕, 宋国定, 龚一闻, 等. 2017. 河南淅川申明铺遗址出土植物遗存的初步分析. 华夏考古, (1): 54-61.

秦岭. 2012. 中国农业起源的植物考古研究与展望. 考古学研究, 260-315.

宋镇豪. 2002. 五谷、六谷与九谷——谈谈甲骨文中的谷类作物. 中国历史文物, (4): 61-67.

孙德海, 刘勇, 陈光唐. 1981. 河北武安磁山遗址. 考古学报, (3): 303-338.

王庆瑞, 敦德勇. 1984. 甘肃东乡林家马家窑文化遗址出土的稷与大麻. 考古, (7): 654-655.

魏娜, 艾松林, 郭荣臻, 等. 2017. 山东青岛河南庄周代遗址炭化植物遗存研究报告. 东方考古, 214-227.

温成浩, 李水城. 2014. 内蒙古额济纳旗史前文化调查简报. 边疆考古研究, (2): 7-22.

吴文婉, 张继华, 靳桂云. 2014. 河南登封南洼遗址二里头到汉代聚落农业的植物考古证据. 中原文物, (1): 109-117.

吴文婉, 姜仕炜, 许晶晶. 等. 2018. 邹平丁公遗址（2014）龙山文化植物大遗存的初步分析. 中国农史, 37(3): 14-20.

严文明. 1981. 龙山文化和龙山时代. 文物, (6): 41-48.

杨颖. 2014. 河湟地区金蝉口和李家坪齐家文化遗址植物大遗存分析. 甘肃: 兰州大学硕士学位论文.

杨玉璋, 袁增箭, 张家强. 等. 2017. 郑州东赵遗址炭化植物遗存记录的夏商时期农业特征及其发展过程. 人类学学报, (1): 119-130.

游修龄. 1976. 对河姆渡遗址第四文化层出土稻谷和骨耜的几点看法. 文物, (8): 20-23.

张晨. 2013. 青海民和喇家遗址浮选植物遗存分析. 陕西: 西北大学硕士学位论文.

张俊娜, 夏正楷, 张小虎. 2014. 洛阳盆地新石器—青铜时期的炭化植物遗存. 科学通报, 59(34): 3388-3397.

张山佳, 董广辉. 2017. 青藏高原东北部青铜时代中晚期人类对不同海拔环境的适应策略探讨. 第四纪研究, 37(4): 696-708.

赵春青. 2005. 夏代农业管窥——从新砦和皂角树遗址的发现谈起. 农业考古, (1): 215-217.

赵志军. 2001. 植物考古学的学科定位与研究内容. 考古, (7): 55-61.

赵志军. 2010. 植物考古学: 理论、方法和实践. 北京: 科学出版社.

赵志军. 2011. 中华文明形成时期的农业经济发展特点. 中国国家博物馆馆刊, (1): 19-31.

赵志军. 2014. 中国古代农业的形成过程——浮选出土植物遗存证据. 第四纪研究, 34(1): 73-84.

赵志军. 2015. 小麦传入中国的研究——植物考古资料. 南方文物, (3): 44-52.

赵志军, 陈剑. 2011. 四川茂县营盘山遗址浮选结果及分析. 南方文物, (3): 60-67.

赵志军, 方燕明. 2007. 登封王城岗遗址浮选结果及分析. 华夏考古, (2): 78-89.

赵志军, 徐良高. 2004. 周原遗址（王家嘴地点）尝试性浮选的结果及初步分析. 文物, (10): 89-96.

中华人民共和国农业部农药检定所, 日本国（财）日本植物调节剂研究协会. 2000. 中国杂草原色图鉴. 东京: 日本国世德印刷股份公司.

钟华, 李素婷, 李宏飞. 等. 2018. 河南省郑州市小双桥遗址浮选结果及分析. 南方文物, (2): 163-169.

周原考古队. 2011. 周原庄李西周铸铜遗址 2003 与 2004 年春季发掘报告. 考古学报, (2): 245-316.

朱安, 张振华, 韩小丰. 等. 2011. 甘肃武威磨嘴子汉墓发掘简报. 文物, (6): 4-11.

Asoutie E, Fairbairn A. 2002. Subsistence economy in Central Anatolia during the Neolithic: The archaeobotanical evidence. In: Gerard F, Thissen L. The Neolithic of Central Anatolia. Internal developments and external relations during the 9th–6th Millennia cal BC. Istanbul: Ege Yayınları: 181-192.

Braidwood R J, Braidwood L. 1950. Jarmo: A village early farmers in Iraq. Antiquity, 24(96): 189-195.

Chen F H, Dong G H, Zhang D J, et al. 2015. Agriculture facilitated permanent human occupation of the Tibetan Plateau after 3600a BP. Science, 347(6219): 248-250.

d'Alpoim Guedes J A, Lu H L, Li Y X, et al. 2014. Moving agriculture onto the Tibetan plateau: The archaeobotanical evidence. Archaeological and Anthropological Sciences, 6(3): 255-269.

d'Alpoim Guedes J A A, Lu H L, Hein A M, et al. 2015. Early evidence for the use of wheat and barley as staple crops on the margins of the Tibetan Plateau. Proceedings of the National Academy of Sciences, 112(18): 5625-5630.

Dodson J R, Li X Q, Zhou X Y, et al. 2013. Origin and spread of wheat in China. Quaternary Science Reviews, 72: 108-111.

Dong G H. 2018. A new story for wheat into China. Nature Plants, 4(5): 243-244.

Dong G H, Ren L L, Jia X, et al. 2016. Chronology and subsistence strategy of Nuomuhong culture in the Tibetan Plateau. Quaternary International, 426: 42-49.

Dong G H, Yang Y S, Han J Y, et al. 2017. Exploring the history of cultural exchange in prehistoric Eurasia from the perspectives of crop diffusion and consumption. Science China: Earth Sciences, 60(6): 1110-1123.

Dong G H, Yang Y S, Liu X Y, et al. 2018. Prehistoric trans-continental cultural exchange in the Hexi Corridor, northwest China. The Holocene, 28(4): 621-628.

Flad R, Li S C, Wu X H, et al. 2010. Early wheat in China: results from new studies at Donghuishan in the Hexi Corridor. Holocene, 20(6): 955-965.

Fuller D Q, Qin L, Zheng Y F, et al. 2009. The domestication process and domestication rate in rice: Spikelet bases from the Lower Yangtze. Science, 323(5921): 1607-1610.

Hole F, Flannery K V. 1968. The prehistory of southwestern Iran: A preliminary report. Proceedings of the Prehistoric Society, 33: 147-206.

Hunt H V, Vander Linden M, Liu X Y, et al. 2008. Millets across Eurasia: Chronology and context of early records of the genera Panicum and Setaria from archaeological sites in the Old World. Vegetation History Archaeobotany, 17(1): 5-18.

Jones M, Hunt H, Lightfoot E, et al. 2011. Food globalization in prehistory. World Archaeology, 43(4): 665-675.

Leuzinger U, Rast-Eicher A. 2011. Flax processing in the Neolithic and Bronze Age pile-dwelling settlements of eastern Switzerland. Vegetation History and Archaeobotany, 20(6): 535-542.

Liu F W, Yang Y S, Shi Z L, et al. 2018. Human settlement and wood utilization along the mainstream of Heihe River basin, northwest China in historical period. Quaternary International, doi: 10.1016/j.quaint.2018.05.033

Liu X Y, Lightfoot E, O'Connell T C, et al. 2014. From necessity to choice: Dietary revolutions in west China in the second millennium BC. World Archaeology, 46(5): 661-680.

Liu X Y, Lister D L, Zhao Z J, et al. 2016. The virtues of small grain size: Potential pathways to a distinguishing feature of Asian wheats. Quaternary International, 426: 107-119.

Liu X Y, Jones P J, Matuzeviciute G M, et al. 2019. From ecological opportunism to multi-cropping: Mapping food globalisation in prehistory. Quaternary Science Reviews, 206: 21-28.

Long T, Leipe C, Jin G, et al. 2018. The early history of wheat in China from ^{14}C dating and Bayesian chronological modelling. Nature Plants, 4(5): 272-279.

Motuzaite-Matuzeviciute G, Staff R A, Hunt H V, et al. 2013. The early chronology of broomcorn millet (*Panicum miliaceum*) in Europe. Antiquity, 87(338): 1073-1085.

Savard M, Nesbitt M, Gale R. 2003. Archaeobotanical evidence for early Neolithic diet and subsistence at M'lefaat (Iraq). Paléorient, 29(1): 93-106.

Shen H, Zhou X Y, Zhao K L, et al. 2018. Wood types and human impact between 4300 and 2400 yra BP in the Hexi Corridor, NW China, inferred from charcoal records. The Holocene, 28(4): 629-639.

Wang T T, Wei D, Chang X, et al. 2017. Tianshanbeilu and the Isotopic Millet Road: Reviewing the late Neolithic/Bronze Age radiation of human millet consumption from north China to Europe. National Science Review, nwx015, https://doi.org/10.1093/nsr/nwx015.

Weber S A, Weber S A, Belcher W R. 2003. Archaeobotany at Harappa: indications for change. In: WEBER S A. Indus Ethnobiology: New Perspectives from the Field. Lanham: Lexington Books: 175-198.

Zhang G L, Wang S Z, Ferguson D K, et al. 2017. Ancient plant use and palaeoenviron-mental analysis at the Gumugou Cemetery, Xinjiang, China: Implication from desiccated plant remains. Archaeological and Anthropological Sciences, 9(2): 145-152.

Zhao K L, Li X Q, Zhou X Y, et al. 2013. Impact of agriculture on an oasis landscape during the late Holocene: Palynological evidence from the Xintala site in Xinjiang, NW China. Quaternary International, 311: 81-86.

Zhou X Y, Li X Q, Dodson J, et al. 2016. Rapid agricultural transformation in the prehistoric Hexi corridor, China. Quaternary International, 426: 33-41.

Zohary D, Hopf M, Weiss E. 2012. Domestication of Plants in The Old World: The Origin and Spread of Domesticated Plants in Southwest Asia, Europe, and the Mediterranean Basin. Oxford: Oxford University Press.

Zvelebil M, Dolukhanov P. 1991. The transition to farming in eastern and northern Europe. Journal of World Prehistory, 5(3): 233-278.

第 5 章 河西走廊史前时代人类对家养动物资源的利用策略

动物资源利用是人类生业模式的另一个重要方面,动物考古研究为认识古人类对动物资源利用的策略提供了有效的途径。河西走廊地区已开展的动物考古研究工作较少,该地区先民对动物资源的利用策略尚未形成系统的认识。本章展示了河西走廊新石器时代晚期、青铜时代和铁器时代早期遗址的动物考古新数据,并结合该地区已发表的研究结果进行对比,探讨了河西走廊先民对家养动物资源的利用策略。结果显示,河西走廊先民在 4800~4000a BP 主要饲养猪和狗,4000~3300a BP 主要畜养羊和牛,同时饲养猪和狗。3200~2100a BP 牛、羊和马成为河西走廊地区最主要的家养动物资源,猪的重要性下降。分析认为,史前时代欧亚大陆东西方文化交流,是影响河西走廊地区史前人类动物资源利用策略转变的主要原因。

5.1 河西走廊动物考古研究现状

5.1.1 中国动物考古学的研究背景

20 世纪 30 年代,动物考古学作为考古学的分支学科开始在中国逐渐发展起来。根据其发展特点和研究内容,袁靖(2015)将中国动物考古学研究历史分为两个发展阶段。

第一阶段,20 世纪 30~90 年代,是动物考古学的形成时期。国内学者发表了一系列鉴定和研究报告,为我国动物考古研究工作开创了思路,明确了动物考古在考古发掘中的重要地位。另外,综合性研究、家养动物研究、埋藏猪骨研究、环境考古研究、稳定同位素研究、动物艺术形象研究和实验室考古等专题性研究也正逐步开展,并开始将国外的研究成果引入国内。1936 年,杨钟健发表了《安阳殷墟之哺乳动物群》一文,拉开了中国动物考古学研究的序幕。1959 年,李有恒和韩德芬共同发表了《陕西西安半坡新石器时代遗址之兽类骨骼》研究报告,该文更加注重探讨人与动物之间的关系，影响了随后数十年中国的动物考古学研究。1988年，祁国琴最先使用最小个体数对姜寨遗址动物遗存进行统计。此后，定量分析成为中国动物考古学研究的主要内容之一。90年代，中国的动物考古学研究报告在内容和形式上都有了新的突破，除了鉴定报告，内容更为详细的专著也陆续出版。中外学术交流的不断进行，将国外先进的考古学方法与理念不断引入中国，推动了中国动物考古学的发展。《哺乳动物大型管状骨检索表》和《动物骨骼图谱》的翻译出版，为国内学者进行动物遗存鉴定提供了便利，同样的鉴定标准更有利于与国际社会接轨。

第二阶段，20世纪90年代至今，是动物考古学的发展时期。这一时期，动物考古研究报告更加全面和科学，定量研究更为普遍，并重点关注古人获取以及利用动物资源的方式。专题研究更为广泛和深入，研究涉及家畜的起源和饲养、动物考古理论和方法、获取肉食资源的方式、骨器制作工艺、家畜古 DNA、埋藏或随葬动物研究等（马萧林，2010；刘慧，2009；同号文，2004；袁靖，2001，1999；高广仁，2000）。这一时期，中外学术交流形式更加多样，除了翻译国外学术著作外，国内学者也开始出国学习访问，举办大型国际动物考古会议，促进中国动物考古研究理论和方法标准化、科学化、国际化。

经过几十年的发展和积累，中国动物考古学已经取得了丰硕的成果和长足的进步。其中，家养动物的起源和饲养策略一直是动物考古关注的热点科学问题。另外，国内动物考古研究存在明显的地域不平衡，中原地区研究较为充分，其他地区则相对薄弱，包括西北的河西走廊地区。

5.1.2 河西走廊已开展的动物考古研究工作

目前河西走廊进行系统考古发掘且开展动物考古的史前时代遗址还十分有限。2011年中国社会科学院考古研究所对马厂文化磨嘴子遗址的动物遗存开展了定性定量分析（动物考古课题组，2011），祁国琴（1998）对东灰山墓地出土的骨骼进行了系统的鉴定，宋艳波等（2016）对西城驿遗址2014年发掘过程中出土的动物骨骼进行了鉴定和研究。基于这些工作，对河西走廊地区新石器晚期和青铜时代人类对动物资源利用的策略有了初步的认识，概括如下。

马厂时期磨嘴子遗址出土动物遗存鉴定结果显示，该遗址先民利用的动物包括家猪、绵羊、山羊、黄牛、兔、马、中型鹿、田鼠、鸟类等10余种，其中家猪、黄牛、绵羊为家养动物（动物考古课题组，2011）。

西城驿遗址2014年发掘过程中出土动物遗存3404件，全部出自四坝文化的地层和遗迹中（宋艳波等，2016）。鉴定出的动物种属包括牛、绵羊、家猪、狗、大型鹿、兔、鼠科、小型食肉动物和不同体型的鸟类。遗址内中型哺乳动物遗存破碎程度普遍较高，显示出先民对动物的利用程度较高。此外，大量啮齿类动物遗存的发现表明四坝文化时期该遗址周围的自然环境可能以草原（草地）环境为主。

东灰山墓地出土的动物骨骼鉴定结果显示，该遗址先民利用的主要动物包括狗、家猪、绵羊、鹿和麝，可鉴定标本数统计显示猪、狗和绵羊占全部动物的64%，猪占绝对优势（祁国琴，1998）。干骨崖墓地和三坝洞子遗址出土动物遗存包括黄牛、绵羊、山羊、马、猪、狗、鹿、盘羊、羚羊和啮齿类动物（付罗文，2016）。Atahan等（2011）调查金塔缸缸洼遗址和火石梁遗址时，采集到鼠、鹿、狗、猪、牛、羊、羊亚科等动物遗存。

这些研究表明猪、狗、牛和羊可能是河西走廊新石器晚期—青铜时代的重要家畜和肉食来源，在不同文化时期不同家畜在人类生业中的重要性是有变化的。由于河西走廊开展动物考古研究的史前遗址较少，该地区动物资源利用历史尚不清晰。本章展示了河西走廊新石器时代晚期和青铜时代动物考古的新数据，结合研究区已发表的研究结果，探讨河西走廊先民对动物资源的利用策略。由于系统的动物考古研究依赖于考古遗址发掘，因此可用于讨论的动物遗存材料仍然十分有限，因此本章重点讨论家养动物资源的利用策略，对野生动物资源利用策略不再做阐述。

5.2 材料和方法

5.2.1 材料

调查河西走廊史前遗址的过程中，在15个新石器晚期—青铜时代遗址中采集了动物遗存样品（图5.1），动物骨骼共计282块。其中在马厂文化磨嘴子遗址、郭家山遗址、新寨遗址、水口遗址、棋盘山遗址、西河滩遗址地层和灰坑采集动物骨骼86块，在齐家文化李家圪楞遗址灰坑采集动物骨骼11块，在四坝文化时期西灰山、干骨崖、大墩湾遗址文化层采集动物骨骼72块，在董家台文化土坝遗址文化层和灰坑采集动物骨骼8块，在沙井文化民勤三角城遗址地层采集动物骨骼26块，在骟马文化赵家水磨和古董滩地层和灰坑采集动物骨骼45块，在东周时期的石城山遗址采集动物骨骼34块。

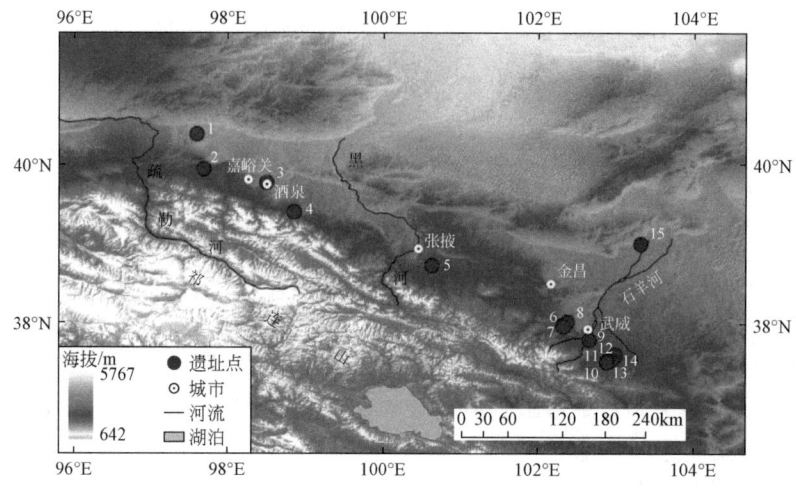

图 5.1 河西走廊地区动物遗存采样遗址分布

1. 玉门古董滩；2. 大墩湾遗址；3. 赵家水磨；4. 干骨崖；5. 西灰山；6. 棋盘山遗址；7. 石城山；8. 新寨遗址；9. 磨嘴子遗址；10. 土坝；11. 西台遗址；12. 李家圪楞；13. 水口遗址；14. 朵家梁；15. 民勤三角城

采集的动物骨骼样品中，可鉴定的动物骨骼标本数为 79 块，包括马、黄牛、羊、猪、狗等家养动物，以及狍、鹿、熊、羊亚科等野生动物（图 5.1 和图 5.2）。

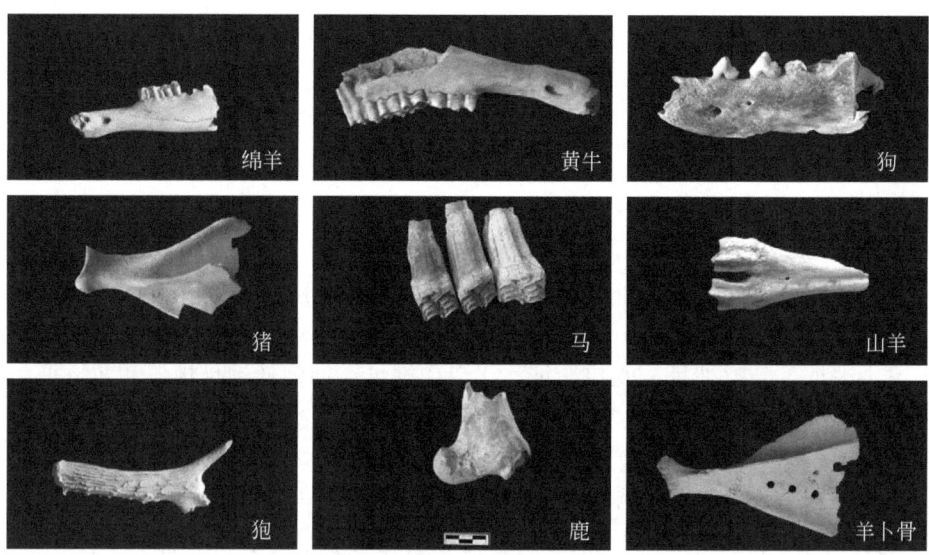

图 5.2 河西走廊史前不同文化时期遗址出土的动物遗存（见彩图）

5.2.2 方法

（1）动物遗存的收集和鉴定。在野外考古调查过程中，对每个遗址出土的动物遗存进行全面收集，按不同遗址分别装入自封袋，带回实验室，清洗并阴干。在对动物遗存进行鉴定之前，首先将带有新茬的骨骼进行拼合，以更大限度地挖掘遗存信息。然后参考实验室现生和古代标本及《哺乳动物大型管状骨检索表》（B.格罗莫娃，1960）、《动物骨骼图谱》（伊丽莎白·施密德，1992）、《中国鹿科动物》（盛和林，1992）、《虎、豹及其类似动物骨骼比较解剖图志》（陈代贤，1995）、《中国啮齿类》（文儿等，1995）、Teeth（Hillson，2005）和 Human and nonhuman bone identification: a color atlas（France，2008）等动物骨骼图谱，鉴定骨骼遗存的部位、种属，并记录骨骼和牙齿的保存状况、体积、长度、宽度、厚度、愈合状况、左右、重量等基本信息。

（2）动物遗存的统计分析。根据鉴定时记录的动物遗存基本资料，进行不同种属可鉴定标本数、最小个体数和肉量统计等量化分析。在此基础上，分析不同种属的相对比例，以及家养动物和野生动物的比例，探讨研究区不同文化先民获取肉食资源的方式。

5.3 河西走廊新石器时代晚期—铁器时代早期人类对动物资源的利用

5.3.1 河西走廊新石器时代晚期（4800～4000a BP）人类对动物资源的利用

在马厂文化朵家梁、郭家山、新寨、磨咀子、棋盘山、水口和西台 7 个遗址采集的动物骨骼中，可鉴定的样品有 21 块，包括黄牛、绵羊、山羊、猪、狗、鹿、狍等遗存。可鉴定的动物骨骼大部分为家养动物遗存，可鉴定标本数以羊居多（表5.1）。研究区已发表的动物考古资料显示：马厂时期磨咀子遗址出土田鼠、兔、马、家猪、中型鹿、黄牛、绵羊和山羊等动物遗存，可鉴定标本数显示猪、黄牛、绵羊等家养动物占总数的 95.15%，野生动物占 4.85%；最小个体数显示家养动物占总数 73.33%，野生动物占 26.67%（动物考古课题组，2011）。通过调查和发掘的动物遗存综合分析显示，马厂文化时期主要饲养黄牛、绵羊、猪和狗等家养动物，其中猪和羊是重要的肉食资源，暗示马厂文化时期河西走廊地区先民获得肉食资源的方式是以饲养家畜为主，以狩猎野生动物为辅，其中猪和羊是最重要的肉食来源。

表 5.1 河西走廊考古遗址的动物遗存鉴定结果

时代	遗址	文化类型	年代（2σ，cal a BP）	种属	NISP	min
4800~4000a BP	朵家梁	马厂	4149~3989	牛	1	1
	郭家山	马厂	4413~4248	羊	2	1
			3959~3728	狗	1	1
			3632~3475			
	新寨	马厂		羊	3	1
	磨咀子	马厂	3316~3073	羊	2	1
				牛	1	1
	棋盘山	马厂	4144~3984	猪	2	1
	水口	马厂	4142~3932	羊	4	1
				猪	1	1
				鹿	1	1
				狍子	1	1
	西台	马厂	4144~3934	马	2	1
4000~3300a BP	李家圪塄	齐家	3810~3588	羊	1	1
				猪	1	1
	大墩湾	四坝	3445~3346	鹿	1	1
			3442~3218	羊	2	1
	干骨崖	四坝	3821~3633	羊	1	1
			3448~3362			
	西灰山	四坝	3865~3637	野生羊亚科	3	1
			3637~3487	猪	1	1
			3631~3481	羊	2	1
			3823~3638			
3200~2100a BP	土坝	董家台	3168~3006	羊	1	1
	古董滩	骟马	2744~2489	马	4	2
			2731~2381	牛	6	2
				羊	1	1
				野生羊亚科	2	1
	赵家水磨	骟马	2770~2742	羊	2	1
			2707~2365	马	1	1

续表

时代	遗址	文化类型	年代（2σ, cal a BP）	种属	NISP	min
3200~2100a BP			2742~2472			
	民勤三角城	沙井	2725~2489	羊	1	1
				牛	4	1
	石城山	东周		狗	1	1
				马	2	1
				牛	5	1
				狍子	3	1
				熊	1	1
				羊	10	1
总计					77	37

注：min 为最小个体数；NISP 为可鉴定标本数。

目前中国确凿的没有争议的家养羊的遗存，主要发现在龙山文化时期和西北马家窑文化—马厂类型的地层中（胡松梅等，2016；Brunson，2015；袁靖，2015；傅罗文等，2009；袁靖等，2007）。最早的黄牛遗存主要发现在中国西北地区，之后在黄河流域龙山文化时期多有出土（袁靖，2015；吕鹏等，2014；司艺，2013）。由于马在4000a BP以前东亚地区很少发现（袁靖，2015），且早期各遗址发现少量的马骨存在很大的争议（何锟宇，2008），磨嘴子出土的马骨碎且少，马是否在马厂时期已经在河西走廊地区被饲养还存疑。从中国北方地区出土的动物骨骼研究，特别是西北地区出土动物骨骼显示，在4300a BP以后黄牛、羊、猪、狗等主要家养动物已经普遍出现在甘青地区（袁靖，2015；袁靖等，2007）。河西走廊地区马厂文化时期家养动物猪占出土动物遗存的比例较高，羊和牛成为重要的家养动物，猪的比例较高说明马厂文化继承了黄土高原仰韶文化先民饲养猪作为主要肉食来源的传统（余翀等，2011；黄蕴平，2000；周本熊，1999）。鹿、狍和羊亚科动物在各遗址占有一定比例，说明人类将野生动物作为辅助的肉食资源。河西走廊地区马厂文化时期先民对动物资源利用的策略与东部毗邻地区基本一致，显示其主要受到新石器晚期文化西渐的影响（李水城，2009）。

5.3.2 河西走廊青铜时代早中期（4000~3300a BP）人类对动物资源的利用

在青铜时代早期齐家文化李家圪塝遗址灰坑采集的可鉴定标本包括 1 块猪骨和 1 块羊骨（表 5.1）。1959 年在河西走廊东部的齐家文化皇娘娘台墓地发掘过程中，出土的动物遗存包括牛、羊、猪、狗和鹿的骨骼，绝大多数属于家养动物。此外，在墓葬、窑穴等发现了猪、牛、羊的卜骨 26 块（甘肃省博物馆，1960）。1975 年皇娘娘台二次发掘过程中，出土的动物遗存以猪和羊为主，其中有 14 座墓葬随葬猪下额骨，数量为 1~7 块（魏怀珩，1978）。调查和发掘资料显示河西走廊齐家文化时期遗址出土动物骨骼主要是家猪、牛和羊的遗存。以猪下颌骨随葬和猪肩胛骨占卜的现象，说明猪在齐家文化先民的肉食资源中占有重要地位。在河湟谷地齐家坪、大河庄、秦魏家等齐家文化墓地的发掘中都出土了猪、狗、牛、羊的骨骼，部分墓葬出土大量的随葬猪下颌骨（中国科学院考古研究所甘肃工作队，1975，1974）。其中齐家坪遗址出土的家养动物遗存包括猪、狗、黄牛和绵羊的骨骼，以绵羊骨骼的数量最多，占动物骨骼总数的 36%，猪和黄牛占 30%（动物考古课题组，2011）。青藏高原东北部齐家文化时期长宁遗址也出土了大量的绵羊、山羊、黄牛、猪、狗 5 种家养动物骨骼，其中羊骨占到家养动物骨骼数量的 58%（李谅，2012）。这些资料显示齐家文化时期牛和羊已成为甘青地区重要的家养动物，猪仍然是人类重要的肉食来源。河西走廊地区齐家文化先民对家养动物的利用呈现了同样的特点。

本次调查在西城驿文化遗址没有采集到可鉴定的动物遗存。在早年西城驿遗址的发掘过程中，出土有猪、狗、牛和羊等家养动物（张雪莲等，2015）。Atahan 等（2011）报道了在缸缸洼遗址和火石梁遗址调查时，采集到鼠、鹿、狗、猪、牛、羊、羊亚科等动物的骨骼，韩翀飞等（2012）发现五坝墓地随葬有羊距骨。从发掘和调查的西城驿文化遗址出土的动物遗存判断，西城驿文化时期先民主要饲养牛、绵羊、猪和狗等家养动物，其中羊在家养动物中占有最重要的地位。

在四坝文化大墩湾、干骨崖和西灰山 3 个遗址的调查过程中，采集到可鉴定动物遗存 10 块，为牛、羊、猪、鹿和野生羊亚科动物的骨骼（表 5.1）。早年发掘的干骨崖墓地和三坝洞子遗址出土动物遗存包括黄牛、绵羊、山羊、马、猪、狗、鹿、盘羊、羚羊和啮齿类动物，可鉴定标本数统计显示黄牛、羊、马、猪、狗等家养动物的骨骼占动物遗存总数的 36%，其中羊占家养动物 50% 左右，其次是猪和黄牛（付罗文，2016）。东灰山墓地出土动物主要包括狗、家猪、绵羊、鹿和麝 5 种，可鉴定标本数统计显示狗、猪和绵羊等家养动物骨骼占哺乳动物遗存总数的64%，猪占绝对优势（祁国琴，1998）。火烧沟墓地普遍随葬成对的羊角、羊腿和羊肩胛骨（甘肃省博物馆，1979）。西城驿遗址四坝文化时期可鉴定动物种属包括黄牛、绵羊、家猪、狗、大型鹿、兔、鼠科、小型食肉动物和不同体型的鸟类。可鉴定标本数中绵羊占67.4%，猪占15.4%，鼠科占6%，牛占5.5%，其余动物都比较少；最小个体数中，绵羊占52%，猪占16%，鼠科占14%，其余动物都比较少。其中绵羊在先民的经济生活中占据比例较高，绵羊、猪和牛是遗址先民最主要的肉食来源（宋艳波等，2016）。这些资料显示，河西走廊地区四坝文化时期不同遗址先民对动物资源的利用不尽一致，但猪和羊是四坝文化先民重要的肉食来源。部分四坝文化遗址中野生鹿科、羊亚科动物所占比例较高，说明狩猎经济成分较高，可能与遗址所在的地貌环境有关。

综上所述，青铜时代早期河西走廊地区调查和发掘出土的动物遗存分析显示，除了干骨崖墓地和三坝洞子遗址以野生动物遗存为主（可能是大部分骨骼无法鉴定到种属造成的），其他遗址均主要以黄牛、羊、马、猪、狗等家养动物遗存为主，其中羊占到了绝对的优势。西灰山、火烧沟和皇娘娘台墓地都大量随葬羊骨，说明从青铜时代开始羊已经是河西走廊地区人类最重要的动物资源，成为重要的陪葬品。此外，猪仍然是该地区青铜时代早期先民饲养的重要家养动物。干骨崖墓地和三洞子遗址发现马的2颗牙齿和1块趾骨，显示公元前2千纪中叶后马已经出现在河西走廊西部。动物考古研究认为，家马于5500a BP在哈萨克斯坦被驯化后（Outram et al.，2009），5000~4000a BP向欧亚大陆的东西两侧传播，于4000~3600a BP传入我国甘青地区（任乐乐和董广辉，2016），在大河庄遗址和秦魏家墓地等齐家文化晚期遗址发现了家马的遗存。随着可长距离迁移的家畜羊的大量饲养，以及马的传入，畜牧经济在河西走廊地区得到了快速的发展。

河西走廊邻近地区青藏高原东北部的甘肃张家咀、姬家川，以及青海核桃庄等辛店文化遗址中，都出土了大量的动物骨骼。鉴定结果显示，羊骨的数量最多，猪骨次之（青海省文物管理处，1995；格桑本和陈洪海，1992；谢端琚，1980）；卡约文化墓葬中普遍出现动物随葬的现象，随葬的动物主要有羊、牛、马等，如黄河沿岸以阿哈特拉山遗存为代表的阿哈特拉类型，其墓地随葬羊角非常普遍（许新国，1983）；湟源至青海湖地区的以大华中庄遗存为代表的大华中庄类型，其墓地出土了大量的家畜骨骼（青海省湟源县博物馆等，1985）；湟水流域以上孙家寨遗存为代表的上孙类型，其墓地也发现了大量的马、羊、牛等动物骨骼（高东陆，1993）。青藏高原东北部遗址普遍出土牛、羊骨骼，说明3600a BP以后青藏高原东北部先民主要畜牧牛羊获取动物资源。

青铜时代河西走廊邻近的新疆哈密地区和罗布泊地区的先民畜养的家畜也主要为牛和羊。罗布泊地区古墓沟墓地出土动物遗存主要包括牛和羊的骨骼，其中在一座墓葬中随葬的牛角、羊角数量多达 26 只（王炳华，1983）。小河墓地大量出土了动物遗存及其副产品，在小河墓地木柱棱台上悬挂牛头骨，木柱圈的周围还堆集了大量的牛和羊的头骨，其中一个墓室上部及周围频繁发现牛头和羊头，共计百余件。小河墓地共发掘了 167 座墓葬，棺木一般蒙盖着不同颜色的三张牛皮（伊弟利斯等，2007；伊弟利斯和李文瑛，2005）。大量的牛和羊的骨骼及副产品证据表明罗布泊地区先民主要饲养牛羊获取肉食资源。哈密盆地及其周围地区墓葬出土了大量的牛、羊的骨骼，如天山北路墓地的墓葬中也随葬有羊、牛骨骼，其中以羊骨居多（张全超等，2010）；萨伊吐尔墓地陶器内装有羊的腿骨随葬（于建军等，2014）；洋海墓地中羊头是基本的随葬品，还大量随葬有整羊、羊腿等，其次是牛头、整马、马距骨、马下颌和马肩胛骨、狗等作为随葬品（李肖等，2011），说明新疆东部及东南部地区主要畜牧牛羊获取肉食资源。

中亚草原地区青铜时代中晚期遗址大量出土了牛、羊和马的遗存，如哈萨克斯坦北部 Bestamak 和 Lisakovsk 遗址发现大量的狗、牛、马、羊的骨骼，同时还发现了鱼骨（Miller et al.，2014）。在 Begash 遗址也发现了牛、羊、马等动物骨骼（Frachetti and Benecke，2009）。米努辛斯克盆地青铜时代中晚期安德罗诺文化和克拉苏克文化墓地出土马、山羊、牛和鹿等动物骨骼（Svyatko et al.，2013；Svyatko，2010）。上述资料说明公元前 2 千纪河西走廊以西的哈萨克斯坦草原—米努辛斯克盆地—新疆东部先民从事以牛和羊为主的畜牧生产活动。随着欧亚草原游牧人群的东进，牛羊等家畜的传播深刻的影响到新疆及河西走廊地区，牛羊成为河西走廊重要的家养动物。

随着 4000a BP 后欧亚草原游牧化进程的加速，东西方文化交流的加快，西亚驯化的牛、羊和中亚驯化的马开始传入中国西北地区，从而导致了河西走廊以饲养猪、狗向畜牧牛羊为主的动物资源利用策略的转变。

5.3.3 河西走廊青铜时代晚期—铁器时代早期（3200~2100a BP）人类对动物资源的利用

在河西走廊青铜时代晚期—铁器时代早期的土坝、古董滩、赵家水磨、民勤三角洲和石城山遗址，团队采集到可鉴定动物骨骼 45 块，包括马、牛、羊、狗、狍和熊等动物骨骼（表 5.1）。此外，在石城山遗址还采集到有烧灼痕迹的羊肩胛骨卜骨 1 块。早年发掘的西岗、柴湾岗和蛤蟆墩等沙井文化墓地出土了大量的殉牲牛、马、羊的骨骼，出土的兽骨可能还包括骆驼、驴、猪和狗等家养动物的遗存，其中牛、马、羊的骨骼为大宗。此外，出土的其他动物遗存还包括马、牛和羊的皮制品和大量的毛织品等家养动物的副产品（甘肃省文物考古研究所，2001）。沙井文化金昌三角城遗址出土了4件羊肩胛卜骨（蒲朝绂和赵建龙，1984）。骟马文化时期火烧沟遗址地层中出土了羊、牛、骆驼和马的骨骼，未见到猪的遗存（甘肃省文物考古研究所和北京大学考古文博学院，2011）。依据上述动物考古研究结果，并结合新发现的动物骨骼材料分析显示（表5.1），河西走廊地区青铜时代晚期—铁器时代早期先民利用的家养动物以羊、牛和马为主，此外还包括骆驼，没有发现饲养猪的证据，说明该时期人类对动物资源利用的策略发生了显著的变化。

综上所述，4800~2100a BP河西走廊猪、狗、牛、马、羊等家养动物已经被大量饲养并作为重要肉食来源，然而不同阶段各种家养动物种类和比例组成不同，呈现出明显的阶段特征。河西走廊地区史前人类对家养动物资源的利用经历了三个主要阶段：4800~4000a BP，先民主要饲养猪、羊、牛和狗等家养动物，猪是该时期先民最主要的饲养动物和肉食来源，且被用来随葬，这与河湟地区同时期乐都柳湾和永登蒋家坪遗址墓葬随葬猪下颌骨的特征一致（袁靖，2015；青海省文物管理处，1984）。羊骨在河西走廊马厂文化遗址也开始普遍出现，说明河西走廊地区马厂文化时期人类饲养大量的猪和畜牧羊等家畜，以获取肉食资源。4000~3300a BP，河西走廊先民已饲养牛、羊、马、猪、狗等家养动物，该阶段羊和牛在家养动物中的比例较上一阶段有明显的升高，与猪一样成为重要的食物资源和财富的象征。四坝文化墓葬随葬有羊腿和羊骨，说明4000~3300a BP以饲养猪、狗和畜牧牛、羊为主的生产方式在河西走廊地区得到了发展。3200~2100a BP，河西走廊地区先民主要饲养羊、黄牛、马、骆驼、狗等家养动物，但目前该时段遗址未发现猪的遗存，草食性家养动物牛、羊、马已经成为重要的家养动物资源，并用来随葬和祭祀。

5.4 本章小结

河西走廊地区史前人类对家养动物资源的利用主要经历了三个阶段：新石器时代晚期（4800~4000a BP）先民主要通过饲养大量的猪和畜牧羊等家畜获取肉食资源。青铜时代早中期（4000~3300a BP）以饲养猪、狗和畜牧牛、羊为主的生产方式在河西走廊得到快速发展。青铜时代晚期—铁器时代早期（3200~2100a BP）先民以畜牧羊、牛和马等食草动物为主，未发现猪骨，暗示该阶段游牧经济在河西走廊开始兴起。

参 考 文 献

陈代贤. 1995. 虎、豹及其类似动物骨骼比较解剖图志. 北京: 中国医药科技出版社.

动物考古课题组. 2011. 中华文明形成时期的动物考古学研究. 见: 中国社会科学院考古研究所科技古中心. 科技考古（第三辑）. 北京: 科学出版社: 80-99.

傅罗文, 袁靖, 李水城. 2009. 论中国甘青地区新石器时代家养动物的来源及特征. 考古, (5): 80-86.

付罗文. 2016. 酒泉干骨崖、三坝洞子遗址出头动物骨骼分析研究. 见: 甘肃省文物考古研究所, 北京大学考古文博学院. 酒泉干骨崖. 北京: 文物出版社.

高广仁. 2000. 中国史前时代的龟灵与犬性. 见: 高广仁. 海岱区先秦考古论集. 北京: 科学出版社: 291-303.

甘肃省博物馆. 1960. 甘肃武威皇娘娘台遗址发掘报告. 考古学报, (2): 53-71.

甘肃省博物馆. 1979. 文物考古工作三十年（1949～1979）. 北京: 文物出版社.

甘肃省文物考古研究所. 2001. 永昌西岗柴湾岗: 沙井文化墓葬发掘报告. 甘肃: 甘肃人民出版社.

甘肃省文物考古研究所, 北京大学考古文博学院. 2011. 河西走廊史前考古调查报告. 北京: 文物出版社.

高东陆. 1993. 略论卡约文化. 青海社会科学, (1): 78-85.

格桑本, 陈洪海. 1992. 青海民和核桃庄山家头墓地清理简报. 文物, (11): 26-31.

韩翀飞, 马智全, 王永安, 等. 2012. 甘肃民乐五坝史前墓地发掘简报. 考古与文物, (4): 3-13.

何锟宇. 2008. 浅论中国家马的起源. 见: 北京大学考古文博学院. 考古学研究（七）. 北京: 科学出版社: 541-549.

胡松梅, 杨苗苗, 孙周勇, 等. 2016. 2012～2013 年度陕西神木石峁遗址出土动物遗存研究. 考古与文物, (4): 109-121.

黄蕴平. 2000. 大李家坪遗址动物骨骼初步鉴定报告. 见: 考古编辑部. 考古学集刊（13）. 北京: 中国大百科全书出版社: 40.

李谅. 2012. 青海省长宁遗址的动物资源利用研究. 吉林: 吉林大学硕士学位论文.

李水城. 2009. 东风西渐: 中国西北史前文化之进程. 北京: 文物出版社.

李肖, 吕恩国, 张永兵. 2011. 新疆鄯善洋海墓地发掘报告. 考古学报, (1): 99-166.

刘慧. 2009. 三峡地区新石器时代渔业生产初步研究. 四川文物, (4): 35-42.

吕鹏, 袁靖, 李志鹏. 2014. 再论中国家养黄牛的起源——商榷《中国东北地区全新世早期管理黄牛的形态学和基因学证据》一文. 南方文物, (3): 48-59.

马萧林. 2010. 关于中国骨器研究的几个问题. 华夏考古, (2): 138-142.

蒲朝绂, 赵建龙. 1984. 甘肃永昌三角城沙井文化遗址调查. 考古, (7): 598-601.

祁国琴. 1983. 动物考古学所要研究和解决的问题. 人类学学报, (3): 91-98.
祁国琴. 1998. 东灰山墓地兽骨鉴定报告. 民乐东灰山考古. 北京: 科学出版社.
青海省湟源县博物馆, 青海省文物考古队, 青海省社会科学院历史研究室. 1985. 青海湟源县大华中庄卡约文化墓地发掘简报. 考古与文物, (5): 11-34.
青海省文物管理处. 1984. 青海柳湾. 北京: 文物出版社.
青海省文物管理处. 1995. 青海民和核桃庄小旱地墓地发掘简报. 考古与文物, (2): 1-15.
任乐乐, 董广辉. 2016. "六畜"的起源和传播历史. 自然杂志, 38(4): 257-262.
盛和林. 1992. 中国鹿科动物. 生物学通报, (5): 4-7.
伊丽莎白·施密德. 1992. 动物骨骼图谱. 李天元译. 北京: 中国地质大学出版社.
司艺. 2013. 2500BC-1000BC 中原地区家畜饲养策略与先民肉食资源消费. 北京: 中国科学院大学博士学位论文.
宋艳波, 陈国科, 王辉, 等. 2016. 张掖西城驿遗址 2014 年出土动物遗存分析. 东方考古, 233-242.
同号文. 2004. 从动物驯养谈进化问题. 化石, (2): 30-33.
王炳华. 1983. 孔雀河古墓沟发掘及其初步研究. 新疆社会科学, (01): 117-128.
魏怀珩. 1978. 武威皇娘娘台遗址第四次发掘. 考古学报, (4): 421-448.
文几, 延熹, 业新. 1995. 中国啮齿类. 上海: 复旦大学出版社.
谢端琚. 1980. 甘肃永靖张家咀与姬家川遗址的发掘. 考古学报, (2): 187-220.
许新国. 1983. 循化阿哈特拉山卡约文化墓地初探. 青海社会科学, (5): 92-95.
杨晓燕, 夏正楷. 2001. 中国环境考古学研究综述. 地球科学进展, 16(6): 761-768.
伊弟利斯, 李文瑛. 2005. 守护大楼兰. 中国文化遗产, (5): 32-55.
伊弟利斯, 李文瑛, 胡兴军. 2007. 新疆罗布泊小河墓地 2003 年发掘简报. 文物, (10): 4-42.
于建军, 胡望林, 王永强, 等. 2014. 2013 年哈密花园乡萨伊吐尔墓地发掘简报. 中国国家博物馆馆刊, (9): 24-38.
余翀, 吕鹏, 赵丛苍. 2011. 甘肃省礼县西山遗址出土动物骨骼鉴定与研究. 南方文物, (03): 73-79.
袁靖. 1999. 论中国新石器时代居民获取肉食资源的方式. 考古学报, (1): 1-22.
袁靖. 2001. 中国新石器时代家畜起源的几个问题. 农业考古, (3): 26-28.
袁靖, 黄蕴平, 杨梦菲, 等. 2007. 公元前2500—公元前1500年中原地区动物考古学研究——以陶寺、王城岗、新砦和二里头遗址为例. 见: 中国社会科学院考古研究所考古科技中心. 科技考古(第二辑). 北京: 科学出版社: 12-34.
袁靖. 2015. 中国动物考古学. 北京: 文物出版社.
张萌. 2012. 现代中国环境考古研究模式的分析. 南方文物, (1): 124-131.

张全超, 帘喜恩, 刘国端. 2010. 新疆哈密天山北路墓地出土人骨的稳定同位素分析. 西域研究, (2): 38-43.

张雪莲, 张君, 李志鹏, 等. 2015. 甘肃张掖市西城驿遗址先民食物状况的初步分析. 考古, (7): 110-120.

中国科学院考古研究所甘肃工作队. 1974. 甘肃永靖大何庄遗址发掘报告. 考古学报, (2): 29-62.

中国科学院考古研究所甘肃工作队. 1975. 甘肃永靖秦魏家齐家文化墓地. 考古学报, (2): 57-96.

周本熊. 1999. 师赵村与西山坪遗址动物遗存. 见: 中国社会科学院考古研究所. 师赵村与西山坪. 北京: 中国大百科全书出版社.

B. 格罗莫娃. 1960. 哺乳动物大型管状骨检索表. 刘后贻译. 北京: 科学出版社.

Atahan P, Dodson J, Li X Q, et al. 2011. Subsistence and the isotopic signature of herding in the Bronze Age Hexi Corridor, NW Gansu, China. Journal of Archaeological Science, 38(7): 1747-1753.

Brunson K. 2015. Craft Specialization and Animal Products at the Longshan Period Sites of Taosi and Zhoujiazhuang, Shanxi Province, China. Los Angeles: University of California.

Frachetti M, Benecke N. 2009. From sheep to (some) horses: 4500 years of herd structure at the pastoralist settlement of Begash (south-eastern Kazakhstan). Antiquity, 83(322): 1023-1037.

France D L. 2008. Human and Nonhuman Bone Identification: A Color Atlas. Florida: CRC Press.

Hillson S. 2005. Teeth. Cambridge: Cambridge University Press.

Miller A V, Usmanova E, Logvin V, et al. 2014. Subsistence and social change in central Eurasia: Stable isotope analysis of populations spanning the Bronze Age transition. Journal of Archaeological Science, 42(1): 525-538.

Outram A K, Stear N A, Bendrey R, et al. 2009. The earliest horse harnessing and milking. Science, 323(5919): 1332-1335.

Svyatko S V. 2010. Palaeodietary analysis of the Bronze Age and early Iron Age populations form the Minusinsk basin, Southern Siberia, Russia. Belfast: Queen's University Belfast.

Svyatko S V, Schulting R J, Mallory J, et al. 2013. Stable isotope dietary analysis of prehistoric populations from the Minusinsk Basin, Southern Siberia, Russia: A new chronological framework for the introduction of millet to the eastern Eurasian steppe. Journal of Archaeological Science, 40(11): 3936-3945.

第6章 河西走廊史前时代动物食谱重建

利用稳定同位素重建人和动物古食谱的工作，对探讨河西走廊地区人类生业模式及其变迁具有重要意义。虽然在该地区已经开展了 7 个新石器晚期—青铜时代的重要遗址和墓地人骨碳氮同位素分析工作，但是动物骨骼同位素数据相对较少，不利于人骨碳氮同位素数据的解译。本章对河西走廊新石器晚期、青铜时代早中期和青铜时代晚期—铁器时代早期三个阶段的 72 例动物骨骼遗存进行了碳氮稳定同位素分析，重建其古食谱，并结合已发表的同位素数据，探讨了河西走廊地区史前时代人与动物古食谱的变化特征。结果显示，4800～2100a BP 河西走廊地区人和杂食动物猪和狗的碳同位素值逐渐偏负，说明其从主要以 C_4 为主的食谱逐渐转变为 C_3/C_4 混合食谱，C_3 作物在杂食动物和人类食物来源中所占比例逐渐增高，表明河西走廊的先民对家畜的饲养策略在这一时期发生了显著的变化。食草动物牛和羊从 C_3/C_4 混合食谱逐渐转变为偏 C_3 食谱，说明从新石器晚期至铁器时代早期人类对食草动物的管理方式也发生了明显的变化。

6.1 研 究 背 景

6.1.1 骨骼碳氮同位素重建古食谱的原理

稳定同位素技术重建食谱的基本原理是：食物为生命有机体组成提供原料，因此生命有机体化学组成反映了其所消费食物的化学组成（Kohn，1999）。但是食物传递到消费者身体组织的过程中，会发生一系列物理生物化学过程，元素同位素在这些物理化学过程中的行为表现不同，即产生一定的富集或者损耗，物理化学作用使元素同位素值所发生的变化即同位素的分馏（Ben-David and Flaherty，2012；Farquhar et al.，1989）。自然界不同植物的分馏过程不一致，分馏系数不同，也就形成了不同的植物（C_3/C_4）生态系统（O'Leary，1981）。作为食物链最底层的生产者，植物为食物链上层的各类草食性、杂食性和肉食性动物提供最原始的能量来源，能量在食物链中的传递呈流动传递。人和动物身体组织严格地记录了他们所摄入食物的 C、N 同位素信号，即"我即我食"（you are what you eat）原理（Kohn，1999）。

碳同位素可用于区分具有不同光合作用路径的植物生态系统。在自然界存在着丰富的植物，依据其最初光合作用的途径划分主要有三大类，即 C_3 类、C_4 类和 CAM 类。光合作用通过不同途径同化 CO_2 后会产生不同的最初产物，植物中利用 Calvin-Benson 循环羧化 CO_2，初级产物为 3 碳化合物的称为 C_3 类植物；利用 Hatch-Slack 途径固定 CO_2，羧化产物为 4 碳化合物的称为 C_4 类植物（Malainey，2010；Sage et al.，1999），而 CAM 植物依据环境，选择性使用 C_3 和 C_4 路径（Malainey，2010）。自然界中多数草本，以及全部的木本植物和蔬菜为 C_3 植物，农作物中 C_3 植物有水稻、大麦、小麦、豆类、马铃薯等，常见的 C_4 类作物有粟、黍、玉米、高粱等。常见的代表性 CAM 植物有甜菜、菠菜等（张雪莲等，2003）。植物 C 同位素值除了受到光合作用途径的影响，还受其他各类因素的影响，包括所处环境的影响和植物自身的影响。自然环境中的光照、温度、水分、CO_2 浓度、盐分等条件均可以通过不同机理一定程度上影响植物的 C 同位素组成（Malainey，2010；Brugnoli and Lauteri，1991；O'Leary，1981）。

蛋白质是生命有机体的重要组分，而氮元素是蛋白质的主要成分。自然界 99% 的氮以 N_2 的形式存在于大气中或溶解在海洋里，其余则和其他元素结合形成各种氮的化合物。陆地生态系统的 N 原子来自空气，空气中 N_2 的氮同位素值作为国际通用标准，其 $\delta^{15}N$ 值被认定为 0（Malainey，2010；Mariotti，1983）。不同生物获取氮的来源不同，分馏作用也不同。植物主要通过两种途径得到氮原子：①少数植物依靠与其共生的根瘤菌直接固定 N_2，将其转化为 NH_3，进而同化、吸收和利用，在这一过程中几乎不存在 N 同位素的分馏，因而此类植物的 $\delta^{15}N$ 值一般低于 1‰，通过这一途径固定 N 的主要为豆科植物，以及一些藻类和菌类；②非豆科植物则必须利用化合物中的氮，只能吸收、利用土壤中的 NO^{-3}，NH_3 转化为 NO^{-3} 和 NH^{+4} 的过程中发生同位素分馏，导致 ^{15}N 的富集，因而非豆科类的 $\delta^{15}N$ 值约为 3‰（Malainey，2010；张雪莲等，2003）。骨胶原中的稳定氮同位素，一方面能够用来提供动物和人消费动物蛋白质产品的信息；另一方面由于 ^{15}N 会随着食物链富集，氮同位素值沿着食物链逐级升高，即"营养级效应"（trophic effect）（Malainey，2010；Robbins et al.，2005），由于消费者体内绝大部分 N 来自食物中的蛋白质，所以骨胶原中的氮同位素反映的就是食谱中蛋白质组分中氮元素组成情况。在食物链中氮的同位素值沿着食物链逐级升高（Malainey，2010；Robbins et al.，2005），然而对于每一营养级之间富集的程度目前并没有一致的认识。在食谱研究中一般认为，营养级每升高一级，^{15}N 富集 2‰~5‰（Hedges and Reynard，2007；Bocherens and Drucker，2003；McCutchan et al.，2003），也有研究认为富集程度可达 6‰（O'Connell et al.，2012）。因此，从植物到草食性动物再到肉食性动物，$\delta^{15}N$ 值逐渐升高。目前研究认为生态系统差异（陆地和海洋）、干旱环境、动物粪肥量（施肥）等均可以通过不同机理一定程度上影响植物的 N 同位素组成（Fraser et al.，2011；Hartman，2011；Malainey，2010；Buchardt et al.，2007；Heaton et al.，1986）。

6.1.2 河西走廊古食谱重建研究进展

20 世纪 70 年代，Vogel 等（1977）率先提取人骨胶原蛋白，根据 $\delta^{13}C$ 得出来自南美洲的 C_4 植物（玉米）引入北美史前居民食谱中的过程，开启了利用同位素重建史前人类食谱的先河。此后世界各地的学者都采用这一方法来重建和探讨一个区域的史前人类生业模式。80 年代，中国学者也将这一方法借鉴到中国，用来重建史前人类食谱（蔡莲珍和仇士华，1984）。随后，胡耀武等将骨骼稳定同位素重建人类食谱的方法在中国科技考古学研究中进行了推广（Hu et al.，2009，2008，2006）。

目前基于史前遗址出土人骨的碳氮同位素分析，重建河西走廊地区古人类食谱的研究工作已有一些报道。国内外学者对磨嘴子遗址、五坝墓地、西城驿遗址、火烧沟墓地、干骨崖墓地、火石梁遗址和缸缸洼遗址的人和动物骨骼开展了碳氮稳定同位素研究，重建了各遗址人类食谱，进而探讨新石器晚期—铁器时代早期河西走廊人类生业及其变迁过程（张雪莲等，2015；Liu et al.，2014；Atahan et al.，2011）。

张雪莲等（2015）通过对西城驿遗址 4 具人骨及猪、狗、牛和羊各 1 具骨骼进行 C、N 同位素研究，发现猪骨 C 同位素值呈现 C_3 信号，狗骨 C 同位素值呈现 C_3 和 C_4 混合信号，但是它们 N 同位素值达 8‰，从而推断猪和狗可能是家养动物。牛羊骨骼 C 同位素值则呈现 C_3 和 C_4 混合信号，表明牛和羊存在明显的人工喂养的痕迹。西城驿遗址 4 具人骨 $\delta^{13}C$ 值范围在-9.76‰～-8.27‰，指示摄食了大量的 C_4 类食物（粟黍及以 C_4 植物为食的动物）。在西城驿遗址西城驿—四坝文化时期地层都出土了小麦和大麦遗存，四坝文化时期小麦和大麦遗存已经很普遍（范宪军，2016），说明人及杂食动物猪和狗都或多或少地摄食 C_3 作物小麦和大麦，进一步证明猪和狗是重要的家养动物。西城驿遗址 4 具人骨 $\delta^{15}N$ 值为9.59‰～14.17‰，表明河西走廊人类可能摄入了较多的动物蛋白质。

Liu 等（2014）在磨嘴子遗址、五坝墓地和火烧沟墓地分别采集了 13 份、53 份和 27 份人骨样品，在干骨崖墓地采集了 29 份人骨样品及动物骨骼样品，开展了碳氮同位素分析和研究。其中磨嘴子墓地人骨 $\delta^{13}C$ 平均值为-7.1‰±0.4‰，五坝墓地人骨 $\delta^{13}C$ 平均值为-7.3‰±0.5‰，表明半山—马厂文化时期河西走廊先民主要摄食 C_4 作物粟黍。4000a BP 后随着小麦和大麦的传入，四坝文化时期的火烧沟墓地及干骨崖墓地人骨及部分家养动物的骨骼碳同位素值呈现 C_3 和 C_4 混合信号且偏向 C_3，表明河西走廊四坝文化先民同时摄食麦类（C_3）及粟黍作物（C_4），且以麦类为主，粟黍为辅。对干骨崖墓地家养动物骨骼的同位素分析显示，9 个猪骨的 $\delta^{13}C$ 值为-18.4‰~-13.9‰，主要呈现 C_3、C_4 混合信号，个别呈现 C_3 信号，与干骨崖墓地人骨 $\delta^{13}C$ 值的分布区间（-18.7‰~-12.9‰）一致。猪骨 $\delta^{15}N$ 值在 9.1‰~10.7‰，营养级明显高于其他食草动物，与人的氮同位素值基本一致，指示干骨崖遗址的猪是家养动物，且人类大量消费了动物资源。

Atahan 等（2011）在缸缸洼和火石梁遗址采集动物骨骼，并进行碳氮同位素分析，其中部分猪和狗的个体呈现 C_4 信号，与人骨 $\delta^{13}C$ 值的分布范围（-8.86‰~-8.71‰）基本一致，少量呈现 C_3 和 C_4 混合信号，说明先民主要摄食粟黍作物，并且摄食了一定量的小麦、大麦。食草动物（牛和羊）宽泛的 $\delta^{15}N$ 值（4.1‰~11.8‰），暗示其生存的生态环境多样，动物长距离迁徙，且牧业经济得到快速的发展。

目前稳定同位素研究结果显示，河西走廊先民的食谱在 4000a BP 左右发生了显著变化，从 C_4 信号为主转变为 C_3/C_4 混合信号，暗示粟黍仍然是主要的食物来源，小麦和大麦也成为重要的食物来源。与人类关系密切的杂食动物猪和狗的食谱与人类食谱变化趋势一致，牛羊等草食动物存在人工喂养的痕迹。但是由于动物样本较少，动物骨骼同位素数据仍需补充。本章展示了河西走廊史前动物骨胶原碳氮稳定同位素的新数据，综合比较研究区已发表的研究结果，重建了河西走廊史前时期动物食谱。

6.1.3 骨骼碳氮同位素数据解译的背景介绍

食物与摄食者之间的 C 同位素的关系研究显示，人和动物的食物源主要来自 C_3 和 C_4 两种光合途径植物生态系统，经过多年对自然界植物的研究，中国北方大多数植物为 C_3 植物（Wang et al., 2003），自然界 C_3 植物 $\delta^{13}C$ 数值在-36‰~-24‰（平均值-26.5‰），C_4 植物 $\delta^{13}C$ 数值在-17‰~-9‰（平均值-12.5‰）（Bender, 1971; Smith et al., 1971）。与人类密切相关的 C_3 农作物稻米、小麦等，其 $\delta^{13}C$ 值范围为-26‰~-30‰，平均值为-26‰；C_4 植物，如玉米、小米、高粱等，其 $\delta^{13}C$ 值范围为-14‰~-8‰，平均值为-11‰（张雪莲等，2003）。植物性食物来源根据骨骼 $\delta^{13}C$ 值的分布区间可分为三类：C_3 食物源、C_3/C_4 混合食物源和 C_4 食物源。目前大量的研究结果显示不同地区 $\delta^{13}C$ 值的分布区间临界值也不尽相同。依据 Barton、Pechenkina、张雪莲、刘歆益和马敏敏对中国北方地区古人类骨骼同位素的研究结果（Ma et al., 2016, 2014; 张雪莲等，2015, 2010; Liu et al., 2014, 2012; Barton et al., 2009; Pechenkina et al., 2005, 2002）分析，C_3 和 C_4 食物源

的 $\delta^{13}C$ 值分别落在不同的区间，本章根据多位学者的研究成果及本章所测样品的数值分布，以-11‰~-6‰、-17‰~-11‰及-23‰~-17‰为界线，分别代表 C_4 为主的食物源、C_3/C_4 混合食物源和 C_3 为主的食物源。

河西走廊西城驿文化—四坝文化时期西城驿遗址出土小麦和大麦遗存的 $\delta^{13}C$ 平均值约为-24.4‰，Dodson 等（2013）对东灰山、砂锅梁、缸缸洼、火石梁、皇娘娘台遗址出土的小麦遗存碳同位素分析显示，其 $\delta^{13}C$ 平均值为-23.94‰。西城驿遗址出土的粟黍遗存 $\delta^{13}C$ 绝对值的最低值（样品 ZK-3505）为-9.93‰，平均值为-10.9‰。An 等（2015）的研究显示黄土高原出土炭化粟和黍作物 $\delta^{13}C$ 分别为-10.8‰和-11.3‰。有研究显示埋藏环境对农作物 $\delta^{13}C$ 和 $\delta^{15}N$ 的影响不大（Deniro and Hastorf，1985），说明当时人类摄食小麦和大麦的 $\delta^{13}C$ 值在-24‰左右，粟黍作物的 $\delta^{13}C$ 值在-10‰左右。因此本章在讨论不同农作物对动物及人类骨骼 $\delta^{13}C$ 的影响时以-24‰和-10‰作为考古出土 C_3 作物和 C_4 作物的参考值。

河西走廊地区自然植被中 C_3 植物占绝对优势（Wang et al.，2003），粟黍等 C_4 农作物随着马家窑文化扩张传播至该地区，因此该地区人和动物骨骼中反映出的 C_4 信号可归因于粟黍等农作物的消费。C_3 类植物水稻在汉代以后传入河西走廊地区（韩茂莉，2012），而玉米传入该地区的时间就更晚了。因此，河西走廊地区 4000a BP 之后遗址出土动物骨骼中的 C_3 信号可能指示了小麦和大麦传入该地区，但是不能全部归因于摄食这两种外来的 C_3 作物。

6.2 材料和方法

6.2.1 样品选择

本章共选择能够鉴定到种属且保存完好的 72 个动物骨骼样本提取骨胶原（表 6.1）。总共测试马厂文化时期动物骨骼样品 23 例，其中羊 13 例，牛 3 例，猪 2 例，狗 2 例，狍、鹿和羊亚科各 1 例，共计食草动物 19 例，杂食动物共计 4 例。总共测试齐家、西城驿、四坝文化时期动物骨骼样品 18 例，其中羊 10 例，牛 1 例，猪 4 例，羊亚科 2 例和鹿 1 例，共计食草动物 14 例，杂食动物 4 例。总共测试沙井文化和骟马文化以及东周时期动物骨骼样品 31 例，其中羊 9 例，牛 8 例，马 8 例，狗 2 例，羊亚科和狍各 2 例，食草动物共计 29 例，杂食动物共计 2 例。通过对比不同阶段动物碳氮同位素值的变化，探讨河西走廊地区史前时代动物食物结构的来源和变化，进而反映人类对动物的管理与饲养方式。

表 6.1 河西走廊地区动物样品的同位素组成及质量检验指标

遗址	采样部位	种属	骨胶原产率/%	C/%	N/%	C/N	$\delta^{13}C/‰$	$\delta^{15}N/‰$
磨嘴子	H1	羊	4.5	44.6	14.1	3.2	−18	7.1
磨嘴子	H1	羊	4.1	47.9	15.2	3.2	−16.8	6.3
磨嘴子	H3	羊	10.1	49.5	16.1	3.1	−16.8	5.5
磨嘴子	H3	牛	6.7	47.6	14.9	3.2	−16.9	6.3
郭家山	L2	羊	5.2	47.6	15.4	3.1	−19.3	4.3
郭家山	L3	羊	3.6	47	15	3.1	−17.8	6.4
郭家山	L4	羊	4.7	45.9	14.7	3.1	−16.8	3
新寨	L2	羊	19.2	47.2	15	3.1	−15.7	5.6
新寨	L3	牛	8.7	47.5	15.1	3.1	−16.4	5.3
新寨	L3	羊	10.8	47.7	15.3	3.1	−17.4	7
水口	H1	羊	13.2	46.2	14.6	3.2	−17.3	7.2
水口	L1	猪	11.5	46.2	14.8	3.1	−7.5	6.4
水口	L1	羊	6.8	45.3	14.5	3.1	−15	7.9
水口	L2	鹿	7.4	47.7	15.4	3.1	−18.3	7.2
水口	H2	狍子	9.5	46.4	14.8	3.1	−17.8	4.5
水口	H4	羊	4.9	46.9	15	3.1	−18.1	8.3
水口	H4	羊	11.3	48.5	15.3	3.2	−17.5	9
水口	H5	狗	12.4	45.8	14.6	3.1	−8.3	6.6
水口	H5	狗	11.5	47.1	14.9	3.2	−6.8	6.8
棋盘山	L2	猪	9.6	46.9	14.7	3.2	−8.6	6.9
棋盘山	L2	羊	5.8	46.6	14.8	3.1	−16.8	10.2
西河滩	H	羊	12.3	47.8	15.3	3.1	−17.7	7.3
西河滩	H	牛	11.4	46	14.7	3.1	−17.7	6.3
李家圪楞	H1	猪	5.9	46.2	14.8	3.1	−7.2	8.4
李家圪楞	H3	猪	9.4	47.5	15	3.1	−9	6.6
李家圪楞	H4	羊	11.2	47.2	15	3.1	−15.4	5
大墩湾	L1	羊	13.7	47.3	15.2	3.1	−17.9	5.3
大墩湾	L2	羊	6.5	46.9	14.8	3.2	−18.8	7.4
大墩湾	L3	鹿	9.4	49.1	15.6	3.2	−17	6
大墩湾	L6	羊	15.6	48.3	15.4	3.1	−17.3	5.4

续表

遗址	采样部位	种属	骨胶原产率/%	C/%	N/%	C/N	δ^{13}C/‰	δ^{15}N/‰
西灰山	L11	羊	13.8	46.8	14.9	3.1	-17.3	6.9
西灰山	L20	羊	7.2	46.9	14.8	3.2	-10.1	4.3
西灰山	L24	羊	5.9	47.2	15	3.1	-19	3
西灰山	L24	猪	13.8	48.7	15.7	3.1	-7.8	8.1
西灰山	L25	羊	14.2	48.6	15.4	3.2	-18.7	5
干骨崖	L1	羊	5.8	46	14.7	3.1	-17.8	6.2
干骨崖	L1	羊	6.7	48.8	15.6	3.1	-17.7	4.4
干骨崖	L2	羊	9.1	49.2	15.6	3.2	-16.8	6.2
干骨崖	L3	羊	17.9	47.3	14.9	3.2	-16.3	7
干骨崖	L2	猪	13.1	47.8	15.3	3.1	-12.2	9
干骨崖	L3	牛	4.5	47.2	15.1	3.1	-19.2	4.8
土坝	H1	羊	5.2	46.5	14.9	3.1	-18.5	7
土坝	H2	羊	4.9	47.4	15	3.2	-19.6	2.9
土坝	L1	马	11.5	47.9	15.3	3.1	-19.7	3.6
土坝	L1	马	13.2	48.8	15.8	3.1	-19.7	4.3
古董滩	L1	牛	5.7	50.6	16.3	3.1	-20	4.1
古董滩	L1	羊	4.9	46.5	14.9	3.1	-18.4	9.8
古董滩	L1	羊	16.2	47.4	15.2	3.1	-18.3	9.6
古董滩	L1	马	8.7	47.8	15.3	3.1	-17.9	5.9
古董滩	L2	牛	7.6	45.7	14.6	3.1	-18.6	10.2
古董滩	L3	马	5.9	47.7	15	3.2	-19.8	5.8
古董滩	L3	马	11.2	48.3	15.3	3.2	-17.8	7
古董滩	L4	羊	12.4	48	15.4	3.1	-18.5	8
古董滩	L5	牛	7.6	47.7	15.2	3.1	-17.9	6.1
古董滩	L6	牛	12.5	48.6	15.6	3.1	-15.1	5.9
赵家水磨	H1	羊	4.8	47.7	15.1	3.2	-19	5.3
赵家水磨	L3	马	12.9	50.5	16.2	3.1	-18.1	5.5
赵家水磨	L4	羊	4.1	48	15.3	3.1	-16.9	6.1
民勤三角城	L1	羊	13.6	49.9	15.9	3.1	-18.6	9.2
民勤三角城	L1	牛	14.9	47.2	15.2	3.1	-18.6	7.7

续表

遗址	采样部位	种属	骨胶原产率/%	C/%	N/%	C/N	δ^{13}C/‰	δ^{15}N/‰
民勤三角城	L1	羊	5.9	48.4	15.2	3.2	-17.4	6.3
民勤三角城	L1	牛	8.4	50.3	16.1	3.1	-19.6	7.7
民勤三角城	L1	牛	4.7	46.4	14.8	3.1	-18.6	8.2
民勤三角城	L2	狗	6	47.6	15.2	3.1	-13.7	12.5
石城山	L1	羊	9.7	48.6	15.6	3.1	-16.8	6.3
石城山	L1	狗	9.8	46.8	14.9	3.2	-17.3	8.9
石城山	L2	马	20.4	47	15	3.1	-19.6	5.9
石城山	L2	羊	15.6	43	13.6	3.2	-16.7	5.1
石城山	L3	牛	16.3	46.9	15	3.1	-19.3	8.1
石城山	L4	狍子	10.9	44.2	13.9	3.2	-17	5.9
石城山	L4	狍子	12.4	47.4	15.2	3.1	-18.2	5.6
石城山	L4	马	13.8	48	15.3	3.1	-20.5	5.9

注：H 为灰坑；L 为地层。

由于所采集不同时期各遗址的动物骨骼样品量较少，本章未开展同位素数据的统计学分析。但是，所测的动物骨胶原同位素数据分布符合新石器时代—青铜时代河西走廊及其邻近地区动物骨胶原稳定同位素的分布，能够反映 C_3 植物为主的自然生态系统和 C_4 植物代表的人类农业生态系统。由于单个遗址样本量较小，本章将所测标本按时代分为新石器晚期、青铜时代早中期和青铜时代晚期—铁器时代早期三个阶段进行分析，同样能够提供与同时期数据比较的动物同位素基线。

6.2.2 骨胶原提取

从 Longin（1971）的提取方法开始，各研究者不断尝试和改进骨胶原提取的方法，旨在更有效地提取骨胶原（Ambrose，1990；Brown and Anthony，1988）。本章根据多位学者探索的提取方法和步骤，在兰州大学环境考古实验室完成骨胶原提取。

制取骨胶原操作步骤如下：通过电磨机切割制取大约 2g 致密且保存好的骨骼样品，对于保存较差的骨骼样品重量可适当增加，打磨以致骨骼新鲜面露出；将打磨制取好的样品超声震荡约 10 分钟，去离子水冲洗直至无明显杂质，在烘箱中恒温加热干燥后，利用电子天平称重并记录；将样品浸泡在 0.5mol/L 的 HCl 溶液中，置于 4℃恒温冰箱中，每天置换一次新的 HCl 溶液，此过程所需时间为 2~3 周，直到骨骼样品变软且无气泡产生，表示已经完成去矿化过程；用去离子水清洗样品至中性，加入 0.125mol/L 的 NaOH 溶液，置于 4℃恒温冰箱中反应 20 小时，去除样品中可能存在的腐殖质酸；最后用去离子水清洗样品至中性，加入约 15mL 浓度为 0.001mol/L 的 HCl 溶液（pH=3）置于烘箱中 70～80℃条件下反应 48 小时后趁热过滤，待所得滤液完全冷却后封口并冷冻；将凝固的样品置入冷冻干燥机，制取固体骨胶原，称量记录所得骨胶原，计算骨胶原产率（马敏敏，2013）。

6.2.3 骨胶原测试

72 个动物骨胶原样品稳定碳氮同位素测试在兰州大学资源环境学院西部环境教育部重点实验室下属的稳定同位素实验室完成，测试仪器为 Finnigan Delta plus，测试中每 10 个样品穿插一个标准物质 GLY（δ^{13}C：-33.3‰，δ^{15}N：-12.6‰）实时监控，测试误差均小于 0.2‰。该批样品的碳、氮元素百分含量在兰州大学化学化工学院分析测试中心完成，测试仪器为 Elemental Analyzer vario EL Cube 元素分析仪。

碳氮稳定同位素值均是以国际标准为基准的校正结果，碳同位素的分析结果以相对国际标准 V-PDB 的 δ^{13}C 值表示；氮同位素的分析结果以空气为标准的 δ^{15}N 值表示。

6.3 河西走廊新石器晚期—铁器时代早期的动物食谱特征

6.3.1 新石器晚期（4800～4000a BP）河西走廊地区的动物食谱特征

新石器晚期马厂文化 23 个样本可以分为食草动物（n=19）和杂食动物两类（n=4），其中食草动物包括羊（n=13）、牛（n=3）及 3 例野生动物狍（n=1）、鹿（n=1）和羊亚科（n=1）。各类动物碳氮同位素见图 6.1 和表 6.1。

4 例杂食动物的样品中，猪（n=2）δ^{13}C 平均值为-8.0‰±0.8‰，狗（n=2）δ^{13}C 平均值为-7.5‰±1.07‰，落在 C_4 食谱为主的范围内，说明大部分杂食动物主要摄食 C_4 植物。Liu 等（2014）研究显示磨嘴子墓地人骨 δ^{13}C 平均值为-7.1‰±0.4‰，五坝墓地人骨 δ^{13}C 平均值为-7.3‰±0.5‰，显示杂食动物和人骨同位素值基本一致，落在 C_4 食谱为主范围内。这说明猪和狗都是家养动物，大量食用粟黍作物（人类摄食的粟黍作物剩余物）或者以粟黍为主食的动物，这与马厂文化遗址植物浮选结果一致。同时与河湟谷地同时期马厂文化下海石遗址的杂食动物 δ^{13}C 平均值-9.4‰±3.5‰（n=7）和人 δ^{13}C 平均值-8.7‰±0.4‰（n=6）

比较（马敏敏，2013），发现两个区域马厂文化人和杂食动物C同位素值都落在以C_4食物为主食的范围内，进一步说明马厂文化时期河西走廊及其邻近地区人及其密切相关的家养动物猪、狗均以C_4粟黍作物为食物来源。

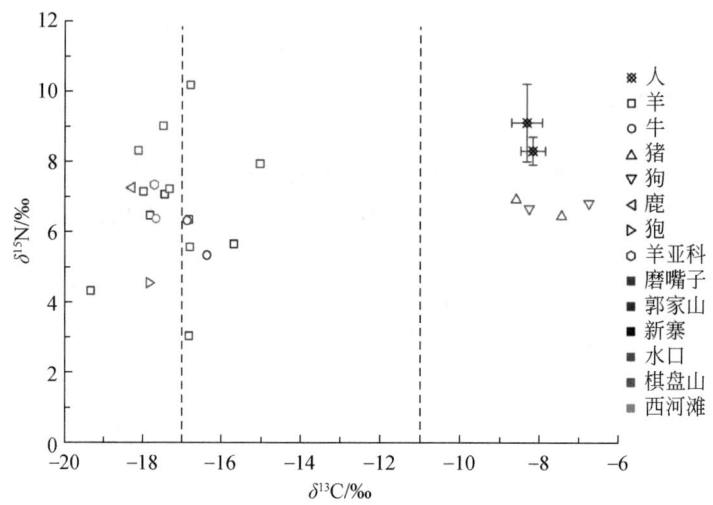

图6.1　新石器晚期人和动物同位素值比较（见彩图）

8例食草动物包括羊（$n=6$）和牛（$n=2$），$\delta^{13}C$值为-16.8‰~-15.0‰，分布在C_3、C_4混合食谱范围内，显示食草动物主要以自然界C_3植物为食，同时可能摄食了一定量的粟黍秸秆，或者长期活动于种植粟黍区域的周边，说明人已经开始管理饲养牛羊，导致部分牛和羊摄食了少量C_4粟黍作物及其副产品。同时期下海石2例羊骨的$\delta^{13}C$（平均值-13.9‰±2.5‰）也呈现相似的结果，说明此阶段先民已经对羊的饲料进行了人为干预。其余8例食草动物包括羊（$n=6$）和牛（$n=2$）$\delta^{13}C$值分布在-19.3‰~-17.3‰，落在C_3植物食谱范围内，说明遗址周围主要以C_3类植物占主导，羊的流动性强适合长距离活动，部分牛羊长期生活在自然环境之下导致C同位素值偏负。剩余3例野生食草动物包括狍、鹿和羊亚科动物各1例，$\delta^{13}C$值低于-17‰，分布在C_3食谱范围内，说明鹿和狍是马厂时期先民狩猎的野生动物，与磨嘴子墓地动物考古研究结果一致（动物考古课题组，2011）。

4例杂食动物$\delta^{15}N$值为6.42‰~6.89‰，与各类食草类动物$\delta^{15}N$平均值4.52‰~6.76‰相当。作为杂食动物的猪$\delta^{15}N$值与草食性动物并无明显的区别，指示猪食物来源组成以植物为主。河西走廊马厂时期杂食动物与同时期下海石遗址猪$\delta^{15}N$值6.6‰±1.3‰基本一致，而兰州红谷下海石遗址食草动物$\delta^{15}N$明显低于河西走廊地区食草动物（马敏敏，2013），说明河西走廊食草动物高$\delta^{15}N$值与其他因素有关。目前学者认为干旱区干旱胁迫可能导致动物骨胶原 N 同位素值较高（Hartman，2011；Sponheimer et al.，2003；Schwarcz et al.，1999；Ambrose and Deniro，1986），这也可能是河西走廊地区遗址人和动物骨骼氮同位素值高于河湟等地区的原因。

6.3.2 青铜时代早中期（4000~3300a BP）河西走廊地区的动物食谱特征

在齐家文化、西城驿文化和四坝文化遗址采集的 18 个动物骨骼样本，可以分为食草动物（$n=14$）和杂食动物两类（$n=4$）。包括食草动物羊（$n=10$）、牛（$n=1$）、野生动物鹿（$n=1$）和羊亚科（$n=2$），杂食动物猪（$n=4$）。各类动物骨骼碳氮同位素值见图 6.2 和表 6.1。

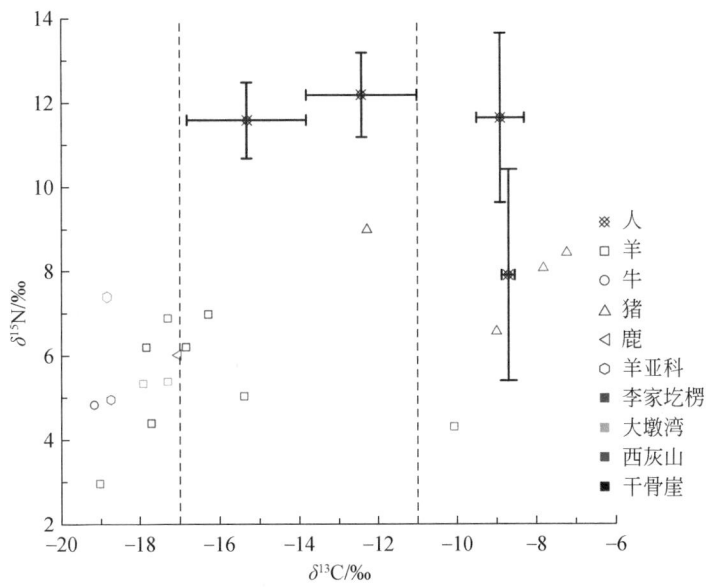

图 6.2　河西走廊青铜时代早中期人和动物同位素值比较（见彩图）

4 例杂食动物样品中猪骨的 $\delta^{13}C$ 平均值为-9.1‰±2.3‰，以 C_4 食谱为主，说明猪主要摄食 C_4 粟黍食物。干骨崖墓地 1 例猪 $\delta^{13}C$ 为-12.2‰，呈 C_3/C_4 混合食谱，说明摄食了一定量的 C_3 作物。猪 $\delta^{15}N$ 平均值为 8.0‰±2.3‰，与其他食草动物 $\delta^{15}N$ 平均值（5.3‰±1.2‰）比较，明显高一个营养级，说明猪是重要的家养动物，摄取了一定量的蛋白质。Liu 等（2014）对干骨崖墓地人骨和猪骨同位素分析显示，绝大部分结果呈现 C_3/C_4 混合食谱，与本章研究结果一致。结合干骨崖出土的植物遗存结果，说明人和猪摄食了大量的 C_3 麦类作物，导致 C 同位素明显偏负，推断麦类已经成为该遗址先民重要的食物来源。西城驿遗址猪和狗骨骼偏高（高于 8‰）的氮同位素值，同样暗示其摄取了一定量先民的含有蛋白质的残羹冷炙，而人骨碳同位素则显示以 C_4 食物为主食的食谱（张雪莲等，2015）。Atahan 等（2011）对缸缸洼和火石梁遗址的杂食动物猪和狗骨碳同位素的分析，大部分呈 C_4 信号，少量呈 C_3/C_4 混合信号，与人骨 $\delta^{13}C$ 值（-8.86‰~-8.71‰）基本一致，说明猪狗是重要的家养动物，食物来源与人的食物结构密切相关，主要摄食粟黍作物，也摄食了一定量的麦类作物。通过对各遗址出土的杂食动物和人骨胶原碳氮稳定同位素值分析，显示青铜时代早中期河西走廊地区人和杂食动物食谱呈现部分 C_3 信号，说明麦类作物开始成为重要的食物来源，西城驿/齐家文化—四坝文化早期—四坝文化晚期人和杂食动物食谱中 C_3 信号不断强化，与植物大遗存研究结果基本一致。

14 例草食类动物中有 4 例羊骨碳同位素值呈 C_3/C_4 混合信号，特别是西灰山遗址 1 例羊骨的 $\delta^{13}C$ 值明显偏正（-10.06‰），显示其以摄食 C_4 植物为主，指示可能存在人为饲养过程中添加粟黍作物及其秸秆，或者长期活动于种植粟黍的农田的周边。此外，也存在圈养羊的可能，考古证据显示在河西走廊西部同时期的西河滩遗址发现了栏圈遗址（赵丛苍，2005）。其余的食草类动物羊、牛、鹿等动物骨骼的 $\delta^{13}C$ 值均低于-17‰，可以推断这些动物以自然界 C_3 植物为主食，羊和牛可能是大规模的放养。西城驿遗址的食草动物牛和羊的骨骼 $\delta^{13}C$ 值呈 C_3/C_4 混合信号，张雪莲等（2015）认为存在人工饲养的痕迹，使得羊摄食了 C_4 类粟黍及其秸秆等。三坝洞子遗址部分羊和牛的骨骼 $\delta^{13}C$ 值也明显偏正，呈 C_3/C_4 混合信号（Liu et al.，2016），说明羊和牛食用了 C_4 粟黍作物及其副产品，这与植物研究显示的四坝文化时期混合农业特征一致。上述分析显示，河西走廊青铜时代早中期家养食草动物牛和羊的食谱存在 C_3/C_4 混合信号，可能暗示在该阶段先民已开始对食草动物进行适度的管理和饲养。

6.3.3 青铜时代晚期—铁器时代早期（3200~2100a BP）河西走廊地区的动物食谱特征

骟马文化、沙井文化和东周时期遗址采集的 31 个动物骨骼样本，可以分为食草动物（n=29）和杂食动物两类（n=2），包括食草动物羊（n=9）、牛（n=8）、马（n=8）、野生动物狍（n=2）和羊亚科（n=2），杂食动物狗（n=2）。各类动物碳氮同位素见图 6.3 和表 6.1。

2 例杂食类动物骨骼的碳同位素值呈现出明显差异，民勤三角城遗址狗骨的

δ^{13}C 值为-13.7‰，指示 C_3/C_4 混合食物来源，δ^{15}N 值为 12.5‰，指示摄食了大量的动物蛋白质。上述数据显示该遗址的狗摄食了粟黍类 C_4 植物及摄食了 C_4 植物的动物，进一步说明狗是家养动物，而石城山遗址狗骨的 δ^{13}C 值为-17.3‰，δ^{15}N 值为 8.9‰，指示其摄食 C_3 食物为主，推断可能摄食了大量的 C_3 植物及 C_3 为主的动物蛋白质。石城山遗址大麦小麦遗存绝对数量占植物遗存的 95%，C_3 信号可能指示摄食了大量的麦类作物，推测狗也是家养动物。植物遗存研究显示，沙井文化先民从事主要以大麦和黍种植为主的混合农业，推测当时人类及其密切相关杂食类动物狗可能大量摄食大麦或其副产品。

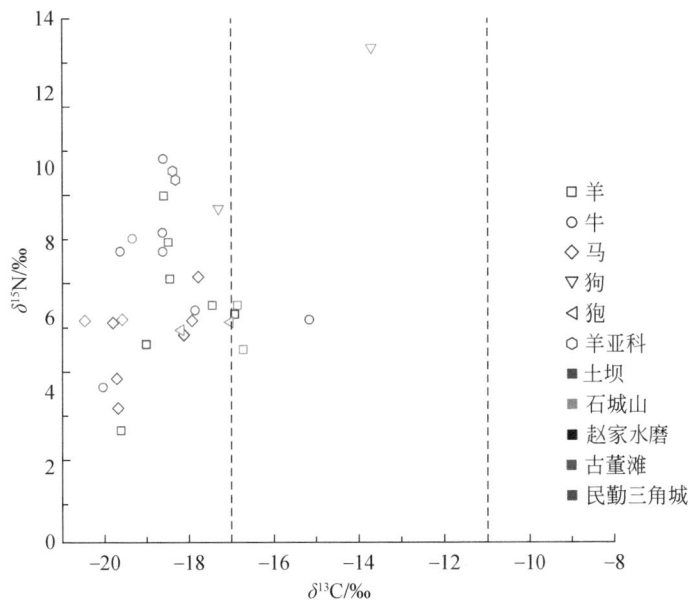

图 6.3 河西走廊青铜时代晚期—铁器时代早期动物骨骼碳氮同位素值分布（见彩图）

29 个食草类动物除了 2 只羊和 1 只牛的骨骼 δ^{13}C 值稍偏正（>-17‰），指示摄食了少量的 C_4 类植物，其他的食草类动物马、牛、羊、狗等动物骨骼的 δ^{13}C 值分布在-20.‰~-17.2‰，指示该时期食草动物主要摄食 C_3 类自然植物。植物遗存显示该时期大麦种植已经成为主导，C_3 信号指示可能摄食了麦类作物及其副产品，或者存在 C_3 自然植被下大规模放牧的可能。食草类动物牛 δ^{15}N 平均值为 7.3‰±1.8‰，明显高于其他食草类动物马和羊，这可能是因为牛不适合长距离的放牧，主要生活在距离遗址不远的地区，与人类生活较为密切，大量摄食农作物秸秆导致其骨骼氮同位素值偏高，Bogaard 等（2007）研究提出古人类农业生产活动中，施肥过程会导致农作物 N 同位素偏高。

通过三个阶段数据的对比分析,显示人和与人类密切相关的杂食动物猪和狗的碳同位素值在新石器晚期—青铜时代早中期—青铜时代晚期和铁器时代早期呈现逐渐偏负的趋势,而野生和家养食草动物的碳同位素值则变化不大,主要呈现C_3信号(图6.4)。这指示河西走廊地区新石器晚期至铁器时代早期的野生植被主要为C_3植被,而人类和杂食性家养动物的摄食结构由C_4类粟黍植物或者粟黍为食的动物蛋白质产品为主,逐渐向C_3/C_4植物或者以C_3/C_4植物为食的动物蛋白质产品为主转变。结合植物考古研究结果(见第4章),进一步说明4800～2100a BP,河西走廊地区C_4作物在生业模式中的比例呈下降趋势,而C_3作物大麦小麦的比例则呈现上升趋势,显示史前时代晚期欧亚大陆的跨大陆文化交流对河西走廊的生业模式变化产生了显著的影响。

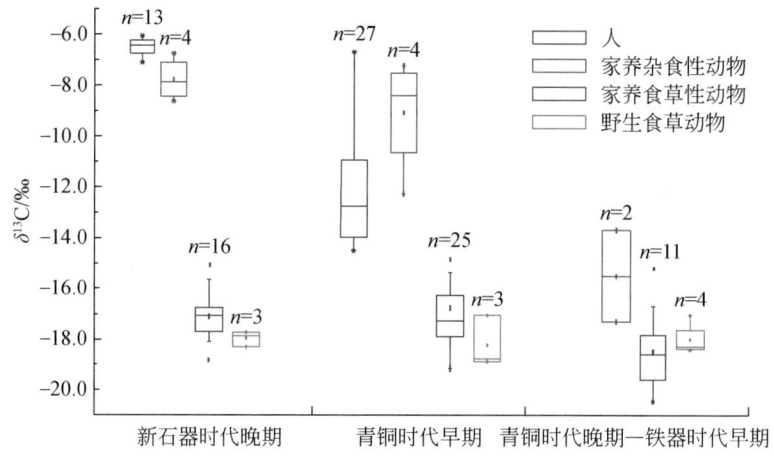

图6.4 河西走廊史前不同时期遗址出土人和动物骨骼碳同位素变化(见彩图)

6.4 本章小结

河西走廊动物遗存碳氮稳定同位素研究结果显示,在4800～2100a BP,人和杂食性家养动物猪和狗的碳同位素值呈现逐渐偏负的趋势,说明其从以C_4为主的食谱逐渐转变为C_3/C_4混合食谱,C_3作物大麦小麦在杂食动物及人类食物来源中的比例逐渐增高,表明河西走廊地区先民对家畜的饲养策略在不同时期发生了显著变化。此外,食草动物牛和羊从C_3/C_4混合食谱逐渐转变为偏C_3食谱,说明从新石器晚期至铁器时代早期人类对食草动物的饲养管理方式可能也有所变化。

参 考 文 献

蔡莲珍, 仇士华. 1984. 碳十三测定和古代食谱研究. 考古, (10): 949-955.

动物考古课题组. 2011. 中华文明形成时期的动物考古学研究. 见: 中国社会科学院考古研究所科技古中心. 科技考古（第三辑）. 北京: 科学出版社: 80-99.

范宪军. 2016. 西城驿遗址炭化植物遗存分析. 山东: 山东大学博士学位论文.

韩茂莉. 2012. 中国历史农业地理. 北京: 北京大学出版社.

马敏敏. 2013. 公元前两千纪河湟及其毗邻地区的食谱变化与农业发展——稳定同位素证据. 兰州: 兰州大学硕士学位论文.

张雪莲, 王金霞, 冼自强, 等. 2003. 古人类食物结构研究. 考古, (2): 62-75.

张雪莲, 仇士华, 钟建, 等. 2010. 中原地区几处仰韶文化时期考古遗址的人类食物状况分析. 人类学学报, 29(2): 197-207.

张雪莲, 张君, 李志鹏, 等. 2015. 甘肃张掖市西城驿遗址先民食物状况的初步分析. 考古, 7: 110-120.

赵丛苍. 2005. 西河滩遗址发掘主要收获及其意义. 西北大学学报(哲学社会科学版), 35(3): 50-51.

Ambrose S H. 1990. Preparation and characterization of bone and tooth collagen for isotopic analysis. Journal of Archaeological Science, 17(4): 431-451.

Ambrose S H, Deniro M J. 1986. The isotopic ecology of East Africa mammals. Oecologia, 69(3): 395-406.

An C B, Dong W M, Li H, et al. 2015. Variability of the stable carbon isotope ratio in modern and archaeological millets: Evidence from northern China. Journal of Archaeological Science, 53: 316-322.

Atahan P, Dodson J, Li X Q, et al. 2011. Subsistence and the isotopic signature of herding in the Bronze Age Hexi Corridor, NW Gansu, China. Journal of Archaeological Science, 38(7): 1747-1753.

Barton L, Newsome S D, Chen F H, et al. 2009. Agricultural origins and the isotopic identity of domestication in northern China. Proceedings of the National Academy of Sciences, 106(14): 5523-5528.

Bender M M. 1971. Variations in the $^{13}C/^{12}C$ ratios of plants in relation to the pathway of photosynthetic carbon dioxide fixation. Phytochemistry, 10(6): 1239-1244.

Ben-David M, Flaherty E A. 2012. Stable isotopes in mammalian research: A beginner's guide. Journal of Mammalogy, 93(2): 312-328.

Bocherens H, Drucker D. 2003. Trophic level isotopic enrichment of carbon and nitrogen in bone collagen: Case studies from recent and ancient terrestrial ecosystems. International Journal Osteoarchaeology, 13(1-2): 46-53.

Bogaard A, Heaton T H E, Poulton P, et al. 2007. The impact of manuring on nitrogen isotope ratios in cereals: Archaeological implications for reconstruction of diet and crop management practices. Journal of Archaeological Science, 34(3): 335-343.

Brown D, Anthony D. 1998. Bit wear, horseback riding and the Botai site in Kazakstan. Journal of Archaeological Science, 25(4): 331-347.

Brugnoli E, Lauteri M. 1991. Effects of salinity on stomatal conductance, photosynthetic capacity, and carbon isotope discrimination of salt-tolerant (*Gossypium hirsutum* L.) and salt-sensitive (*Phaseolus vulgaris* L.) C_3 non-halophytes. Plant Physiology, 95(2): 628-635.

Buchardt B, Bunch V, Helin P. 2007. Fingernails and diet: Stable isotope signatures of a marine hunting community from modern Uummannaq, North Greenland. Chemical Geology, 244(1-2): 316-329.

Deniro M J, Hastorf C A. 1985. Alteration of $^{15}N/^{14}N$ and $^{13}C/^{12}C$ ratios of plant matter during the initial stages of diagenesis: Studies utilizing archaeological specimens from Peru. Geochimica et Cosmochimica Acta, 49(1): 97-115.

Dodson J R, Li X Q, Zhou X Y, et al. 2013. Origin and spread of wheat in China. Quaternary Science Reviews, 72: 108-111.

Farquhar G D, Ehleringer J R, Hubick K T. 1989. Carbon isotope discrimination and photosynthesis. Annual Reviews of Plant Physiology and Plant Molecular Biology, 40(1): 503-537.

Fraser R A, Bogaard A, Heaton T, et al. 2011. Manuring and stable nitrogen isotope ratios in cereals and pulses: Towards a new archaeobotanical approach to the inference of land use and dietary practices. Journal of Archaeological Science, 38(10): 2790-2804.

Hartman G. 2011. Are elevated $\delta^{15}N$ values in herbivores in hot and arid environments caused by diet or animal physiology. Functional Ecology, 25(25): 122-131.

Heaton T H E, Vogel J C, Von La Chevallerie G, et al. 1986. Climatic influence on the isotopic composition of bone nitrogen. Nature, 322(6082): 822-823.

Hedges R E M, Reynard L M. 2007. Nitrogen isotopes and the trophic level of humans in archaeology. Journal of Archaeological Science, 34(8): 1240-1251.

Hu Y W, Ambrose S H, Wang C S. 2006. Stable isotopic analysis of human bones from Jiahu site, Henan, China: Implications for the transition to agriculture. Journal of Archaeological Science, 33(9): 1319-1330.

Hu Y W, Wang S G, Luan F S, et al. 2008. Stable isotope analysis of humans from Xiaojingshan site: Implications for understanding the origin of millet agriculture in China. Journal of Archaeological Science, 35(11): 2960-2965.

Hu Y W, Shang H, Tong H W, et al. 2009. Stable isotope dietary analysis of the Tianyuan 1 early modern human. Proceedings of the National Academy of Sciences, 106(27): 10971-10974.

Kohn M J. 1999. You are what you eat. Science, 283(5400): 335-336.

Liu X Y, Jones M K, Zhao Z J, et al. 2012. The earliest evidence of millet as a staple crop: New light on Neolithic foodways in North China. American Journal of Physical Anthropology, 149(2): 283-290.

Liu X Y, Lightfoot E, O'Connell T C, et al. 2014. From necessity to choice: Dietary revolutions in west China in the second millennium BC. World Archaeology, 46(5): 661-680.

Liu X Y, Reid R E B, Lightfoot E, et al. 2016. Radical change and dietary conservatism: Mixing model estimates of human diets along the Inner Asia and China's mountain corridors. The Holocene, 26(10): 1556-1565.

Longin R. 1971. New method of collagen extraction for radiocarbon dating. Nature, 230(5291): 241-242.

Ma M M, Dong G H, Lightfoot E, et al. 2014. Stable isotope analysis of human and faunal remains in the Western Loess Plateau, approximately 2000 cal BC. Archaeometry, 56(S1): 237-255.

Ma M M, Dong G H, Jia X, et al. 2016. Dietary shift after 3600 cal yra BP and its influencing factors in northwestern China: Evidence from stable isotopes. Quaternary Science Reviews, 145: 57-70.

Malainey M E. 2010. A Consumer's Guide to Archaeological Science: Analytical Techniques. New York: Springer Science & Business Media.

Mariotti A. 1983. Atmospheric nitrogen is a reliable standard for natural ^{15}N abundance measurements. Nature, 303(5919): 685-687.

Mccutchan J H, Lewis W M, Kendall C, et al. 2003. Variation in trophic shift for stable isotope ratios of carbon, nitrogen, and sulfur. Oikos, 102(2): 378-390.

O'Leary M H. 1981. Carbon isotope fractionation in plants. Phytochemistry, 20(4): 553-567.

O'Connell T C, Kneale C J, Tasevska N, et al. 2012. The diet‐body offset in human nitrogen isotopic values: A controlled dietary study. American journal of Physical Anthropology, 149(3): 426-434.

Pechenkina E A, Benfer Jr R A, Wang Z J. 2002. Diet and health changes at the end of the Chinese Neolithic: The Yangshao/Longshan transition in Shaanxi province. American Journal of Physical Anthropology: The Official Publication of the American Association of Physical Anthropologists, 117(1): 15-36.

Pechenkina E A, Ambrose S H, Ma X L, et al. 2005. Reconstructing northern Chinese Neolithic subsistence practices by isotopic analysis. Journal of Archaeological Science, 32(8): 1176-1189.

Robbins C T, Felicetti L A, Sponheimer M. 2005. The effect of dietary protein quality on nitrogen isotope discrimination in mammals and birds. Oecologia, 144(4): 534-540.

Sage R F, Wedin D A, Li M R. 1999. The biogeography of C_4 photosynthesis: Patterns and controlling factors. C_4 Plant Biology, 1999: 313-373.

Schwarcz H P, Dupras T L, Fairgrieve S I. 1999. ^{15}N enrichment in the Sahara: In search of a global relationship. Journal of Archaeological Science, 26(6): 629-636.

Smith B N, Epstein S. 1971. Two categories of $^{13}C/^{12}C$ ratios for higher plants. Plant Physiology, 47(3): 380-384.

Sponheimer M, Robinson T, Ayliffe L, et al. 2003. Nitrogen isotopes in mammalian herbivores: Hair? ^{15}N values from a controlled feeding study. International Journal of Osteoarchaeology, 13(1-2): 80-87.

Vogel J C, Van Der Merwe N J. 1977. Isotopic evidence for early maize cultivation in New York State. American Antiquity, 42(2): 238-242.

Wang G A, Han J M, Liu D S. 2003. The carbon isotope composition of C_3, herbaceous plants in loess area of northern China. Science in China Series D: Earth Sciences, 46(10): 1069-1076.

第7章 河西走廊史前时代跨大陆文化互动与生业模式转换

河西走廊是史前时代和历史时期欧亚大陆东西方交流网络的关键枢纽,动物和植物考古工作已显示羊、小麦和大麦等西亚驯化的家畜和农作物,在新石器晚期至青铜时代早期已经在该地区得到了应用,并对此后先民的动植物资源利用策略产生了重要的影响。本章基于河西走廊出土农作物遗存的 ^{14}C 年代对比,从农作物传播应用的视角梳理了史前时代该地区跨大陆文化互动的过程。此外,本章综合分析了河西走廊地区新获得和已发表的 ^{14}C 测年、动物考古、植物考古和骨骼碳氮稳定同位素数据,阐释了该地区 4800~2100a BP 人类生业模式的转换过程,并探讨了其与欧亚大陆史前东西方文化交流的关系。

7.1 河西走廊地区史前时代的跨大陆文化互动

7.1.1 欧亚大陆的"史前食物全球化"

在史前时代晚期,旧大陆在人群、物质材料和农产品等方面存在着跨大陆尺度的交流互动(Frachetti et al.,2017;Sherratt,2006)。其中一个重要的方面被称为跨欧亚大陆的驯化动植物交流或"史前食物全球化"的过程(Liu X Y, et al.,2019;Jones et al.,2011),将起源于西亚新月沃土的小麦和大麦等作物带到了东亚,并将粟黍等在中国北方驯化的作物带到中亚、西亚和欧洲(Dong et al.,2017a;Wang et al.,2017;Liu et al.,2016a;Stevens et al.,2016;Spengler et al.,2014)。"史前食物全球化"是早期全球化进程的一个重要体现,其过程和影响已引起了国内外学术界的广泛关注(Liu et al.,2014a;Lightfoot et al.,2013;Boivin et al.,2012)。已有的研究显示,在农作物及其种植技术随人群扩张的过程中,对欧亚大陆新石器时代和青铜器时代文化的整体发展起到了重要的推进作用(Diamond and Bellwood,2003;Kuijt and Goring-Morris,2002),

而技术革新还增强了史前人类对不同生存环境的适应能力，极大拓展了人类的生存空间（Chen et al.，2015；Spengler，2015）。

欧亚大陆史前遗址出土的生产工具（如青铜器、土坯、陶器等）遗存的时空分布（韩建业，2014，2013；李水城，2010；Roberts et al.，2009；Kuijt and Mahasneh，1998）显示，欧亚大陆东西方文化交流最晚在5000～4000a BP已经出现，并在随后的一千年得到强化，很可能是受到长途运输工具（如马、车）应用的推动（Anthony，2010；Kuzmina，2008）。最早驯化于西亚地区的家畜羊和牛，在5600～4000a BP已经传入了中国北方地区（任乐乐和董广辉，2016；袁靖，2015）。在中国龙山时代（4600～4000a BP）的大型遗址，陕西神木石峁遗址和山西临汾陶寺遗址中，出土了大量绵羊和牛的骨骼（胡松梅等，2016；Brunson，2015；博凯龄，2011），而Frachetti等（2017）研究认为，牧业活动在建立"前丝绸之路"的东西方交通网络过程中发挥了重要作用。此外，小麦在龙山文化时期已经传播到位于黄河下游的山东半岛（Long et al.，2018；靳桂云等，2011），尽管其具体的传播路线尚存在较大争议（Dong，2018；Zhao，2011）。

随着欧亚大陆不同地区植物考古研究的广泛开展，大量史前遗址出土的炭化的农作物遗存被提取和鉴定，为东亚和西亚起源的作物遗存的直接测年提供了关键的材料，也为通过具有东亚和西亚文化特质的不同农作物的时空分布探讨"史前食物全球化"的历史提供了有效的途径（Liu X Y et al.，2019；Dong et al.，2017b）。目前已发表的欧亚大陆史前时代遗址出土农作物直接测年结果的时空分布（图7.1），可以直观体现出欧亚大陆东西方作物粟黍与小麦和大麦传播和交汇的时空过程。在4500a BP之前，小麦和大麦遗存主要分布在西亚、欧洲、中亚和南亚的新石器时代遗址中，而粟黍遗存则多分布于中国的黄河流域，西至河西走廊中部（Dong et al.，2018），南抵青藏高原东南部的卡若遗址（d'Alpoim Guedes et al.，2014）。4500～4000a BP，在哈萨克斯坦东部的Tasbas和Begash遗址同时出土了小麦、大麦和黍遗存（Spengler et al.，2014），在山东的赵家庄和丁公遗址也出土了小麦遗存，显示东西方农业元素已经在这些遗址中汇聚，但目前该时期同时出土小麦、大麦和粟黍遗存的遗址数量很少。在4000～3500a BP，同时出土炭化小麦、大麦和粟黍的遗址数量显著增加，主要集中在中国的西北地区，尤其是河西走廊地区（图7.1）。在3500～2200a BP，小麦和大麦在中国北方的利用已经非常普遍,大麦成为青藏高原地区的最重要农作物（Chen et al.，2015；d'Alpoim Guedes et al.，2015），小麦则成为黄土高原与河西走廊地区的主要种植作物（Liu et al.，2016b；Ma et al.，2016；Zhou et al.，2016）。

同时，粟黍遗存在欧洲和印度等地区的多个遗址都有发现（Pokharia et al.，2014；Motuzaite-Matuzeviciute et al.，2013）。

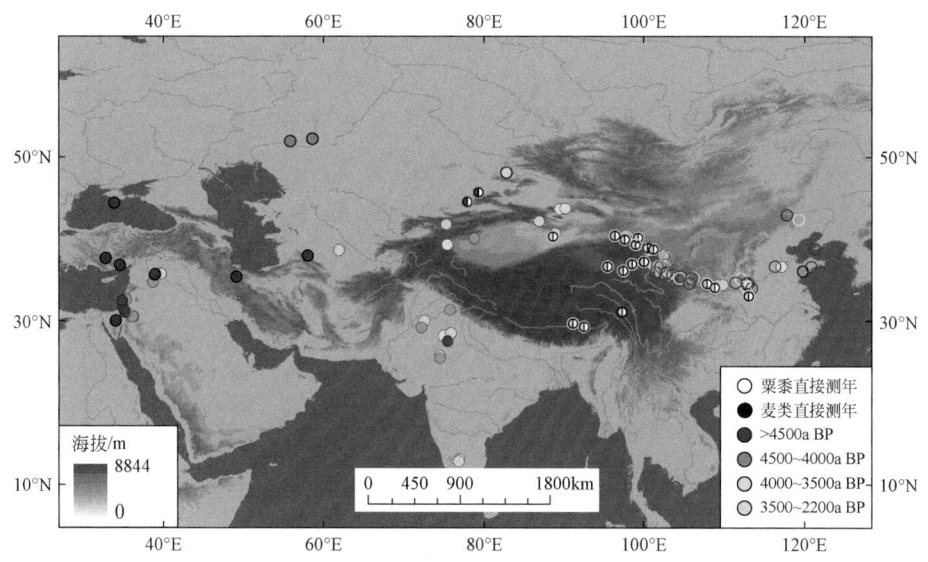

图 7.1 欧亚大陆新石器—青铜时代遗址出土农作物遗存年代分布（见彩图）

植物考古研究显示，河西走廊地区是史前时代东亚和西亚农业元素早期汇聚的关键区域（Dong et al.，2018；Long et al.，2016），尤其在 4000～3500a BP，同时出土小麦、大麦与粟黍遗存的遗址集中分布在河西走廊地区（图 7.1），进一步显示河西走廊地区在史前时代东西方交流过程中发挥了重要作用。因此，河西走廊地区是开展史前时代跨大陆文化互动过程，及其对文化演化和人与环境相互作用关系影响的理想研究区域。鉴于上述原因，本章通过对河西走廊史前遗址出土的粟黍与小麦、大麦遗存的直接测年数据进行空间对比，结合具有东西方文化特质的工具遗存的时空分布，探讨该地区跨大陆文化交流的历史。

7.1.2 河西走廊地区史前时代农作物的传播与利用

本章节的数据来源包括新获得的河西走廊地区新石器时代和青铜器时代—铁器时代早期遗址出土的农作物遗存和炭屑的 54 个 ^{14}C 直接测年数据（见第 3 章），以及此前已发表的 124 个 ^{14}C 年代数据（Zhou et al.，2016；张雪莲等，2015；Flad et al.，2010）。笔者通过对比河西走廊地区不同农作物遗存直接测年结果与其出土遗址的经度（图 7.2），进而研究河西走廊地区史前时代粟黍与大麦小麦的传播与交汇历史,从农业传播视角探讨该地区史前时代的跨大陆文化互动过程。

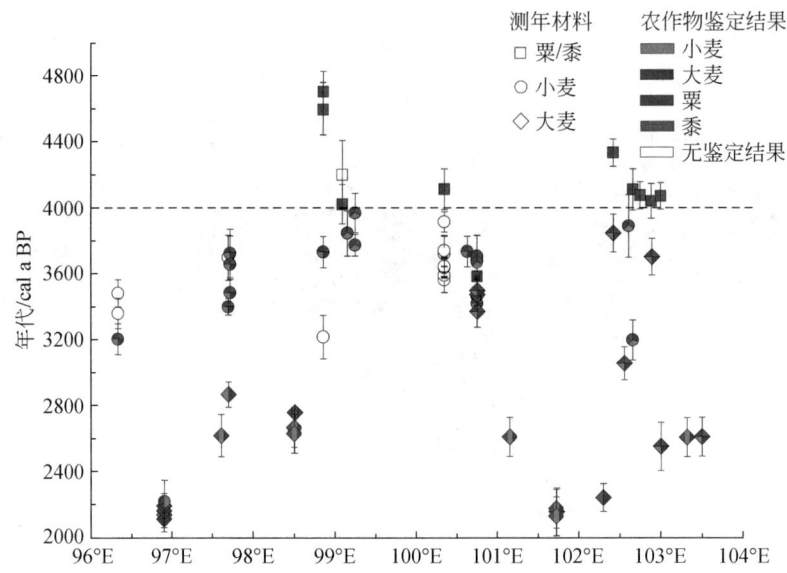

图 7.2 河西走廊地区史前遗址出土农作物遗存年代与经度的对比(见彩图)

河西走廊地区新石器遗址出土农作物遗存直接测年结果(附录 3)显示,该地区最早的炭化农作物粟(*Setaria italica*)出自河西走廊中部的高苜蓿地遗址,直接测年结果为 4825～4577a BP。此外,西台遗址的一个黍(*Panicum miliaceum*)遗存和朵家梁、郭家山和西城驿遗址的三个粟遗存的年代范围为 4414～3934a BP,落在马厂文化的时间范围内。西河滩遗址有马厂晚期遗存和西城驿文化的遗存,出土粟遗存年代为 4141～3901cal a BP。目前河西走廊地区小麦遗存最早的测年结果来自火石梁遗址,年代为 4084～3824cal a BP(Dodson et al.,2013),属于西城驿文化时期。尚未有小麦或大麦遗存直接测年结果明确早于 4000cal a BP 的报道。

考古研究显示,新石器农业人群最早在马家窑文化时期(5300～4600a BP)开始定居河西走廊地区(甘肃省文物考古研究所和北京大学考古文博学院,2011;李水城,2009)。本书研究之前,该地区最早的粟黍直接测年数据出自河西走廊中部的西河滩遗址,年代为 4405～3993cal a BP(Zhou et al.,2016)。本章测年结果为 4825～4577cal a BP,把河西走廊地区最早的粟黍出现时间提前了约 400年。此前的研究显示,新石器时代晚期黄土高原西部适宜的气候条件可能推动了人口增长和粟作农业向青藏高原和河西走廊的扩散(Jia et al.,2013;Zhou et

2010; An et al., 2010, 2003）。高苜蓿地遗址出土的粟为马家窑文化粟作农业人群在河西走廊地区的活动提供了确切的证据。在河西走廊地区新石器晚期的遗址中，尚未发现明确的来自新月沃土的农作物小麦和大麦证据，显示该时期东西方农业元素尚未在这一地区汇聚。

在河西走廊地区的青铜器时代早期遗址中，最早的炭化大麦出自李家圪楞遗址，校正年代为3810~3588cal a BP；最早的炭化小麦出自火石梁遗址的西城驿文化地层，校正年代为4084~3824cal a BP（Dodson et al., 2013）。在西灰山、大墩湾、砂锅梁和干骨崖等四坝文化遗址出土了大量小麦、大麦和粟黍遗存，其中小麦遗存测年结果的年代范围在3825~3345cal a BP，与四坝文化时期（3700~3300a BP）基本一致。这意味着小麦至少在青铜文化早期就被引入河西走廊地区，并与东亚起源的农作物粟黍汇聚，说明河西走廊地区的跨大陆文化交流最晚在4000a BP左右已经出现。

在与河西走廊地区东部相邻的青藏高原东北部，大通河流域的金蝉口遗址出土了测年结果在3900cal a BP左右的小麦遗存，该地区最早的大麦遗存出土于青藏高原东北部的贡什加遗址，^{14}C测年结果为4067~3843cal a BP（Chen et al., 2015）。在与河西走廊地区西部相邻的新疆地区，小河墓地和古墓沟遗址出土的小麦遗存最早直接测年结果在3700cal a BP左右（Liu et al., 2016a；Zhang et al., 2015）。上述两个地区的小麦和大麦遗存最早年代都晚于河西走廊中部，显示小麦和大麦很可能从欧亚草原沿黑河自北向南首先传入河西走廊中部，然后快速西向传播至新疆东部地区，东向传播至青藏高原北部地区。

在河西走廊地区青铜时代晚期—铁器时代早期的遗址中，民勤三角城和火石滩遗址出土的两个大麦遗存年代范围在2727~2489cal a BP，属于沙井文化时期（2700~2100a BP）。金昌三角城的大麦遗存测年结果为2329~2155cal a BP（Liu F W et al., 2019），比之前基于文化背景估计的结果晚了近400年（甘肃省文物考古研究所，2001）。火烧沟、古董滩、过会台和赵家水磨遗址的四个大麦年代为2943~2489cal a BP，应属于骟马文化时期（2900~2100a BP）。绿城遗址的一个大麦遗存年代为2300~2010cal a BP，也落在骟马文化年代范围。

河西走廊青铜时代，西亚起源农作物在植物遗存组合中的比例总体呈逐步增加趋势，在3700a BP之后开始占据主导地位（Zhou et al., 2016），而粟黍直到汉代一直都是该地区重要的农作物（班睿和韩华，2009；何双全，1986）。齐家、西城驿和四坝文化遗址中频繁出土这四种农作物遗存（见第4章），暗示跨欧亚大陆文化/农业交流在4000a BP左右在河西走廊地区出现，此后东西方文化交流的强度在河西走廊及邻近地区呈现增强趋势。史前遗址出土的人类和动物遗存骨胶原碳氮稳定同位素研究进一步揭示了这一现象。河西走廊人群食谱在3800a BP

左右发生了一次显著的变化，人们的食谱从以 C_4 食物为主转向为以消费 C_4 和 C_3 混合食物为主（Liu et al.，2014b）。约 3600a BP，黄河上游地区也发生了类似的食物结构变化（Ma et al.，2016）。在哈萨克斯坦南部，骨骼碳稳定同位素研究显示人群食物结构几乎同时发生了变化，显示其摄食了粟黍作物（Wang et al.，2017；Matuzeviciute et al.，2015）。这些证据显示在 4000～3500a BP，在中国西北和中亚东部的跨大陆文化互动出现。

7.1.3 河西走廊地区史前跨大陆文化互动的器物遗存证据

欧亚大陆史前东西方文化交流过程，在河西走廊地区的遗址中也留下丰富的器物遗存证据。河西走廊地区马家窑文化和马厂文化的所有遗址都出土过彩陶，但是仅在河西走廊中部的两处马厂文化遗址（高苜蓿地和照壁滩遗址）发现过青铜器（图 7.3，李水城，2009）。这些证据显示，在新石器晚期之末，东西方文化元素有可能在河西走廊中部的局部区域汇聚，但需要更多的研究工作加以验证。河西走廊地区新石器晚期文化主要还是呈现出与黄河上游地区一致的特征，明显是受到马家窑文化和马厂文化西渐的影响（李水城，2009）。以彩陶为代表的东亚文化元素，很可能通过河西走廊传播到中亚。例如，彩陶在青铜器时代传入新疆，进而继续向西传播，影响到了中亚南部费尔干纳盆地的 Chust 文化（韩建业，2013）。

在河西走廊地区的青铜时代—早期铁器时代遗址（4000～2100a BP），具有西亚文化特质的青铜器、权杖头、土坯等遗存频繁被发现（图 7.3），说明在 4000a BP 之后，跨大陆文化交流有所加强，与该地区的动植物考古学研究的结果一致。河西走廊地区的西亚文化元素很可能是由欧亚草原南下传入的，黑河河谷可能是主要通道（Jaang，2015）。5500～5000a BP 美索不达米亚出现青铜冶金技术（De Ryck et al.，2005；Muhly，1985），并在 5000～4000a BP 传播到中亚（Roberts et al.，2009），约 4500a BP 在南乌拉尔欧亚大草原上出现了一个青铜冶炼中心（Chernykh，1992），冶金技术东传过程中河西走廊地区受到影响，4000a BP 后河西走廊形成中国最早的冶金中心之一（陈国科，2017；Yang et al.，2016；Zhang et al.，2016；陈国科等，2014）。

西北地区彩陶最早出土于大地湾一期文化（7800～7200a BP）的地层（甘肃省文物考古研究所，2006），5500～5000a BP 黄河中上游地区的仰韶文化彩陶已向西传播至青海东北部（叶茂林等，2001）。马家窑文化时期彩陶大规模向西扩张，主要沿甘肃中部—河湟谷地—河西走廊扩散，5000～4500a BP 传播至河西走廊中部地区（韩建业，2013；甘肃省文物考古研究所和北京大学考古文博学院，2011），马厂—西城驿—四坝文化时期彩陶进一步得到了发展。甘青地区彩陶文

第 7 章　河西走廊史前时代跨大陆文化互动与生业模式转换

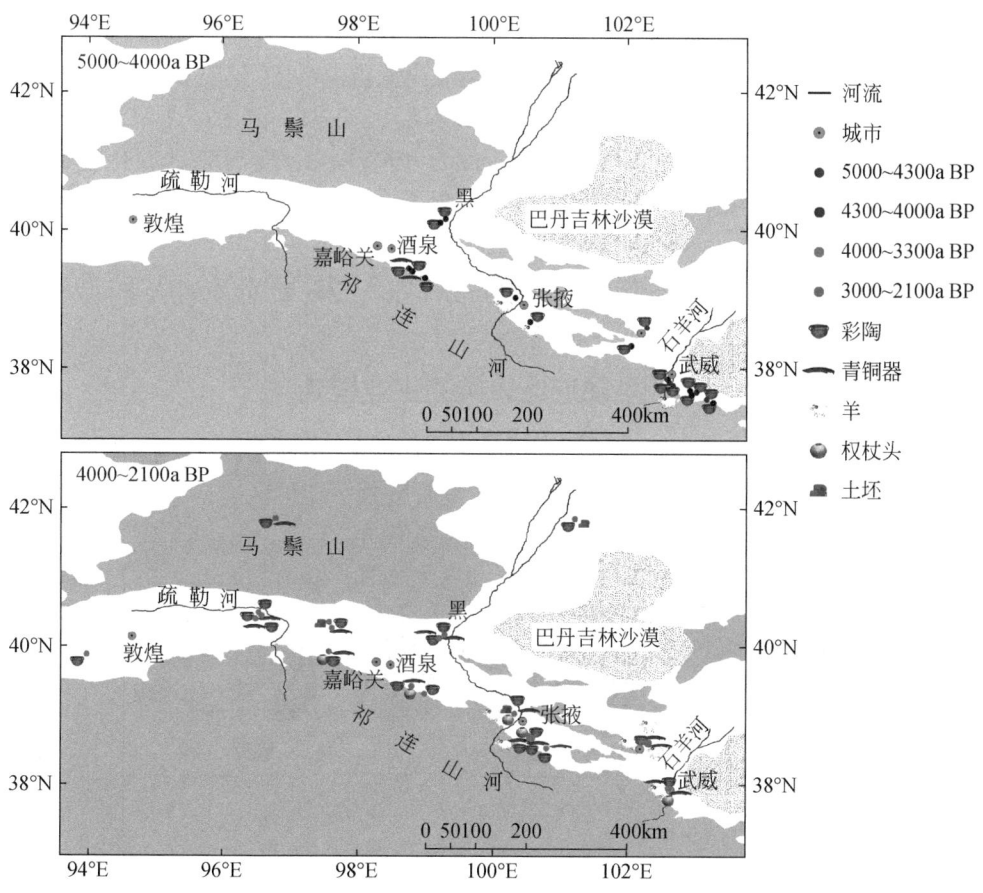

图 7.3　河西走廊史前遗址出土彩陶、青铜器、羊、权杖头和土坯（见彩图）

化可能受到西亚彩陶文化的影响，甘肃-青海地区马家窑半山文化彩陶纹样与 Namazga 文化 IV-V（5000～4000a BP）具有相似的特征，半山期锯齿纹彩陶的突然流行，主要应是受到中亚纳马兹加二至四期文化间接影响的结果（韩建业，2018a，b）。前陶新石器时期和新石器时代早期（Yarmukian culture，8400～7800a BP），于 Levant 南部出土了最早的权杖头遗存（Rosenberg，2010），6000～5000a BP 由伊朗高原北部进入中亚（杨琳和井中伟，2017；Moorey，1988），5000a BP 安纳托利亚高原、黑海沿岸，以及高加索地区也多有发现权杖头（Zimmermann，2007），在新石器时代晚期和青铜时代进一步向东传播到东亚地区（李水城，2010）。例如，在西北地区河西走廊的西城驿文化和四坝文化遗址中发现了铜、石权杖头（陈国科等，2014；李水城，2010）。考古证据显示，前陶新石器时期，最早的土坯建筑在近东地区出现（Kuijt and Mahasneh，1998；Oates，1990），然后迅速传播到其

· 139 ·

他地区。土坯技术分别在 8000~7000a BP 和 5000~4000a BP 传播到伊朗北部、中亚南部和中亚东部，4000a BP 之后，在新疆、内蒙古，以及河西走廊地区也出现了土坯技术（Doumani et al., 2015；刘晓婧和陈洪海，2015；陈国科等，2014；曹建恩等，2010；丹尼和马松，2002；Harris et al., 1996）。在河西走廊西城驿遗址，西城驿文化和四坝文化时期的建筑遗迹中也发现了土坯建筑（陈国科等，2014）。

7.2 河西走廊地区史前时代人类生业模式转换

7.2.1 新石器晚期河西走廊地区人类的生业模式

综合河西走廊地区史前遗址已获得的植物考古、动物考古、骨骼碳氮稳定同位素和 ^{14}C 测年等研究的结果（图 7.4），本章梳理了该地区新石器晚期、青铜时代和铁器文化时代早期的生业模式特征及其变化的过程。

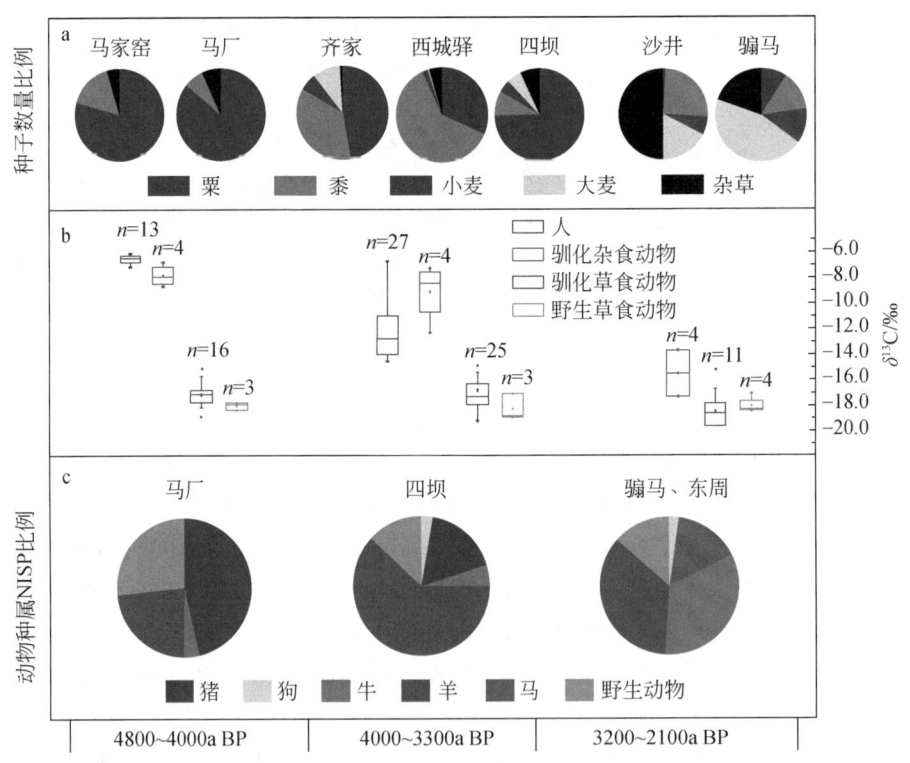

图 7.4 河西走廊史前遗址不同证据对比（改自 Yang et al., 2019）（见彩图）

a. 河西走廊出土植物种子数量比例；b. 动物骨骼碳、氮同位素图；c. 从河西走廊出土动物遗存种类比例

根据河西走廊地区新石器晚期（4800～4000a BP）植物考古和动物考古研究结果，马家窑文化时期人类利用的农作物为粟黍，饲养的家畜为杂食动物猪和狗。到马厂文化时期，人类种植的农作物仍然是粟黍，饲养的家畜除猪和狗之外，增加了食草动物羊和牛。河西走廊地区马厂文化遗址出土的人与猪狗骨骼的碳氮同位素证据，进一步证实该时期粟作农业是河西走廊地区所依赖的生产方式。在该地区马厂文化遗址出土的动物骨骼中，还鉴定出鹿、狍等野生动物的遗存，说明河西走廊地区新石器晚期人类也从事一定的狩猎活动。综合上述证据，显示河西走廊地区新石器时代晚期人类生业模式是以粟黍种植为主，兼顾饲养猪、狗、牛和羊，以狩猎经济为辅的经济形态。

河西走廊地区新石器晚期的生业模式特征与甘青地区整体是一致的。动物考古研究表明，4300a BP 以后，家养猪、绵羊、牛、狗在中国西北的甘肃和青海已经被广泛利用（袁靖，2015；Flad et al.，2007）。相比之下，狩猎是马家窑文化的一种辅助生存策略（谢端琚，2002）。河西走廊马厂文化的磨嘴子和五坝墓地的人类骨骼 $\delta^{13}C$ 值分别是-7.1‰±0.4‰和-7.3‰±0.5‰（Liu et al.，2014b），表明在 4200～4000a BP 人群严重依赖 C_4 小米作物。植物考古学研究进一步证实了这一点（蒋宇超等，2017；Zhou et al.，2016）。马厂文化下海石遗址出土的猪和狗的骨胶原 $\delta^{13}C$ 值是-9.4‰±3.5‰（Ma et al.，2014），表明人类利用粟黍副产品饲养这些杂食动物。河西走廊马厂文化遗址的家养绵羊和牛的 $\delta^{13}C$ 值略有不同，其范围是-15.0‰～-16.8‰，表明人类可能在草地放牧这些食草动物，并且饲喂它们一些小米作物的秸秆。在河湟谷地及其邻近地区，马厂文化遗址的骨骼碳同位素也呈现相似的特征（Ma et al.，2016）。

考古研究显示，人类首次大规模定居河西走廊是在马家窑文化马家窑类型时期（5300～4600a BP），主要定居在河西走廊东部的祁连山脚下（甘肃省文物考古研究所和北京大学考古文博学院，2011；国家文物局，2011），此处的地形地貌适合雨养农业和狩猎活动（Wang et al.，2016）。黄河流域的马家窑时期的先民主要从事小米种植，其次是狩猎野生动物（Dong et al.，2013；谢端琚，2002），河西走廊地区迁徙来的马家窑人群可能采用了同样的生业模式，马家窑文化高苜蓿地和三角城遗址发现的所有作物遗存均为粟黍（详见第 4 章）。河西走廊人群定居范围在新石器时代末期显著扩大，马厂文化遗址几乎遍布河西走廊，马厂文化先民主要定居在祁连山的山前冲积平原和河流阶地上（甘肃省文物考古研究所和北京大学考古文博学院，2011；国家文物局，2011）。河西走廊马家窑和马厂阶段的遗址分布的变化可能与甘肃、青海两省先民的生存策略转型和文化演变有关。与马家窑阶段相比，马厂时期人群的粟作农业活动加强，同时狩猎活动减少（Dong et al.，2013）。同时，绵羊和牛被引入河西走廊（动物考古课题组，2011，

表 5.1），因此人们可以通过在古绿洲饲养牲畜获得稳定的蛋白质，减少对狩猎的依赖。此外，自 4300a BP 以来，齐家文化从甘肃省东部兴起并向西扩张，也可能推动马厂人群向河西走廊西部和新疆东部地区扩展（李水城，2009）。

虽然马家窑和马厂人群的生存策略并不完全一致，但是河西走廊这些群体最重要的经济基础是雨养农业（图 7.4a、图 6.4b），4800~4000a BP，该地区人群主要从事粟作农业（杨谊时等，2016；Zhou et al.，2016），并且此阶段出土的人骨和猪骨的 $\delta^{13}C$ 值均显示 C_4 信号（Liu et al.，2014b）。随着绵羊和牛的引进，畜牧业在马厂阶段可能得到一定发展，先民可能利用粟作农业副产品饲养家畜。因为马厂阶段遗址出土的绵羊和牛骨的 $\delta^{13}C$ 值明显高于同时期的野生动物（图 7.4b）。河西走廊地区马家窑文化社会的经济格局与甘肃-青海中部和中国东部地区的经济格局具有相同的特征（Chen et al.，2015；Jia et al.，2013），这一经济格局特征的形成与中国北方地区雨养农业的起源和强化有关（董广辉等，2016；Zhao，2011；Barton et al.，2009）。

7.2.2 青铜时代早中期河西走廊地区的生业模式

青铜时代早中期（4000~3300a BP），河西走廊人类生业模式多样性增加。小麦、大麦在 4000a BP 左右被引入河西走廊（Dong et al.，2018；Dodson et al.，2013；图 7.4a），在西城驿文化时期成为重要的食物（Zhou et al.，2016；陈国科等，2014）。同一时期家养的马也在河西走廊得到利用（付罗文，2016）。西城驿和四坝遗址出土的牛和绵羊骨骼碳同位素分析表明，4000~3300a BP 人类饲养这些食草动物采用了不同的策略，放牧绵羊和牛成为河西走廊重要的生存策略。植物考古、动物考古和同位素证据展示了一幅半农半牧的经济景象。4000~3300a BP 先民农业生产以种植小麦、大麦、粟黍为主，同时饲养猪、狗和放牧绵羊、牛和马。齐家文化、西城驿文化和四坝文化遗址主要分布在古绿洲的河流附近（国家文物局，2011），可能是为了便于灌溉小麦、大麦，放牧羊、牛等多种活动。

河西走廊地区青铜时代早期人类生业模式的特征，与黄河流域同时期的文化明显不同。首先体现在对小麦和大麦等西亚农作物的利用，在河西走廊地区 3700a BP 之后，小麦已成为该地区最重要的农作物（Zhou et al.，2016；Flad et al.，2010），在青藏高原东北部，西亚农作物被作为主要食物利用是在 3600a BP 之后（张山佳等，2017；Ma et al.，2016），且被利用的主要作物是大麦而非小麦（Chen et al.，2015）。在中原地区，同时期粟黍仍然是最重要的农作物（贾世杰等，2018；吴文婉等，2014；张俊娜等，2014；陈微微等，2012），直到汉代之后，小麦才成为该地区的主食（彭卫，2010；李璠，1993；黎虎，1989）。其次是家畜的饲养，牛羊已成为最重要的家畜（宋艳波等，2016），河西走廊地区青铜文化早期马已作为家畜被利用（付罗文，2016）。邻近青藏高原东北部的辛店文化和卡约文化墓葬普遍出现动物随葬的现象，随葬的动物主要有羊、牛、马等（高东陆，1993；格桑本和陈洪海，1992；许新国，1983；谢端琚，1980）。青藏高原东北部出土的动物骨骼普遍出现牛、羊，说明3600a BP以后青藏高原东北部先民主要畜牧牛羊获取动物资源（张山佳和董广辉，2017）。河西走廊邻近的新疆哈密地区和罗布泊地区青铜时代天山北路墓地、小河墓地和古墓沟墓地主要出土牛和羊的骨骼遗存（张全超等，2010；伊弟利斯等，2007；王炳华，1983），说明新疆东部地区主要通过畜牧牛羊获取肉食资源，与河西走廊地区及其邻近地区家畜主要以牛羊为主一致。

跨欧亚大陆文化交流的出现和强化显然是促进河西走廊青铜时代早中期生业模式发生重大转变的主要原因。河西走廊地区是我国在4000~3500a BP东西方交流信号最强的地区，也是中国北方最早的青铜冶炼生产中心之一（陈国科，2017；李水城，2005），青铜器及其冶炼技术在马厂文化时期晚期可能已传入该地区（陈国科，2017；李水城，2005）。河西走廊地区在西城驿文化和四坝文化时期是中国最早的青铜冶炼中心之一，近年发掘西城驿遗址出土了大量冶金相关的遗物，冶金活动在4000~3700a BP的西城驿文化时期的规模空前（陈国科，2017；陈国科等，2014）。河西走廊东灰山、西灰山、火烧沟遗址出土了铜器，砂锅梁、金火石梁、缸缸洼、西土沟和白山堂铜矿等多处遗址与早期铜冶金活动相关，出土了大量的冶金遗物（李延祥等，2018；陈坤龙等，2018；甘肃省文物考古研究所和北京大学考古文博学院，2011；Dodson et al.，2009；李水城，2005）。在同时期西北地区齐家文化大量的遗址发现了青铜器，在3600a BP后甘青地区青铜时代诸文化都发现了大量的青铜器，但是基本没有发现与冶金相关的遗物（陈国科，2017，2016）。

河西走廊地区的绿洲特征，使其在北半球显著降温背景下（Marcott et al.，2013），更适合耐寒的小麦和大麦等西亚作物的种植。此外，3700a BP左右河西走廊人类活动加强被认为是主要作物从粟黍过渡到小麦的一个触发因素（Zhou et al.，2016）。西亚农作物和家畜的传入使青铜时代早期人类对生产资料的选择更为丰富，在传统粟作农业的边缘地带更容易被接纳。除河西走廊地区外，黄河上游地区青铜时代早期生存策略也发生了快速转变（Ma et al.，2016）。然而，4000~3600a BP，中原地区雨养农业依然是最主要的生计方式（Cheung et al.，2017；Hou et al.，2013），即使在全新世寒冷时段，其气候条件仍然适合粟黍种植。

7.2.3 青铜时代晚期—铁器时代早期河西走廊地区的生业模式

青铜时代晚期—铁器时代早期（3200～2100a BP）河西走廊地区人类生业模式转变的特点表现为牧业成分明显的增强。河西走廊地区人类对动物资源的利用策略发生了根本性的变化。与新石器晚期—青铜时代早中期比较，沙井文化和骟马文化时期河西走廊地区粟黍已经不占主导地位，大麦成为人类主要的农作物（附录 4）。在沙井和骟马文化时期，没有发现猪骨，绵羊、牛和马成为河西走廊主要牲畜（表5.1）。沙井文化西岗—柴湾岗墓地随葬大量的殉牲牛、马、羊头骨表明，2700a BP 后在河西走廊东部，绵羊、牛和马是最重要的家畜，同时发现了大量的绵羊、牛、马的皮革和毛制品（甘肃省文物考古研究所，2001），这表明在此期间人类开始利用家畜的次生产品。在河西走廊西部的骟马文化火烧沟遗址也发现了牛、绵羊、马、骆驼的遗骸，但是没有发现猪的遗骸（甘肃省文物考古研究所和北京大学考古文博学院，2011）。猪通常不是畜牧社群中经常饲养的家畜，但是农业社群经常饲养，可能是因为它们可移动性较差，而且所有家畜都可以消耗农业副产品，如农作物秸秆，并且为定居的农业社群提供肉类。然而，绵羊、牛和马等食草动物主要食用草、叶等人类通常不以其为食的植物，因此它们适合在绿洲草原进行放牧。该时期杂草占出土植物遗存近 25%，暗示人类对农业生产的管理开始下降，适合长途迁徙的马和骆驼重要性增强，与定居农业密切相关的猪的重要性下降，暗示在 3200～2100a BP 河西走廊的先民可能采用了畜牧生活方式，部分遗址甚至存在游牧的可能。这很可能与作物种植和人类定居强度的下降相对应，与该时期采用了更灵活的生活方式有关。

游牧是河西走廊在汉代（202BCE～220CE）开发之前的生业模式，历史文献如《史记·大宛列传》和《汉书·西域传》记载：月氏"与匈奴同俗"。学者们探讨了沙井文化与月氏和乌孙的关系（杨富学，2017；赵建龙，1992；蒲朝绂，1989），蒲朝绂等认为："沙井文化可能是月氏的遗存，社会经济以畜牧业为主，农业、手工业不占主导地位"（蒲朝绂和庞跃先，1990）。杨富学（2017）认为河西走廊东部沙井文化为月氏遗存分布区，河西走廊西部骟马文化为乌孙遗存分布区，且以牧业经济为主。

3200a BP 之后，丝绸之路沿线生态危机受到社会危机和经济危机的影响进一步恶化，欧亚草原人群走出危机的路径寄托于更先进的生产方式——游牧经济，放牧人开发了所有的草原，加快了欧亚草原人群向东进一步扩张的步伐（Kuzmina，2008），中国北方全境受到欧亚大陆游牧文化的影响（乌恩，2002），西北地区出土器物或多或少受到欧亚草原文化的影响（杨建华，2016）。斯基泰文化的扩张使得武器、马具和动物形象的装饰艺术得到广泛传播（邵会秋和杨建华，2006）。沙井文化的墓葬中出土了大量的青铜刀、装饰品遗存,与同时期新疆和长城以北出土器物有相似的特点(韩建业,2008;乌恩,2002),都明显受欧亚大草原游牧部落的影响(Frachetti,2012)。

气候变化被认为是欧亚草原游牧经济兴起的另一个因素,它也可能促成了河西走廊经济格局从半农半牧向畜牧业生产的转变。根据河西地区和附近青藏高原地区的古气候记录(Zhao et al.,2008;Herzschuh et al.,2004),发现气候恶化发生在 3000a BP 左右,表现为温度明显下降和冰川前进(郑度和李炳元,1990)。中国西北地区 3000a BP 左右的气候恶化可能导致农业产量显著下降,特别是对低温敏感的粟作农业,促使人们依赖食草性家畜。沙井和骟马文化遗址的植物考古和同位素证据显示,河西走廊先民在 3000~2100a BP 主要消费耐寒的大麦和小麦(图 7.2,详见第 4 章),表明这一时期还有低集约化的农业活动,青铜时代欧亚草原的游牧社群也发现了这种现象(Murphy et al.,2013;Di Cosmo,1994)。

河西走廊地区的史前时代遗址的大量考古证据表明,该地区从新石器晚期、青铜时代早中期到青铜时代晚期—铁器时代早期,生业模式发生了显著的变化,与欧亚大陆史前跨大陆文化互动和自然环境的时空差异有密切关联。公元前 3 千纪以来,欧亚大陆的其他地区也出现了经济格局的转变,不同地区的经济格局变化速度也不尽相同。例如,人骨骼碳同位素分析(Cheung et al.,2017;Dong et al.,2017b;Zhou et al.,2017;Chen et al.,2016)显示,在 6000~2000a BP,旱作农业一直是中原地区和内蒙古东部的主要生存策略,而在青铜时代,中国西北的甘青地区出现了多种生存策略(张山佳等,2017;Ma et al.,2016)。在公元前 2 千纪,欧亚草原的先民从半定居的半农半牧过渡到具有更强流动性的游牧方式(Miller et al.,2014;Kuzmina,2008),而直到公元前 1 千纪游牧业才出现在内蒙古高原、新疆甚至青藏高原中部(Ren et al.,2017;王建新,2008)。早期跨大陆文化交流为青铜时代至早期铁器时代的技术革新和经济格局转变奠定了基础,而不同地区的自然环境特征成为该时期生业模式呈现空间差异的主要影响因素。

7.3 本章小结

从农作物传播的视角,显示中国本土起源的农作物粟黍在 4800a BP 左右传入河西走廊地区,而西亚起源的农作物小麦和大麦则在 4000a BP 左右传入该地区,同时传入的西亚文化元素还包括羊和青铜冶炼技术。4000a BP 左右东亚和西亚文化元素在河西走廊地区的汇聚标志跨大陆文化互动在该地区出现,并对青铜时代至铁器时代早期的生业模式变化产生了重要影响。4800~4000a BP，河西走廊人类的生业模式以粟黍种植和蓄养猪、狗和羊等家畜为主，狩猎经济为辅。4000~3300a BP 河西走廊人类的生业模式以粟黍和小麦、大麦混合种植，以及饲养羊、牛、猪和狗的农牧混合经济为主，同时从事冶铜生产。3200~2100a BP 河西走廊人类的生业模式以牧业生产为主，大麦和黍等作物的种植为辅，游牧经济形态在该地区很可能已经出现。河西走廊地区 4000a BP 之后已成为东西方文化交汇的最重要区域之一，为其在历史时期丝绸之路的关键地位奠定了基础。

参 考 文 献

班睿, 韩华. 2009. 汉代甘肃河西地区农作物浅述——以历代出土汉简为例. 丝绸之路, 2009(4): 37-43.

博凯龄. 2011. 中国新石器时代晚期动物利用的变化个案探究——山西省龙山时代晚期陶寺遗址的动物研究. 三代考古, (1): 129-182.

曹建恩, 孙金松, 党郁. 2010. 内蒙古赤峰市二道井子遗址的发掘. 考古, (8): 13-26.

陈国科. 2016. 齐家文化与四坝文化铜器年代再认识. 见: 朱乃诚, 王辉, 马永福. 2015 中国·广河齐家文化与华夏文明国际研讨会论文集. 北京: 文物出版社: 148-154.

陈国科. 2017. 西城驿-齐家冶金共同体——河西走廊地区早期冶金人群及相关问题初探. 考古与文物, (5): 39-46.

陈国科, 王辉, 李延祥, 等. 2014. 甘肃张掖市西城驿遗址. 考古, (7): 3-17.

陈坤龙, 王璐, 王颖琛, 等. 2018. 甘肃玉门火烧沟四坝文化铜器的科学分析及相关问题. 中原文物, (2): 121-128.

陈微微, 张居中, 蔡全法. 2012. 河南新密古城寨城址出土植物遗存分析. 华夏考古, (1): 54-62.

动物考古课题组. 2011. 中华文明形成时期的动物考古学研究. 见: 中国社会科学院考古研究所科技古中心. 科技考古（第三辑）. 北京: 科学出版社: 80-99.

董广辉, 张山佳, 杨谊时, 等. 2016. 中国北方新石器时代农业强化及对环境的影响. 科学通报, 61(26): 2913-2925.

付罗文. 2016. 酒泉干骨崖、三坝洞子遗址出土动物骨骼分析研究. 见: 甘肃省文物考古研究所, 北京大学考古文博学院. 酒泉干骨崖. 北京: 文物出版社.

甘肃省文物考古研究所. 2001. 永昌西岗柴湾岗: 沙井文化墓葬发掘报告. 兰州: 甘肃人民出版社.

甘肃省文物考古研究所. 2006. 秦安大地湾: 新石器时代遗址发掘报告. 北京: 文物出版社.

甘肃省文物考古研究所, 北京大学考古文博学院. 2011. 河西走廊史前考古调查报告. 北京: 文物出版社.

高东陆. 1993. 略论卡约文化. 青海社会科学, (1): 78-85.

格桑本, 陈洪海. 1992. 青海民和核桃庄山家头墓地清理简报. 文物, (11): 26-31.

国家文物局. 2011. 中国文物地图集·甘肃分册. 北京: 测绘出版社.
韩建业. 2008. 中国西北地区先秦时期的自然环境与文化发展. 北京: 文物出版社.
韩建业. 2013. "彩陶之路"与早期中西文化交流. 考古与文物, (1): 28-37.
韩建业. 2014. 二里头—二里冈时代文化上的早期中国. 中原文化研究, 2(6): 5-12.
韩建业. 2018a. 马家窑文化半山期锯齿纹彩陶溯源. 考古与文物, (2): 54-59.
韩建业. 2018b. 再论丝绸之路前的彩陶之路. 文博学刊, (1): 20-32.
何双全. 1986. 居延汉简所见汉代农作物小考. 农业考古, (2): 252-255.
胡松梅, 杨苗苗, 孙周勇, 等. 2016. 2012~2013年度陕西神木石峁遗址出土动物遗存研究. 考古与文物, 2016(4): 109-121.
贾世杰, 张娟, 杨玉璋, 等. 2018. 郑州商城遗址炭化植物遗存浮选结果与分析. 江汉考古, (2): 97-103.
蒋宇超, 陈国科, 李水城. 2017. 甘肃张掖西城驿遗址2010年浮选结果分析. 华夏考古, (1): 62-68.
靳桂云, 王海玉, 燕生东. 2011. 山东胶州赵家庄遗址龙山文化炭化植物遗存研究. 见: 中国社会科学院考古研究所科技考古中心. 科技考古（第三辑）. 北京: 科学出版社: 36-53.
黎虎. 1989. 魏晋南北朝时期主粮作物品种的增加. 中国历史博物馆馆刊, (0): 55-59.
李璠. 1993. 中国栽培植物起源与发展简论. 农业考古, (1): 49-55.
李水城. 2005. 西北与中原早期冶铜业的区域特征及交互作用. 考古学报, (3): 239-275.
李水城. 2009. 东风西渐: 中国西北史前文化之进程. 北京: 文物出版社.
李水城. 2010. 赤峰及周边地区考古所见权杖头及潜在意义源. 见: 赤峰学院红山文化研究院. 第五届红山文化高峰论坛论文集. 赤峰: 赤峰学院学报（汉文哲学社会科学版）: 7-11.
李延祥, 陈国科, 潜伟, 等. 2018. 敦煌西土沟遗址冶金遗物研究. 敦煌研究, (2): 131-140.
刘晓婧, 陈洪海. 2015. 新疆建筑工艺及建筑材料的起源——以土坯为例. 西北大学学报（自然科学版）, 45(5): 850-854.
彭卫. 2010. 关于小麦在汉代推广的再探讨. 中国经济史研究, (4): 63-71.
蒲朝绂. 1989. 试论沙井文化. 西北史地, (4): 1-12.
蒲朝绂, 庞跃先. 1990. 永昌三角城与蛤蟆墩沙井文化遗存. 考古学报, (2): 205-237.
任乐乐, 董广辉. 2016. "六畜"的起源和传播历史. 自然杂志, 38(4): 257-262.
邵会秋, 杨建华. 2006. 早期斯基泰文化及欧亚草原的动物纹起源问题的探讨——从《斯基泰-伊朗动物纹风格的起源》一文谈起. 西域研究, (4): 73-77.
宋艳波, 陈国科, 王辉, 等. 2016. 张掖西城驿遗址 2014年出土动物遗存分析. 东方考古, 233-242.
王炳华. 1983. 孔雀河古墓沟发掘及其初步研究. 新疆社会科学, (1): 117-128.
王建新. 2008. 新疆巴里坤东黑沟（石人子沟）遗址考古工作的主要收获. 西北大学学报（哲学社会科学版）, (5): 86-91.

乌恩. 2002. 欧亚大陆草原早期游牧文化的几点思考. 考古学报, (4): 437-470.

吴文婉, 张继华, 靳桂云. 2014. 河南登封南洼遗址二里头到汉代聚落农业的植物考古证据. 中原文物, (1): 109-117.

谢端琚. 1980. 甘肃永靖张家咀与姬家川遗址的发掘. 考古学报, (2): 187-220.

谢端琚. 2002. 甘青地区史前考古. 北京: 文物出版社.

伊弟利斯, 李文瑛, 胡兴军. 2007. 新疆罗布泊小河墓地 2003 年发掘简报. 文物, (10): 4-42.

许新国. 1983. 循化阿哈特拉山卡约文化墓地初探. 青海社会科学, (5): 92-95.

杨富学. 2017. 河西考古学文化与月氏乌孙之关系. 丝绸之路研究集刊, (1): 29-45.

杨建华, 邵会秋, 潘玲. 2016. 欧亚草原东部的金属之路. 上海: 上海古籍出版社.

杨琳, 井中伟. 2017. 中国古代权杖头渊源与演变研究. 考古与文物, (3): 65-77.

杨谊时, 石乃玉, 史志林. 2016. 考古发现所见河西走廊史前的农业双向传播. 敦煌学辑刊, (1): 82-91.

叶茂林, 王国道, 蔡林海, 等. 2001. 青海民和县胡李家遗址的发掘. 考古, (1): 40-58.

袁靖. 2015. 中国动物考古学. 北京: 文物出版社.

张俊娜, 夏正楷, 张小虎. 2014. 洛阳盆地新石器—青铜时期的炭化植物遗存. 科学通报, 59(34): 3388-3399.

张全超, 帘喜恩, 刘国端. 2010. 新疆哈密天山北路墓地出土人骨的稳定同位素分析. 西域研究, (2): 38-43.

张山佳, 董广辉. 2017. 青藏高原东北部青铜时代中晚期人类对不同海拔环境的适应策略探讨. 第四纪研究, 37(4): 696-708.

张雪莲, 仇士华, 钟建, 等. 2015. 放射性碳素测定年代报告（四一）. 考古, 2015(7): 107-109.

赵建龙. 1992. 关于月氏族文化的初探. 西北史地, (1): 62-74.

郑度, 李炳元. 1990. 青藏高原自然环境的演化与分异. 地理研究, 9(2): 1-10.

丹尼 A H, 马松 V M. 2002. 中亚文明史（第一卷）. 芮传明译. 北京: 中国对外翻译出版公司.

An C B, Feng Z D, Tang L Y. 2003. Evidence of a humid mid-holocene in the western part of Chinese Loess Plateau. Chinese Science Bulletin, 48(22): 2472.

An C B, Ji D X, Chen F H, et al. 2010. Evolution of prehistoric agriculture in central Gansu Province, China: A case study in Qin'an and Li County. Chinese Science Bulletin, 55(18): 1925-1930.

Anthony D W. 2010. The Horse, the Wheel, and Language: How Bronze-Age riders from the Eurasian Steppes Shaped the Modern World. New Jersey: Princeton University Press.

Barton L, Newsome S D, Chen F H, et al. 2009. Agricultural origins and the isotopic identity of domestication in northern China. Proceedings of the National Academy of Sciences, 106(14): 5523-5528.

Boivin N, Fuller D Q, Crowther A. 2012. Old World globalization and the Columbian exchange: Comparison and contrast. World Archaeology, 44(3): 452-469.

Brunson K. 2015. Craft Specialization and Animal Products at the Longshan Period Sites of Taosi and Zhoujiazhuang, Shanxi Province, China. Los Angeles: University of California.

Chen F H, Dong G H, Zhang D J, et al. 2015. Agriculture facilitated permanent human occupation of the Tibetan Plateau after 3600a BP. Science, 347(6219): 248-250.

Chen X L, Fang Y M, Hu Y W, et al. 2016. Isotopic reconstruction of the Late Longshan Period (ca. 4200−3900a BP) Dietary complexity before the onset of state-level societies at the Wadian Site in the Ying River Valley, Central Plains, China. International Journal of Osteoarchaeology, 26(5): 808-817.

Chernykh E N. 1992. Ancient Metallurgy in the USSR: The Early Metal Age. Cambridge: Cambridge University Press.

Cheung C, Jing Z C, Tang J G, et al. 2017. Diets, social roles, and geographical origins of sacrificial victims at the royal cemetery at Yinxu, Shang China: New evidence from stable carbon, nitrogen, and sulfur isotope analysis. Journal of Anthropological Archaeology, 48: 28-45.

d'Alpoim Guedes J A, Lu H L, Li Y X, et al. 2014. Moving agriculture onto the Tibetan plateau: The archaeobotanical evidence. Archaeological and Anthropological Sciences, 6(3): 255-269.

d'Alpoim Guedes J A A, Lu H L, Hein A M, et al. 2015. Early evidence for the use of wheat and barley as staple crops on the margins of the Tibetan Plateau. Proceedings of the National Academy of Sciences, 112(18): 5625-5630.

De Ryck I, Adriaens A, Adams F. 2005. An overview of Mesopotamian bronze metallurgy during the 3rd millennium BC. Journal of Cultural Heritage, 6(3): 261-268.

Di Cosmo N. 1994. Ancient Inner Asian nomads: Their economic basis and its significance in Chinese history. The Journal of Asian Studies, 53(4): 1092-1126.

Diamond J, Bellwood P. 2003. Farmers and their languages: The first expansions. Science, 300(5619): 597-603.

Dodson J, Li X Q, Ji M, et al. 2009. Early bronze in two Holocene archaeological sites in Gansu, NW China. Quaternary Research, 72(3): 309-314.

Dodson J R, Li X Q, Zhou X Y, et al. 2013. Origin and spread of wheat in China. Quaternary Science Reviews, 72(2): 108-111.

Dong G H. 2018. A new story for wheat into China. Nature Plants, 4(5): 243-244.

Dong G H, Wang L, Cui Y F, et al. 2013. The spatiotemporal pattern of the Majiayao cultural evolution and its relation to climate change and variety of subsistence strategy during late Neolithic period in Gansu and Qinghai Provinces, northwest China. Quaternary International, 316: 155-161.

Dong G H, Ren L L, Jia X, et al. 2016. Chronology and subsistence strategy of Nuomuhong culture in the Tibetan Plateau. Quaternary International, 426: 42-49.

Dong G H, Yang Y S, Han J Y, et al. 2017a. Exploring the history of cultural exchange in prehistoric Eurasia from the perspectives of crop diffusion and consumption. Science China: Earth Sciences, 60(6): 1110-1123.

Dong G H, Liu F W, Chen F H. 2017b. Environmental and technological effects on ancient social evolution at different spatial scales. Science China: Earth Sciences, 60(12): 2067-2077.

Dong G H, Yang Y S, Liu X Y, et al. 2018. Prehistoric trans-continental cultural exchange in the Hexi Corridor, northwest China. The Holocene, 28(4): 621-628.

Doumani P N, Frachetti M D, Beardmore R, et al. 2015. Burial ritual, agriculture, and craft production among Bronze Age pastoralists at Tasbas (Kazakhstan). Archaeological Research in Asia, 1-2: 17-32.

Flad R K, Yuan J, Li S C. 2007. Zooarcheological evidence for animal domestication in northwest China. Developments in Quaternary Sciences, 9: 167-203.

Flad R, Li S C, Wu X H, et al. 2010. Early wheat in China: Results from new studies at Donghuishan in the Hexi Corridor. The Holocene, 20(6): 955-965.

Frachetti M D. 2012. Multiregional emergence of mobile pastoralism and nonuniform institutional complexity across Eurasia. Current Anthropology, 53(1): 2-38.

Frachetti M D, Smith C E, Traub C M, et al. 2017. Nomadic ecology shaped the highland geography of Asia's Silk Roads. Nature, 543(7644): 193-198.

Harris D R, Gosden C, Charles M P. 1996. Jeitun: Recent excavations at an Early Neolithic site in southern Turkmenistan. Proceedings of the Prehistoric Society, 62: 423-442.

Herzschuh U, Tarasov P, Wünnemann B, et al. 2004. Holocene vegetation and climate of the Alashan Plateau, NW China, reconstructed from pollen data. Palaeogeography Palaeoclimatology Palaeoecology, 211(1-2): 1-17.

Hou L L, Hu Y W, Zhao X P, et al. 2013. Human subsistence strategy at Liuzhuang site, Henan, China during the proto-Shang culture (2000—1600 BC) by stable isotopic analysis. Journal of Archaeological Science, 40(5): 2344-2351.

Jaang L. 2015. The landscape of China's participation in the Bronze Age Eurasian network. Journal of World Prehistory, 28(3): 179-213.

Jia X, Dong G, Li H, et al. 2013. The development of agriculture and its impact on cultural expansion during the late Neolithic in the Western Loess Plateau, China. The Holocene, 23(1): 85-92.

Jones M, Hunt H, Lightfoot E, et al. 2011. Food globalization in prehistory. World Archaeology, 43(4): 665-675.

Kuijt I, Goring-Morris N. 2002. Foraging, farming, and social complexity in the Pre-Pottery Neolithic of the southern Levant: A review and synthesis. Journal of World Prehistory, 16(4): 361-440.

Kuijt I, Mahasneh H. 1998. Dhra': An early Neolithic village in the southern Jordan Valley. Journal of Field Archaeology, 25(2): 153-161.

Kuzmina E E. 2008. The Prehistory of The Silk Road. Philadelphia: University of Pennsylvania Press.

Lightfoot E, Liu X Y, Jones M K. 2013. Why move starchy cereals? A review of the isotopic evidence for prehistoric millet consumption across Eurasia. World Archaeology, 45(4): 574-623.

Liu F W, Li H M, Cui Y F, et al. 2019. Chronology and plant utilization from the earliest walled settlement in the Hexi Corridor, northwestern China. Radiocarbon, 61(4): 971-989.

Liu X Y, Jones M K. 2014. Food globalisation in prehistory: Top down or bottom up. Antiquity, 88(341): 956-963.

Liu X Y, Lightfoot E, O'Connell T C, et al. 2014. From necessity to choice: Dietary revolutions in west China in the second millennium BC. World Archaeology, 46(5): 661-680.

Liu X Y, Lister D L, Zhao Z J, et al. 2016a. The virtues of small grain size: Potential pathways to a distinguishing feature of Asian wheats. Quaternary International, 426: 107-119.

Liu X Y, Reid R E B, Lightfoot E, et al. 2016b. Radical change and dietary conservatism: Mixing model estimates of human diets along the Inner Asia and China's mountain corridors. The Holocene, 26(10): 1556-1565.

Liu X Y, Jones P J, Matuzeviciute G M, et al. 2019. From ecological opportunism to multi-cropping: Mapping food globalisation in prehistory. Quaternary Science Reviews, 206: 21-28.

Long T W, Wagner M, Demske D, et al. 2016. Cannabis in Eurasia: Origin of human use and Bronze Age trans-continental connections. Vegetation History and Archaeobotany, 26(2): 245-258.

Long T, Leipe C, Jin G, et al. 2018. The early history of wheat in China from ^{14}C dating and Bayesian chronological modelling. Nature Plants, 4(5): 272-279.

Ma M M, Dong G H, Lightfoot E, et al. 2014. Stable isotope analysis of human and faunal remains in the Western Loess Plateau, Gansu, China, approximately 4000cal a BP. Archaeometry, 56(S1): 237-255.

Ma M M, Dong G H, Jia X, et al. 2016. Dietary shift after 3600 cal yr a BP and its influencing factors in northwestern China: Evidence from stable isotopes. Quaternary Science Review, 145: 57-70.

Marcott S A, Shakun J D, Clark P U, et al. 2013. A reconstruction of regional and global temperature for the past 11, 300 years. Science, 339(6124): 1198-1201.

Matuzeviciute G M, Lightfoot E, O'Connell T C, et al. 2015. The extent of cereal cultivation among the Bronze Age to Turkic period societies of Kazakhstan determined using stable isotope analysis ofbone collagen. Journal of Archaeological Science, 59: 23-34.

Miller A V, Usmanova E, Logvin V, et al. 2014. Subsistence and social change in central Eurasia: Stable isotope analysis of populations spanning the Bronze Age transition. Journal of Archaeological Science, 42: 525-538.

Moorey P R S. 1988. The chalcolithic hoard from Nahal Mishmar, Israel, in context. World Archaeology, 20(2): 171-189.

Motuzaite-Matuzeviciute G, Staff R A, Hunt H V, et al. 2013. The early chronology of broomcorn millet (*Panicum miliaceum*) in Europe. Antiquity, 87(338): 1073-1085.

Muhly J D. 1985. Sources of tin and the beginnings of bronze metallurgy. American Journal of Archaeology, 89(2): 275-291.

Murphy E M, Schulting R, Beer N, et al. 2013. Iron Age pastoral nomadism and agriculture in the eastern Eurasian steppe: Implications from dental palaeopathology and stable carbon and nitrogen isotopes. Journal of Archaeological Science, 40(5): 2547-2560.

Oates D. 1990. Innovations in mud-brick: Decorative and structural techniques in ancient Mesopotamia. World Archaeology, 21(3): 388-406.

Pokharia A K, Kharakwal J S, Srivastava A. 2014. Archaeobotanical evidence of millets in the Indian subcontinent with some observations on their role in the Indus civilization. Journal of Archaeological Science, 42: 442-455.

Ren L L, Li X, Kang L H, et al. 2017. Human paleodiet and animal utilization strategies during the Bronze Age in northwest Yunnan Province, southwest China. PloS One, 12(5): e0177867.

Roberts B W, Thornton C P, Pigott V C. 2009. Development of metallurgy in Eurasia. Antiquity, 83(322): 1012-1022.

Rosenberg D. 2010. Early maceheads in the Southern Levant: A "Chalcolithic" hallmark in neolithic context. Journal of Field Archaeology, 35(2): 204-216.

Sherratt A. 2006. The Trans-Eurasian exchange: The prehistory of Chinese relations with the West. In: MAIR V H. Contact and Exchange in the Ancient World. Honolulu: Hawaii University Press: 32-53.

Spengler III R N. 2015. Agriculture in the Central Asian Bronze Age. Journal of World Prehistory, 28(3): 215-253.

Spengler R, Frachetti M, Doumani P, et al. 2014. Early agriculture and crop transmission among Bronze Age mobile pastoralists of Central Eurasia. Proceedings of the Royal Society of London B: Biological Sciences, 281(1783): 20133382.

Stevens C J, Murphy C, Roberts R, et al. 2016. Between China and South Asia: A Middle Asian corridor of crop dispersal and agricultural innovation in the Bronze Age. The Holocene, 26(10): 1541-1555.

Wang L, Yang Y S, Jia X. 2016. Hydrogeomorphic settings of late Paleolithic and early-mid Neolithic sites in relation to subsistence variation in Gansu and Qinghai Provinces, northwest China. Quaternary International, 426: 18-25.

Wang T T, Wei D, Chang X, et al. 2017. Tianshanbeilu and the Isotopic Millet Road: Reviewing the late Neolithic/Bronze Age radiation of human millet consumption from north China to Europe. National Science Review, nwx015, https://doi.org/10.1093/nsr/nwx015.

Yang Y S, Dong G H, Zhang S J, et al. 2016. Copper content in anthropogenic sediments as a tracer for detecting smelting activities and its impact on environment during prehistoric period in Hexi Corridor, Northwest China. The Holocene, 27(2): 282-291.

Yang Y S, Ren L L, Dong G H, et al. 2019. Economic change in the prehistoric Hexi corridor(4800-2200a BP). North-West China. Archaeometry, https://doi.org/10.1111/arcm.12464.

Zhang G L, Wang S Z, Ferguson D K, et al. 2015. Ancient plant use and palaeoenvironmental analysis at the Gumugou Cemetery, Xinjiang, China: Implication from desiccated plant remains. Archaeological and Anthropological Sciences, 9(2): 145-152.

Zhang S J, Yang Y S, Storozum M J, et al. 2016. Copper smelting and sediment pollution in Bronze Age China: A case study in the Hexi corridor, Northwest China. Catena, 156: 92-101.

Zhao Y, Yu Z Y, Chen F H, et al. 2008. Holocene vegetation and climate change from a lake sediment record in the Tengger Sandy Desert, northwest China. Journal of Arid Environments, 72(11): 2054-2064.

Zhao Z J. 2011. New archaeobotanic data for the study of the origins of agriculture in China. Current Anthropology, 52(S4): S295-S306.

Zhou A F, Sun H L, Chen F H, et al. 2010. High-resolution climate change in mid-late Holocene on Tianchi Lake, Liupan Mountain in the Loess Plateau in central China and its significance. Chinese Science Bulletin, 55(20): 2118-2121.

Zhou L G, Garvie-Lok S J, Fan W Q, et al. 2017. Human diets during the social transition from territorial states to empire: Stable isotope analysis of human and animal remains from 770 BCE to 220 CE on the Central Plains of China. Journal of Archaeological Science: Reports, 11: 211-223.

Zhou X Y, Li X Q, Dodson J, et al. 2016. Rapid agricultural transformation in the prehistoric Hexi corridor, China. Quaternary International, 426: 33-41.

Zimmermann T. 2007. Anatolia as a bridge from north to south? Recent research in the Hatti heartland. Anatolian Studies, 57: 65-75.

第8章 河西走廊史前时代人与环境相互作用

　　河西走廊是史前东西方文化交流的枢纽之一,也是人类生存环境变化剧烈的地区,该地区史前时代人与环境相互作用的研究,对探讨早期跨大陆文化交流背景下人地关系演变过程与规律这一备受关注的前沿热点科学问题具有重要的学术价值。本章综合分析了河西走廊及周边地区已获得的植物考古、动物考古、骨骼碳氮稳定同位素分析、^{14}C测年,以及古环境变化研究的结果,探讨了河西走廊地区新石器晚期、青铜时代和铁器时代早期气候环境变化对人类生存空间和生业模式的影响,及人类对气候环境变化适应的过程。此外,笔者通过对河西走廊史前遗址文化层沉积物和未受人类干扰的自然沉积中重金属元素含量的测定,以及高山湖泊沉积物中黑炭含量的分析,揭示了史前时代人类对环境影响的时空过程。在上述研究基础上,总结分析了河西走廊地区史前时代人与环境相互作用模式的变化过程及其影响因素。

　　河西走廊地区是甘青文化区的重要组成部分,新石器文化发展受到马家窑文化和齐家文化西渐的显著影响(李水城,2009)。同时,河西走廊地处史前东西方文化交流的枢纽位置,其青铜文化发展又受到欧亚草原青铜文化南下的强烈影响(杨建华等,2016)。河西走廊地区的气候系统受到西风和季风的交互影响,对全球气候变化响应敏感。该地区地貌景观以干旱半干旱地区的高山-绿洲-戈壁-沙漠为特征,地貌水文变化幅度大,对人类生存环境影响极为显著。独特的地理位置和气候水文特征,导致该地区人与环境相互作用强度和速率明显大于东部季风区。然而,目前河西走廊地区史前时代人地关系演变过程和机制的探讨尚不深入,主要受限于不同学科研究团队交叉合作的不足,缺乏对各学科研究资料和数据的整合与分析工作。针对这一问题,笔者对河西走廊及邻近地区的考古研究和古环境研究结果进行了系统的总结和对比,尝试在气候环境变化和史前东西方交流背景下,分析河西走廊地区史前时代人与环境相互作用模式的变化,并探讨在不同文化发展阶段,影响人地关系演化的主要因素。

8.1　河西走廊史前时代环境变化对人类活动的影响及人类对环境变化的适应

　　气候环境变化对人类活动的影响,以及人类对环境变化的适应,是人与环境相互作用的两个不同侧面。在河西走廊地区，新石器晚期至铁器时代早期，人类活动与环境变化的关系非常密切，主要体现在人类定居强度和生存空间变化，以及生业模式的转换等方面。因此，作者将环境变化对人类活动的影响与人类对环境变化的适应作为探讨人与环境相互作用的不同视角结合进行讨论，推进史前时代不同阶段河西走廊地区人地关系演变轨迹的研究。

8.1.1 新石器晚期河西走廊环境变化对人类活动的影响及人类对环境变化的适应

新石器时代晚期，马家窑文化从黄土高原经河湟谷地扩散至河西走廊地区，并在马厂时期得到快速发展。因此，河西走廊地区新石器晚期文化的发展受到甘青文化区文化发展和扩张的影响，而气候环境变化和农业强化则是促使甘青地区新石器文化发展和扩张的主要动力（董广辉等，2016a；董广辉，2013）。在大地湾一期（7800~7200a BP）和仰韶文化早中期（7000~6500a BP），甘青地区新石器遗址主要分布在甘肃省中东部地区，文化发展规模较小（国家文物局，2011），该时期人类生产方式仍以狩猎采集为主，粟黍生产为辅（Barton et al.，2009）。约6000a BP，粟黍种植为主的旱作农业经济方式在黄土高原西部建立起来（Barton et al.，2009；An et al.，2010），而该地区6000~5000a BP是全新世相对温暖湿润的时期（周爱锋等，2010；Cai et al.，2010；An et al.，2006）。农业的强化与适宜的气候条件促使黄土高原西部6000a BP后新石器文化快速发展，并在仰韶文化晚期和马家窑文化早期（5500~4800a BP）第一次广泛扩张，先民向西扩散至青藏高原的河湟谷地并在该地区大规模定居（Chen et al.，2015；Dong et al.，2013a），部分从事粟黍种植和饲养猪和狗的人群进一步向西迁徙至河西走廊中部并在该地区定居（Dong et al.，2018），但该时期河西走廊遗址数量稀少（国家文物局，2011），说明人类定居强度较低。

4800~4400a BP，黄土高原西部和青藏高原东北部地区降水出现明显波动（周爱锋等，2010；Cai et al.，2010），该时期的气候恶化对文化演化产生了明显的影响，促使马家窑文化早期的马家窑类型向中晚期的半山类型和马厂类型转型（Dong et al.，2013b），以及人类生存空间向低海拔区域收缩（Dong et al.，2013a，2012），半山文化类型时期（4500~4300a BP）人类生业模式中狩猎经济的成分较马家窑类型时期有显著的增加，以应对气候恶化造成的粟黍产量不稳定带来的影响（Dong et al.，2013b）。在河西走廊地区，半山类型时期人类定居强度仍然很低（杨谊时，2017；国家文物局，2011），可能受到气候变化和甘青地区文化演化的双重影响。在马厂文化类型时期（4200~4000a BP），甘青地区气候条件有所好转，该时期也是甘青地区文化再次大规模扩张的时期，马厂文化类型遗址较半山文化类型遗址数量有显著的增加，分布范围也明显扩大（国家文物局，2011）。4300～4000a BP 还是齐家文化快速发展并向西扩张的时期（Jia et al.，2013；李水城，2009），这在一定程度上也促使马厂文化西进，影响范围扩展至河西走廊全境和新疆东部地区（李水城，2009）。

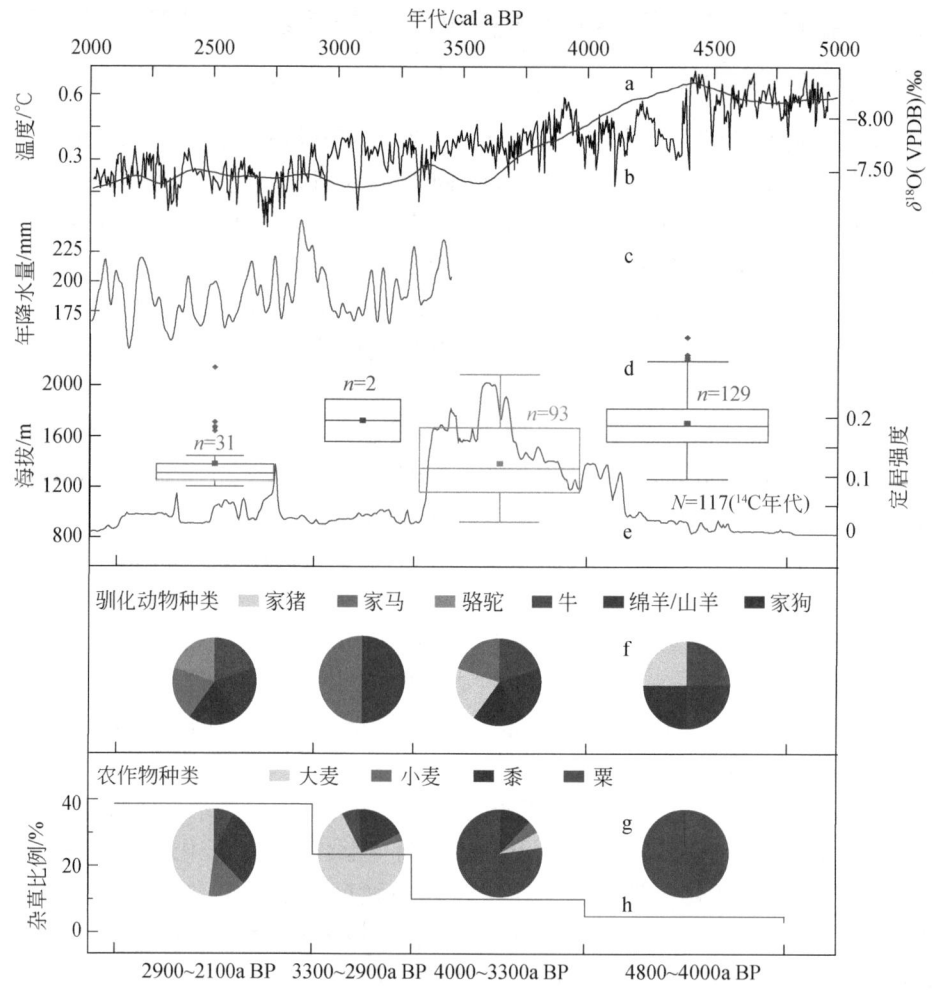

图 8.1 河西走廊史前遗址不同的考古证据与气候记录的对比（见彩图）

a. 30°～90°N 重建温度（Marcott et al.，2013）；b. 董哥洞石笋氧同位素（Wang et al.，2005）；c. 祁连山树轮重建的降水（Yang et al.，2014）；d. 遗址的海拔；e. 遗址 ^{14}C 数据重建的人类定居强度；f. 史前不同时期驯化动物种类及比例；g. 史前不同时期农作物种类及比例；h. 史前不同时期杂草比例

从河西走廊马家窑文化（包括马家窑、半山和马厂类型）遗址的分布特征看，主要分布在祁连山北麓坡积带、洪积带等海拔较高的地区，部分分布在河流阶地和冲积台地上（见第 2 章），遗址海拔范围集中在 1600～1800m（图 8.1d）。这显示河西走廊新石器晚期人类对生存空间地貌特征的选择与黄土高原西部地区是相似的，受到马家窑文化西渐的显著影响。尽管 5000～4000a BP 气候存在波动，但总体较全新世晚期温暖湿润（图 8.1a、b）。旱作农业是河西走廊地区新石器晚期人类最主要的生业模式，在马厂时期人类饲养的家畜包括了猪、狗、牛和羊，此外还从事一定的狩猎活动。这说明河西走廊新石器晚期人类充分利用了自然环境的资源，该时期植物遗存中的杂草比例也是最低的（图 8.1h），显示人类田间管理的投入是史前时代最高的，这很可能是导致马厂遗址数量在河西走廊地区各史前文化类型数量最多，分布最广的原因（图 2.4）。

8.1.2 青铜时代早中期河西走廊环境变化对人类的影响及人类对环境变化的适应

青铜时代早中期（4000～3300a BP），河西走廊及其周边多个环境记录显示降水和温度呈持续降低的趋势（Wang et al.，2015；吴永红等，2006；Ji et al.，2005；Herzschuh et al.，2004；Thompson et al.，1997）。西城驿遗址出土的炭屑分析也显示这一阶段气候有向干冷化发展的趋势（王树芝等，2014）。河西走廊邻近的青海湖及周边湖泊沉积物中的孢粉记录显示，该时期周围山地森林面积逐渐减小甚至消失（刘思丝等，2016；程波等，2010），向草原或荒漠草原发展。该时期河西走廊齐家文化、西城驿文化和四坝文化遗址海拔在 1200～1600m，较新石器晚期明显下降（图 8.1d）。人类向海拔较低的走廊平原绿洲扩张，其遗址主要分布在走廊冲积平原河流两侧的台地上或海拔较低的谷地（见第 2 章）。人类向低海拔及河流附近的扩张可以更有效地利用水资源，如种植小麦、大麦等需水的作物，发展灌溉农业（Staubwasser and Weiss，2006；Miller，1999），从事放牧牛、羊等多种活动。

在北半球显著降温的气候背景下（Marcott et al.，2013），由于粟黍生长易受霜冻影响（柴岩，1999；王星玉，1996），降温使得粟黍生产不稳定，不利于支撑高强度的人类定居。然而，^{14}C 年代频率（图 8.1e）显示，河西走廊地区在 4000～3300a BP 人类的定居强度是最高的，该时期齐家文化、西城驿文化和四坝文化在河西走廊得到了发展，也出现了较多的大型聚落遗址，如西城驿遗址、东灰山遗址、皇娘娘台遗址等。促使人类在青铜时代早中期气候冷干化背景下在河西走廊地区高强度定居的主要因素，是跨大陆文化交流带来的生产物资的多样化，对人类适应气候环境变化的能力有显著的增强。耐寒的农作物小麦和大麦（刘新春等，2017；肖和光等，1989）在4000a BP左右传入河西走廊地区（Dong et al.，2018；Dodson et al.，2013），并在3700a BP左右成为河西地区先民种植的主要农作物（杨谊时，2017；Zhou et al.，2016）。在青铜时代早中期，家畜羊、牛、猪、狗在河西走廊地区普遍被饲养，而中亚起源的家畜马在该时期也传入了河西走廊地区并得到利用（见第5章）。混合农业和牧业的发展，促使人类对资源利用的效率升高，是支撑青铜时代早中期人类在河西走廊地区高强度定居的主要因素。人类该时期选择的居住地海拔较新石器晚期有明显的下降（图8.1d），更接近主要的内流河（见第2章），也更适宜混合农牧经济的发展。直至今日，小麦种植和放牧牛羊与养猪还是河西走廊地区绿洲地带重要的生产方式。

在河西走廊附近的青藏高原东北部地区，人类生业模式在3600a BP出现了显著的变化（Ma et al.，2016），耐寒的农作物大麦和家畜羊在人类生业模式中的重要性显著提升，促使人类适应寒冷生存环境的能力显著提升，进而大规模向高海拔地区扩散和永久定居（Chen et al.，2015）。河西走廊地区人类生业模式的转变比青藏高原东北部地区略早，也是人类对降温的应对方式。一方面，反映了气候恶化对人类生存的压迫，进而导致人类对生产生活方式的调整。另一方面，人类对生业模式的调整，也是对气候恶化的适应方式，并进一步促进了河西走廊地区的文化发展和人类定居。此外，青铜时代早中期河西走廊地区还是重要的冶铜中心，说明人类在生产工具的制造生产方面有了长足的进步，这也在一定程度上对农牧业生产起到促进作用，有利于人类在河西走廊地区的生存和发展。

8.1.3 青铜时代晚期—铁器时代早期河西走廊环境变化对人类活动的影响及人类对环境变化的适应

多个气候记录显示，3400~2800a BP中国西北地区出现了显著的冷干事件。青藏高原的古气候研究（Zhao et al.，2008；Herzschuh et al.，2004）显示，3000a BP左右该地区温度明显下降，并且伴随着冰川的前进（Thompson et al.，2006；焦克勤等，2005；郑度和李炳元，1990），该时期也被提议为"新冰期"（伍光和，1984；崔之久，1979）。此外，祁连山树轮重建的年均降水量变化显示3300~2900a BP是气候干旱的时期（图8.1c）。考古证据显示该时期河西走廊地区人类活动很弱，仅在走廊东部石羊河流域发现4处董家台类型的遗址（甘肃省文物考古研究所和北京大学考古文博学院，2011；国家文物局，2011）。这表明3200~2800a BP河西走廊地区文化发生明显衰退，人类定居强度显著下降。考虑到文化低潮期与气候冷干事件发生在同一时期，可以推测气候显著恶化是导致河西走廊地区3200~

2800a BP 文化衰退的重要因素。

董家台类型土坝遗址的研究显示,耐寒的大麦为主要的农作物,并且发现了羊和马的骨骼遗存(图 8.1f、g)。这表明人类采取相对应的生业模式适应这一时期冷干的气候条件。董家台类型遗址的海拔较高,为 1800m 左右,这可能与该时期干旱的气候有关。由于河西走廊的水源主要依靠发源于祁连山的河流,其受山地降水影响明显,干旱时期河流下游地区流量可能显著减少,因此人类为了获取水资源可能迁往在河流的上游地区。然而,目前对董家台类型文化的研究还很薄弱,这一推论是否准确,需要在未来的工作中进行检验。

2900a BP 左右,祁连山树轮记录显示年均降水量有明显的回升(Yang et al., 2014)。河西走廊中部黑河下游的居延泽沉积物的记录显示,该古湖泊的湖面自 2900a BP 开始上升(Hartmann and Wunnemann, 2009),表明水量补给有所增加。沙井文化陶器绘有成排的飞鸟和天鹅(甘肃省文物考古研究所和北京大学考古文博学院, 2011),暗示该时期河西走廊地区环境较好。这一时期河西走廊中西部的骟马文化(2900~2100a BP)时期遗址数量开始上升,目前发现该时期遗址 10 余处(国家文物局, 2011),并且出现了城址(王辉, 2012)。河西走廊东部地区沙井文化(2700~2100a BP)也得到了快速的发展,其中在西岗-柴湾岗大型公共墓地发掘出 560 多座墓葬。这暗示随着生存条件的改善,可能促使了史前人类在河西走廊地区的活动。

3000a BP 前后欧亚草原游牧文明兴起,加快了欧亚草原人群扩张的步伐(Kuzmina, 2008)。此阶段,中国北方受到欧亚大陆游牧文化的影响(乌恩, 2002)。在这种大的游牧文化扩张浪潮背景下,河西走廊适宜发展牧业的绿洲环境及该时期相对较好的环境条件,可能吸引了邻近地区的人类迁移至该地区。考古证据显示,沙井和骟马文化明显受欧亚大草原游牧部落的影响(Frachetti et al., 2012; 韩建业, 2008; 乌恩, 2002)。因此,很可能在游牧人群迁徙、适宜的自然地理环境,以及降水增加等多重因素作用下,沙井和骟马时期河西走廊人类活动强度较董家台类型时期明显增加(图 2.4)。

青铜时代晚期—铁器时代早期,北半球气温依然处于低值(图 8.1a)。寒冷的气候条件依然不适宜粟作农业生产,而耐寒作物大麦成为该时期人类利用的主要农作物,其遗存在植物遗存中占绝对优势,部分遗址占到了 90% 以上。然而,杂草比例在这一时期显著升高(图 8.1f),达 39% 左右,表明人类对农业生产的田间管理强度较此前明显下降。这与人类对动物资源的利用策略发生了根本性的变化有关,人类将精力更多的集中在对动物资源的管理和利用上,表现为河西走廊地区该时期人类生业模式中牧业成分的增强(第 5 章)。历史文献记录进一步支持了这个观点,如《史记大宛传》记载河西走廊在战国时期(475~221BCE)被游牧民族占领。考古证据显示，在沙井和骟马文化时期，没有发现猪骨，但是发现了更多的马、骆驼、绵羊和牛的骨骼遗存（甘肃省文物考古研究所，2001）。青铜时代欧亚草原的游牧社群也存在这种低集约化程度的农业生产活动（Murphy et al.，2013；Di Cosmo，1994）。

沙井和骟马文化遗址的海拔较前两个阶段有明显下降，主要分布在 1300~1400m（图 8.1e）。其遗址多分布在河流冲积平原的台地、山前坡积带上或海拔更低的河流下游的尾闾湖附近（图 2.4）。如前文所述，这一时期人类以放养牛、羊、马的牧业生产为主，并种植大麦和黍等作物。这种典型的绿洲农业需要水资源的供应，与该时期的生业模式紧密相关。现今河西走廊地区耕种的主要区域都集中在绿洲、山前冲积扇和冲积平原，因为这些区域组成物质以沙土为主，土质较细，而畜牧业则集中在走廊东端的永昌、民勤，以及走廊西部的肃北、甘州、酒泉、敦煌、安西等海拔低的半农半牧区。这表明沙井和骟马文化的先民选择适宜的区域开展农牧业活动，是适应河西走廊独特自然环境的表现。同时期青藏高原东北部先民也选择不同的生业模式适应不同海拔地区的生存环境（张山佳和董广辉，2017）。

综上所述，河西走廊及周边地区 5000~2100a BP 温度总体呈下降趋势，降水则出现了多次明显的波动。气候环境变化对河西走廊地区的史前人类活动、生业模式和生存空间产生了重要影响，而人类也通过转换生计方式和生存空间来适应气候环境变化。人类定居强度、生业模式与生存环境变化的关系在史前时代的不同阶段是有明显差异的，主要受到早期跨大陆文化交流的影响，人类适应生存环境变化的能力在逐步增强，但依然无法抵御大幅度的气候恶化，如 3200~2800a BP 的冷干事件。

8.2 河西走廊史前时代人类冶铜活动对环境的影响

河西走廊是史前及历史时期东西方文化交流的重要通道。考古资料显示，青铜冶炼技术很可能是在距今 4000 年左右与起源于西亚的大麦小麦和家畜羊一起传入到这一地区的（Dodson et al.，2013；Brown et al.，2009；Linduff and Mei，2009；Lev-Yadun et al.，2000）。河西走廊地区被认为是中国最早的冶铜中心之一（杨建华等，2015；Dodson et al.，2009；李水城，2005；李水城等，2000；Mei et al.，1999）。该地区青铜时代早期遗址中出土了 300 多件青铜器物及冶炼遗物（陈国科等，2014；李水城，2009），占到了中国商代以前出土青铜器物数量的 70%左右（孙淑云和韩汝玲，1997）。尽管一些学者对河西走廊地区青铜冶炼活动对环境的影响进行了探讨（Li et al.，2011；李小强等，2010a，2010b；Dodson et al.，2009），但多基于少数遗址的零星研究工作，没有系统地反映区域尺度冶铜活动及其对环境影响变化的时空过程。

本节对河西走廊地区新石器晚期至铁器时代早期的 22 个考古遗址文化层沉积物及未受人类活动干扰自然表土中的重金属元素含量进行了分析,并对河西走廊中部的高山湖泊(天鹅湖)沉积物中的黑炭含量进行了测试,结合该区域考古及古气候研究资料,探讨河西走廊地区史前人类冶铜活动对自然环境的影响及其时空变化。

8.2.1 材料和方法

1. 样品采集

本节分析了22个考古遗址(图8.2)文化层沉积物(图8.3)及自然表土沉积物中的重金属元素含量(表8.1)。共计 260 个样品采自于 22 个新石器晚期和青铜时代及铁器时代早期遗址。考古遗址的选择及样品的采集遵循以下标准:①有典型的陶片以便确定其文化类型;②灰坑或文化层没有被扰动以避免污染。剖面以 5cm 或 3cm 间隔进行采样,同时采集了 32 个表土样品,作为元素含量的背景值。所有采样的遗址和表土位于戈壁、沙漠或农村地区,远离现代工业区。

此外,对位于祁连山中段的天鹅湖(39°14′20″N,97°55′26″E)(图8.2),采

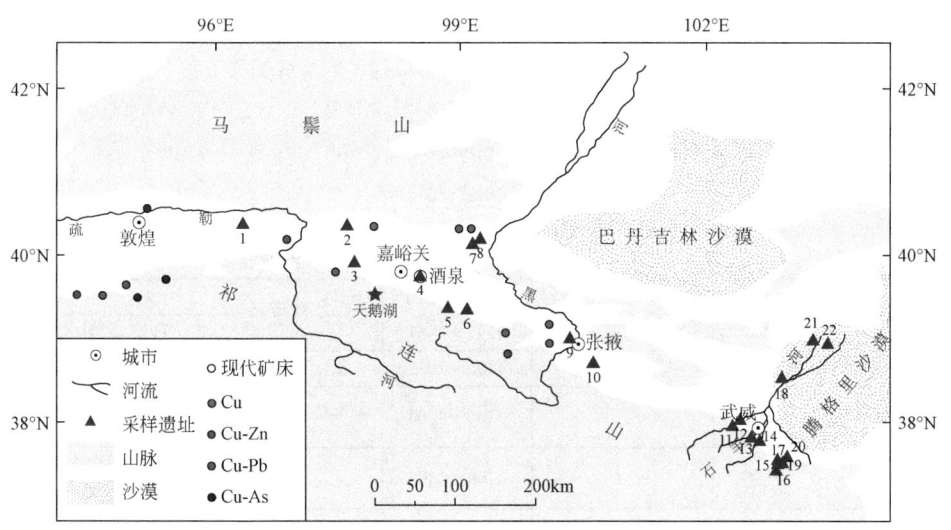

图 8.2 河西走廊矿床、采样遗址和天鹅湖的分布(见彩图)

1. 鹰窝树;2. 古董滩;3. 大墩湾;4. 赵家水磨;5. 干骨崖;6. 西河滩;7. 缸缸洼;8. 火石梁;9. 西城驿;10. 西灰山;11. 棋盘山;12. 郭家山;13. 茂林山;14. 磨嘴子;15. 官地;16. 西台;17. 李家圪㙮;18. 柳湖墩;19. 水口;20. 朵家梁;21. 民勤三角城;22. 火石滩

用奥地利平台钻（UWITEC Sediment Corer）于 2015 年 1 月在天鹅湖 1 号湖泊中心水域 14.18m 处钻取得到 7.9m 的 TEB 孔岩心。利用沉积物中的陆源植物残体进行了 AMS^{14}C 测年，并建立了年代框架，整个岩心平均沉积速率为 0.175cm/a（闫天龙等，2018）。

图 8.3　河西走廊地区样品采集剖面示例及部分遗址的冶炼相关遗物（见彩图）

a. 西城驿遗址东壁文化层剖面；b. 西城驿遗址出土石范；c. 西城驿遗址出土鼓风管；d. 西城驿遗址出土铜锥　e. 采集自缸缸洼、火石梁、西城驿和砂锅梁遗址的矿石；f. 西城驿遗址发掘出土的炉壁；g. 缸缸洼、火石梁、西城驿和西灰山遗址的铜渣

表 8.1　河西走廊 22 个史前遗址的年代和采样信息

遗址	样品来源	文化类型	年代/ cal a BP	铜器	文献
磨嘴子	灰坑	马厂	4233～3983	无	Zhou et al., 2016
西河滩	文化层	马厂-西城驿	4405～3993	无	Zhou et al., 2016
水口	文化层	马厂	4200～4000	无	甘肃省文物考古研究所和北京大学考古文博学院, 2011
棋盘山	文化层	马厂	4200～4000	无	甘肃省文物考古研究所和北京大学考古文博学院, 2011
官地	文化层	马厂	4200～4000	无	甘肃省文物考古研究所和北京大学考古文博学院, 2011
朵家梁	文化层	马厂-齐家	4300～3500	无	甘肃省文物考古研究所和北京大学考古文博学院, 2011
郭家山	文化层	马厂	4200～4000	无	甘肃省文物考古研究所和北京大学考古文博学院, 2011

续表

遗址	样品来源	文化类型	年代/cal a BP	铜器	文献
茂林山	文化层	马厂	4200~4000	无	甘肃省文物考古研究所和北京大学考古文博学院，2011
李家圪塄	灰坑	齐家	4000~3500	无	甘肃省文物考古研究所和北京大学考古文博学院，2011
火石梁	文化层	马厂-西城驿	4026~3759	数件	甘肃省文物考古研究所和北京大学考古文博学院，2011
缸缸洼	文化层	马厂-西城驿	4135~3733	数件	Dodson et al.，2009
西城驿	文化层	马厂-西城驿-四坝	4100~3450	>38	陈国科等，2014
大墩湾	文化层	四坝	3700~3400	无	甘肃省文物考古研究所和北京大学考古文博学院，2011
鹰窝树	文化层	四坝	3560~3260	7	Zhou et al.，2016
干骨崖	文化层	四坝	3834~3625	>48	李水城等，2000
西灰山	文化层	四坝	3700~3400	>2	李水城等，2000；Flad et al.，2010
古董滩	文化层	骟马	3000~2400	数件	甘肃省文物考古研究所和北京大学考古文博学院，2011
赵家水磨	文化层	骟马	2788~2505	无	Zhou et al.，2016
民勤三角城	文化层	沙井	2800~2400	无	蒲朝绂和庞跃先，1990
西台	灰坑	董家台	3200~3000	无	甘肃省文物考古研究所和北京大学考古文博学院，2011
火石滩	文化层	沙井	2800~2400	无	蒲朝绂和庞跃先，1990；Andersson，1943
柳湖墩	文化层	沙井	2800~2400	数件	蒲朝绂和庞跃先，1990；Andersson，1943

2. X-射线荧光光谱分析（XRF）

所有的样品在室温下自然晾干，炭屑和植物残体等有机物质被挑出，然后用玛瑙研钵进行研磨。将大约4g样品在30t压力下压成直径4cm，厚0.4~0.6cm的圆片样品。样品的元素含量测试在兰州大学西部环境教育部重点实验室的X-射线荧光光谱实验室进行，仪器型号为Magix PW2403，常见元素的检出范围为0.1ppm（1ppm=0.0001%）至100%。标样选用GBW07426国家一级土壤标样。

3. 黑炭含量测试

沉积物样品前处理方法参照方引（2016）。湖泊沉积物湿样经冷冻干燥后，利用玛瑙研钵研磨均匀。称量0.2~0.3g干燥的沉积物样品到10mL聚乙烯塑料管中，加入5mL 0.5M盐酸溶液，于60±1℃下水浴加热24h。反应后的样品用二次去离子水水洗离心 3~4 次（4000r/min，15min/次），使得上清液的 pH>5，将上清液轻轻倒掉。然后在塑料管中加入 5mL 配制好的体积比为 2∶1 的氢氟酸（48%）和浓盐酸（6M）的混合溶液，于 60±1℃温度下水浴加热 24 h。反应后的样品用二次去离子水水洗离心 3~4 次（4000r/min，15min/次），使得上清液的 pH>6，将上清液轻轻倒掉。最后在塑料管中加入 5mL 4M 盐酸溶液，于 60±1℃温度下水浴加热 24h。反应后的样品再次用二次去离子水水洗离心 3~4 次（4000r/min，15min/次），使得上清液 pH>6。湿化学预处理结束后，将溶液过滤加载到直径为 47mm 预先高温灼烧（450℃，4h）的石英纤维滤膜上（Whatman）。

样品在中国气象局兰州干旱气象研究所 DRI 2001A 型有机碳/元素碳（OC/EC）分析仪中，采用热光反射法（TOR）进行测试，测试程序为 IMPROVE 协议。在无氧的纯 He 环境中，分别在 120℃（OC1）、250℃（OC2）、450℃（OC3）和 550℃（OC4）温度下，对 0.526（0.525）cm^2 的样品滤膜片进行加热，将滤纸上的颗粒态碳转化为 CO_2；然后再将样品在含 2%氧气的氦气环境下，分别于 550℃（EC1）、700℃（EC2）和 800℃（EC3）逐步加热，此时样品中的元素碳释放出来。当一个样品测试完毕，有机碳和元素碳的 8 个组分（OC1、OC2、OC3、OC4、EC1、EC2、EC3、POC）同时给出。通常定义焦炭为 Char=EC1-POC，烟炱为 Soot=EC2+EC3（Han et al.，2009，2007）。

4. 统计分析

根据特征值-特征向量矩阵的计算，主成分分析（PCA）使新变量成为原始变量的线性组合。这些新变量称为主分量，它们通过主分量负载加权，表示原始变量对得分的大小和模式，并能很大程度上反映原始变量的影响。一般来说，前两个主成分（PCA 01 和 PCA 02）提供了原始数据中最多的信息，足以揭示各种趋势和异常值。主成分分析在 SPSS 20.0 中进行以下 5 个步骤：①标准化原始数据；②计算协方差矩阵；③计算协方差矩阵的特征值和特征向量；④提取前两个主成分；⑤计算得分矩阵。利用 Matlab 8.0 中的高斯混合模型进行聚类分析。

8.2.2 X-射线荧光光谱和黑炭分析结果

1. X-射线荧光光谱分析

6 种重金属元素的 X-射线荧光光谱分析结果如图 8.4 所示。根据遗址的考古学文化类型，将样品分为 3 个阶段。表 8.2 给出了重金属元素含量的统计数据。8 个马厂文化（4200~4000a BP）的遗址（图 8.4，绿色箱子），68 个样品的重金属元素含量都处于表土的背景值中（图 8.4，黑色箱子）。8 个齐家、西城驿和四坝文化遗址的 146 个样品,时间跨度为 4000~3300a BP(图 8.4,红色箱子)。遗址文化层中的重金属元素含量显著高于背景值。6 个董家台、骟马和沙井文化(3200~2100a BP)遗址的 46 个样品,文化层中 Cu、Ni、Cr、Pb 和 Zn 的含量都明显高于背景值,但是 As 的含量和第一阶段的文化层及表土样品相似(图 8.4,蓝色箱子)。

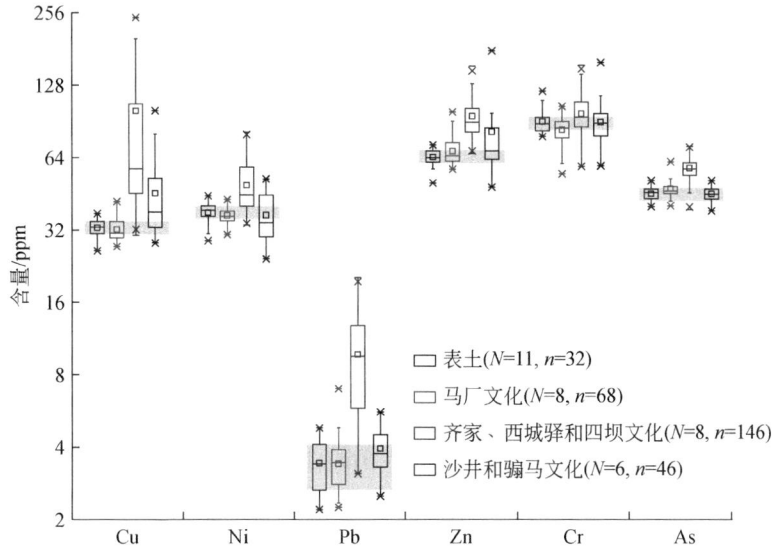

图 8.4 河西走廊 22 个遗址人为土和表土的重金属元素含量(见彩图)

阴影部分表示表土沉积物中重金属元素含量的变化范围

表 8.2 人为土和表土中 6 种重金属元素含量的统计数据

样品来源	数量	参数	Cu/ppm	Ni/ppm	Pb/ppm	Zn/ppm	Cr/ppm	As/ppm
表土	32	平均值	32.66	37.74	3.43	64.08	90.26	45.21
		中值	32.85	38.70	3.40	63.70	88.70	45.70
		标准差	2.77	3.68	0.80	5.26	9.36	2.79
		最小值	26.20	28.90	2.20	50.20	78.30	40.00
		最大值	37.50	44.40	4.80	72.10	121.00	51.20
第一阶段(4300~4000a BP)	68	平均值	32.12	34.84	3.40	67.95	83.39	47.51
		中值	31.10	34.50	3.45	65.05	85.05	46.50
		标准差	3.34	2.73	0.91	9.19	9.77	4.42
		最小值	27.30	29.00	1.10	57.10	54.70	40.30
		最大值	42.00	40.60	7.00	99.20	104.70	61.40

续表

样品来源	数量	参数	Cu/ppm	Ni/ppm	Pb/ppm	Zn/ppm	Cr/ppm	As/ppm
第二阶段 (4000~3300a BP)	146	平均值	100.23	49.12	9.68	95.26	97.53	57.80
		中值	57.45	44.90	9.55	89.90	94.45	57.35
		标准差	93.37	11.71	4.52	18.63	17.16	5.99
		最小值	30.40	33.60	3.10	66.40	58.70	38.90
		最大值	388.20	81.90	20.30	153.50	154.80	71.10
第三阶段 (3200~2100a BP)	46	平均值	45.45	36.90	3.93	81.97	89.95	45.09
		中值	37.95	34.25	3.75	68.10	89.20	45.15
		标准差	18.64	8.30	0.84	31.29	15.60	3.07
		最小值	28.30	24.30	2.50	48.20	59.00	38.40
		最大值	100.40	52.10	5.60	177.50	159.00	51.20

如图 8.5 所示，所有 22 个遗址的铜含量均具有明显的变化。马厂文化阶段（4200~4000a BP），8 个遗址文化层沉积中的铜含量完全在表土值的范围之内；齐家、西城驿和四坝文化阶段（4000~3300a BP），8 个遗址文化层沉积中的铜含量

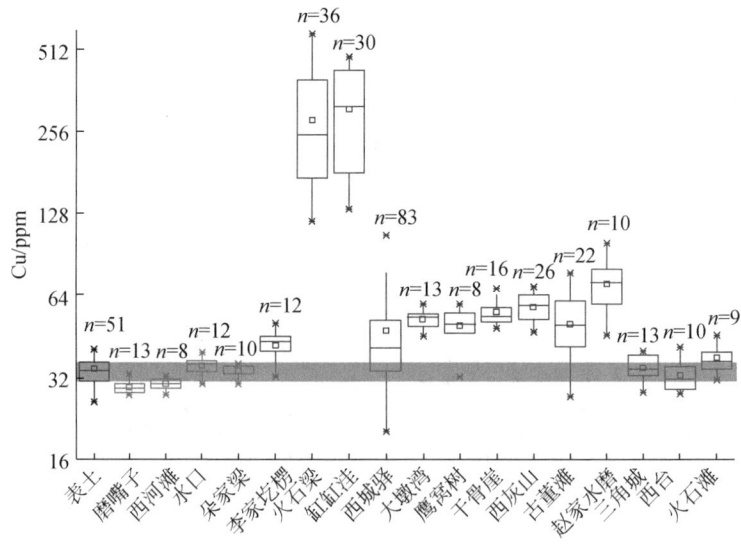

图 8.5 河西走廊史前遗址文化层沉积及表土中铜元素含量变化（见彩图）

箱式图中箱子上下边分别代表所有数据 25%和 75%的数值，中间的线代表中位数，小方框代表平均值，上下两极代表最大和最小值；绿色、红色和蓝色箱子分别代表马厂、齐家—西城驿—四坝和沙井—骟马阶段扰土的铜含量值，黑色箱子代表表土的铜含量值；阴影区域表示表土铜含量值的变化范围

都高于本底值；董家台、沙井和骟马文化阶段（3200～2100a BP），古董滩和赵家水磨遗址文化层沉积中的铜含量高于表土值，而三角城、西台、柳湖墩和火石滩遗址文化层沉积中的铜含量则和表土值的范围相近。

如图 8.6 所示，聚类分析的结果表明西城驿遗址剖面文化层沉积中重金属元素含量变化可分为三个阶段。阶段 1：剖面深度 12～100cm，西城驿文化和四坝文化层中，Cu、Zn、Pb、As、Ni 元素含量较马厂晚期和西城驿文化早期有明显上升，并且同时出现了一个峰值。阶段 2：剖面深度 100～115cm，洪积层 Cu、Zn、Pb、As、Ni 元素含量骤然下降，共同出现了一个低值，各元素含量也低于表土中的含量。阶段 3：剖面深度 115～235cm，马厂晚期和西城驿文化早期文化层中，Cu、Zn、Pb、As、Ni 元素含量较低，但是与生土层比较，呈明显的上升趋势。

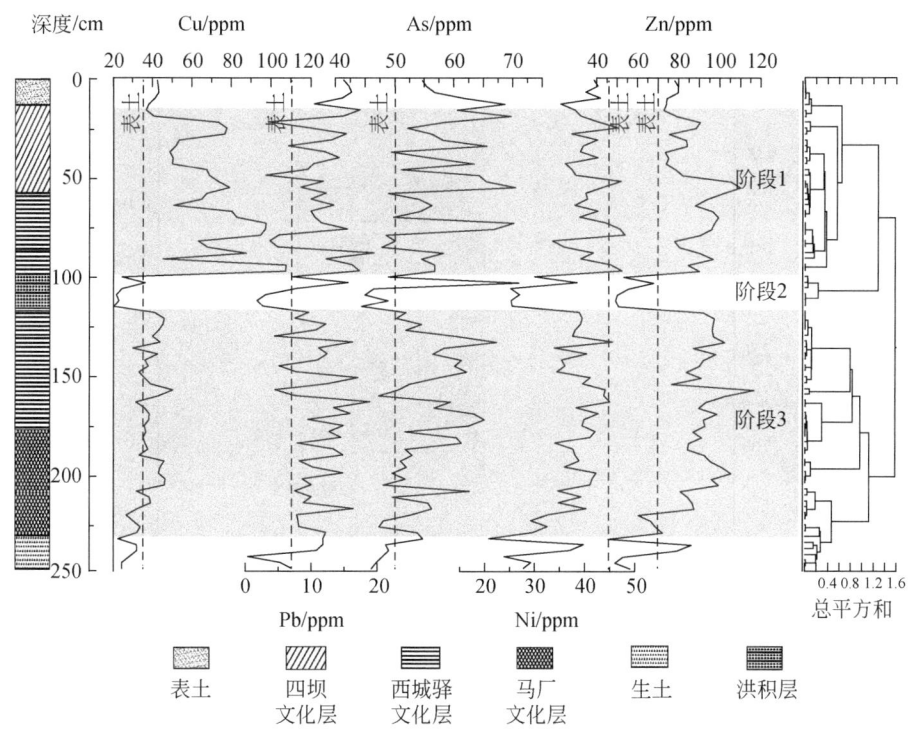

图 8.6　西城驿遗址剖面重金属元素含量变化（见彩图）

2. 黑炭

天鹅湖沉积物黑炭中焦炭（char）与烟炱（soot）浓度变化范围分别为 0.8～13.5mg/g 和 0.02～0.3mg/g。其中，焦炭浓度在 5000～4000a BP 和 3300～2100a BP

为低值，在 4000~3300a BP 出现显著峰值（13.5mg/g）；烟炱浓度在 5000~4000a BP 和 3300~2100a BP 时期为低值，在 4500~4000a BP 有小的峰值，并在 4000~3300a BP 出现显著峰值（0.3mg/g）（图 8.7）。

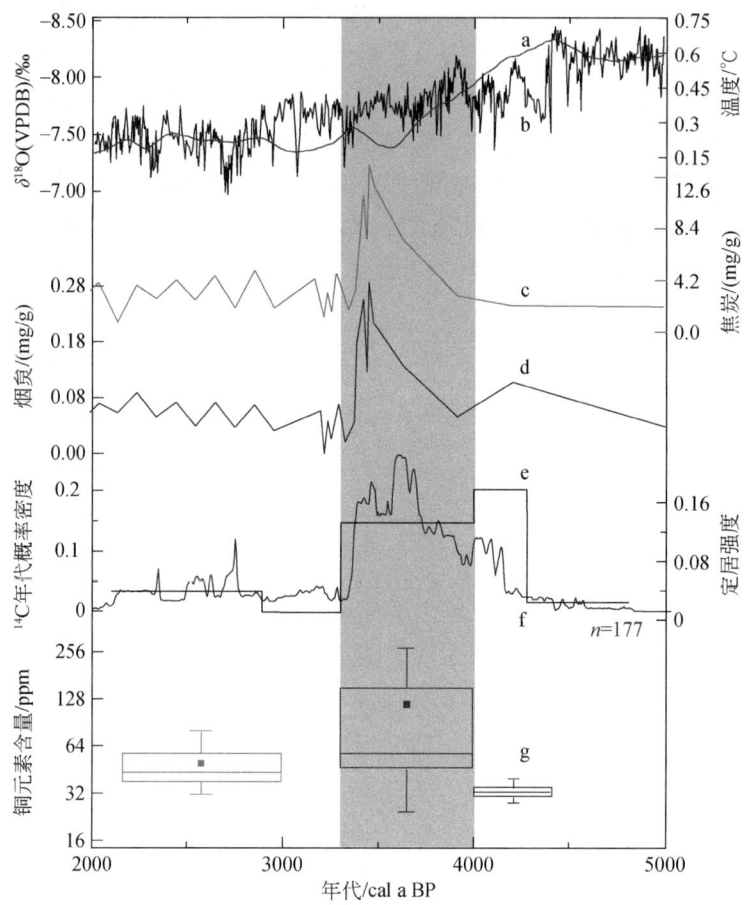

图 8.7 天鹅湖沉积物黑炭含量与河西走廊人类定居强度和文化层沉积中铜元素含量对比（见彩图）

a. 30°~90°N 重建的温度（Marcott et al.，2013）；b. 董哥洞石笋氧同位素（Wang et al.，2005）；c. 焦炭（char）含量；d. 烟炱（soot）含量；e. 遗址数量重建的定居强度；f. ^{14}C 年代数据重建的人类活动强度；g. 三个阶段遗址文化层沉积中铜元素含量

3. 统计分析

图 8.8 以散点图的形式展示了六种元素的前两个主成分的得分和聚类分析结果。马厂文化遗址文化层中样品的主成分分析得分（图 8.8a）和表土没有差异（图

8.8,红色点)。这些可以用负的 PCA 01 值来表征,也可以通过将聚类分析的结果结合起来加以区分(图 8.8b)。齐家、西城驿和四坝文化遗址的样品具有高的 PCA 值(图 8.8c)。此外,根据元素含量的主成分分析得分的不同,结合聚类分析的结果,可识别出两个明显的聚类(图 8.8d)。两个骟马文化遗址样品的前两个主成分的得分明显和表土样品有所不同,但是其他四个沙井文化遗址的样品则不是(图 8.8e)。根据聚类分析的结果看,两个聚类是分离的(图 8.8f)。

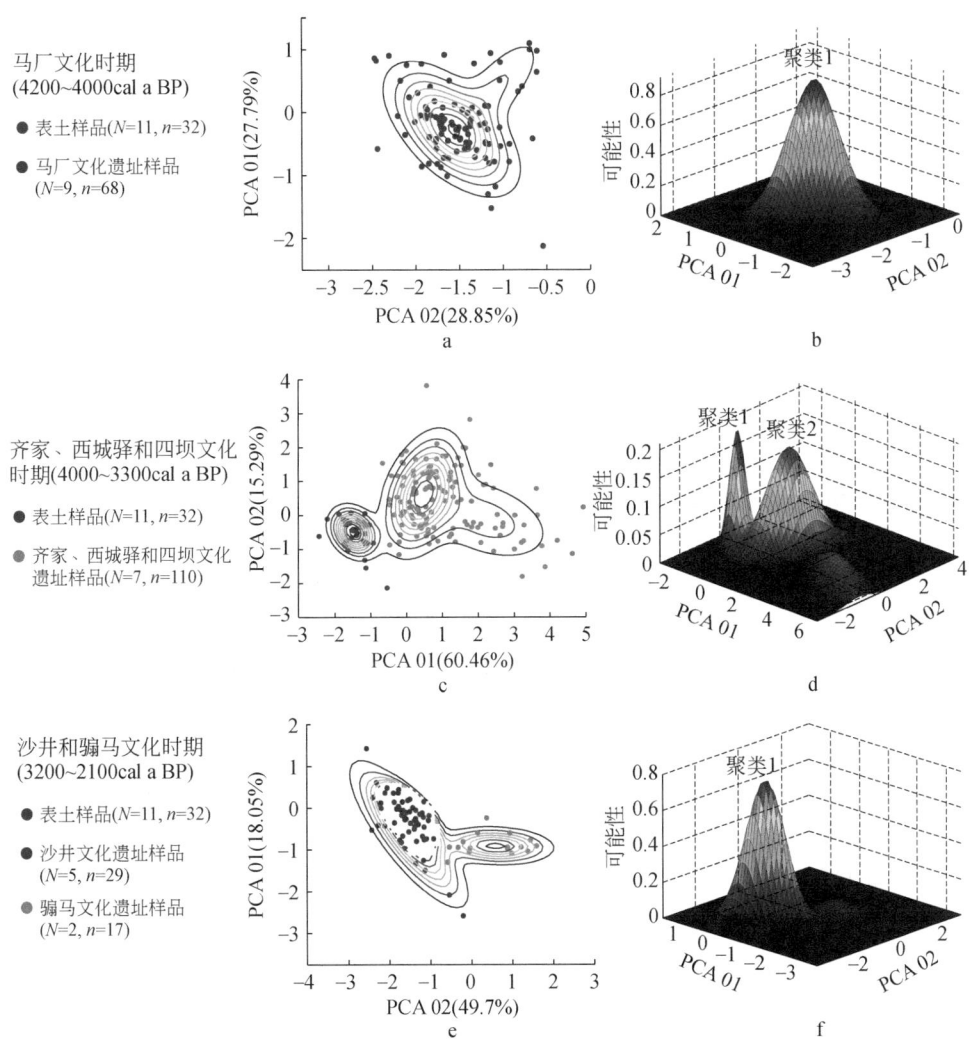

图 8.8　三个时期的聚类分析和主成分分析(见彩图)

a、c 和 e 是主成分分析的结果;b、d 和 f 是聚类分析的 3D 概率分布图。独立和分离的聚类显示了人为土和表土样品之间的差异

8.2.3 新石器时代晚期—铁器时代早期河西走廊人类活动对环境的影响

河西走廊地区 22 个新石器晚期—铁器时代早期遗址文化层沉积中的重金属元素含量呈现波动变化，结合西城驿遗址剖面重金属元素变化，以及天鹅湖沉积物中黑炭含量的变化，可以将河西走廊地区史前人类活动对环境的影响过程分为三个阶段：新石器晚期（4800～4000a BP）、青铜时代早中期（4000～3300a BP）和青铜时代晚期—铁器时代早期（3200～2100a BP）。

1. 新石器晚期河西走廊人类活动对环境的影响

古环境记录中的黑炭含量变化可以有效反映火灾频率的变化历史（Ali et al., 2009; Clark, 1988），可作为探讨史前人类活动对环境（尤其是植被）影响的重要指标。将地质沉积载体中的黑炭和考古资料结合，与古环境记录如温度、降水变化进行对比分析，可为认识史前人类农业/冶铜活动对环境的可能影响提供有效的途径（董广辉等，2016b；Huang et al., 2006）。

元素分析结果显示，采自河西走廊马厂文化时期的 8 个遗址文化层中的沉积样品与自然表土中的铜元素含量范围基本一致（图 8.9），聚类分析和 PCA 分析显示二者之间没有显著差异（图 8.8a、b）。而天鹅湖沉积样品焦炭（char）含量在 4800～4000a BP 整体较低，没有明显的变化。焦炭是在低温条件下燃烧形成的植物固体残渣，粒径在毫米到微米范围内，不能被远距离传播，一般被用于指示数十千米内的火灾情况（Clark and Patlerson, 1997）。这显示河西走廊中部新石器晚期的人类活动并未对植被造成明显的影响。然而，天鹅湖沉积物中烟炱（soot）含量在马厂文化时期有一个明显的高值（图 8.8d），而该指标指示具有球状石墨环的亚微米级气溶胶粒子，可悬浮在空气中传播到很远的距离，用来指示区域尺度至全球尺度的火灾历史（Clark and Patlerson, 1997）。尽管气候变化也可能导致火灾频率的增加，但河西走廊地区马厂时期遗址数量显著高于马家窑和半山类型时期，暗示该地区 4300～4000a BP 的人类活动很可能造成区域尺度上火灾频率的增加和植被的破坏。鉴于天鹅湖沉积中 4800～4000a BP 阶段开展黑炭含量分析的样品较少，针对这一现象未来尚需开展进一步的研究。

西城驿剖面沉积物中与冶铜活动相关的 Cu、As、Pb 和 Zn 等元素含量在马厂晚期地层开始明显上升（图 8.6），暗示河西走廊地区人类冶铜活动对环境的影响可能略早于 4000a BP。这与考古的发现也是相符的。在火石梁与缸缸洼遗址中小麦直接测年的最早年代的上限是早于 4000a BP 的（Dodson et al., 2009），这两个遗址都出土了大量与冶铜活动相关的遗存（Dodson et al., 2009），在河西走廊中部的照壁滩和高苜蓿地马厂晚期遗址也有铜器的发现（李水城，2009；李水城等，1987），暗示着青铜冶炼技术可能在马厂晚期就传入河西走廊地区（陈国科，2017）。但该地区 4000a BP 以前的金属冶炼证据仍然很少。西城驿遗址马厂晚期文化（4200～4000a BP）地层中发现了铜矿石和炼铜渣（陈国科等，2014），说明西城驿剖面马厂晚期地层沉积物中元素含量的上升可能与该时期冶炼活动的出现有关（陈国科等，2019）。虽然在马厂时期河西走廊地区人类的定居强度是较高的，但是来自元素地球化学的证据显示这一时期河西走廊其他遗址文化层中的铜元素含量并没有明显的变化，从另外一个侧面反映冶铜活动在 4000a BP 之前在河西走廊地区并没有普遍出现。

2. 青铜时代早中期河西走廊人类活动对环境的影响

采自河西走廊地区齐家—西城驿—四坝时期（4000～3300a BP）8 个遗址文化层的沉积样品中的铜元素含量均显著高于背景值（图 8.9），聚类分析和 PCA 分析显示它们分为明显的两类（图 8.8c、d），表明二者存在显著的差异。河西走廊地区史前人类活动强度在这一时期达到鼎盛，天鹅湖沉积物中黑炭含量也达到峰值（图 8.7）。已有研究显示温度升高是导致火灾频率增加的主要因素（Daniau et al.，2012；Westerling et al.，2006；Mckenzie et al.，2004），而 4500a BP 以来北半球的温度呈现下降趋势（Marcott et al.，2013），降水在这一时期尽管出现波动但其与黑炭变化趋势并不同步（图 8.7b），暗示河西走廊地区 4000～3300a BP 火灾频率的显著上升主要是受人类活动影响。

4000～3300a BP 时期，天鹅湖沉积物中黑炭含量显著升高，且高于前一阶段 7 倍左右（图 8.7），明显超出自然变化的范围。河西走廊作为青铜时代早期中国的冶铜中心（李水城，2005），其冶铜活动是非常强盛的。该地区青铜时代的遗址中出土了大量的冶炼有关的遗物，如铜渣、矿石、坩埚、鼓风管、石范等（图 8.3）（陈国科等，2014；李水城，2009），其中坩埚、鼓风管、铜范遗物显示当时人类已经掌握一种先进的冶炼、铸造工艺，说明当时已经在大规模地进行冶炼活动。河西走廊中部条湖沉积物中元素分析结果显示（Li et al.，2011；李小强等，2010a），4100～3700a BP 重金属元素（Cu、As、Ni、Pb 等）等出现了显著的峰值，侵蚀速率较 4100a BP 以前有明显增加，指示该阶段冶铜活动的强盛。四坝文化东灰山遗址剖面的 Cu 元素含量在 3700～3400a BP 出现峰值（李小强等，2010b），西城驿遗址剖面重金属元素在 4100～3400a BP 有明显上升（图 8.6），河西走廊 22 个 4000～3300a BP 阶段考古遗址文化层中沉积物的重金属元素含量较 4800～4000a BP 也有了显著的增加（图 8.9b），这些证据都显示河西走廊地区人类在该时期从事高强度的冶铜活动。来自铅同位素的证据表明，在火石梁和缸缸洼遗址附近的白

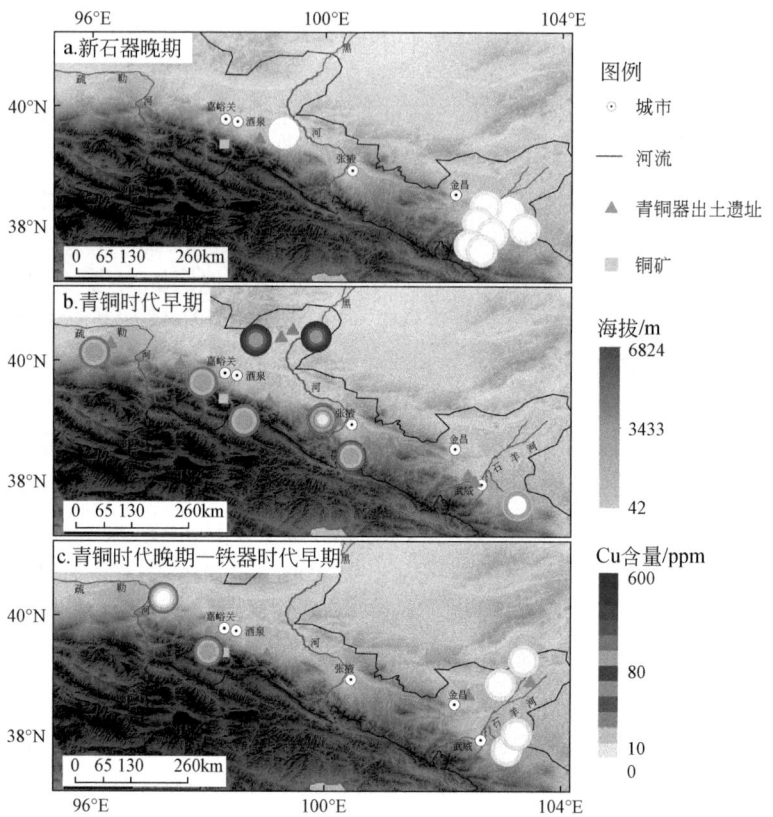

图 8.9 河西走廊地区 22 个遗址文化层沉积中与自然本底铜元素含量差异的时空变化（见彩图）

山堂铜矿是西城驿文化时期冶炼青铜的材料来源地（Dodson et al.，2009）。

人类早期的冶炼活动需要大量的木炭，遗址周边的乔木和灌木植物是制作木炭的最佳选择。河西走廊黑河流域的火石梁和缸缸洼遗址中保存了大量炭屑遗存，也有炭屑镶嵌在矿渣中，表明这些炭屑应是铜冶炼活动所用木炭的遗存。火石梁和缸缸洼遗址的炭屑鉴定结果显示，河西走廊地区青铜时代早中期先民的青铜冶炼活动所用木材为柽柳、杨属、柳属、蓼科四类乔灌木植物。冶铜活动强度的增加导致乔木和灌木植物被大量砍伐，3800a BP 左右遗址周边的乔灌木植被基本消失（孙楠等，2010）。因此，天鹅湖沉积物中黑炭含量在 4000～3300a BP 出现峰值很可能与当时人类高强度的冶铜活动有关。

此外，Zhou 等（2012）通过分析河西走廊地区皇娘娘台和东灰山两个考古遗址剖面沉积物的孢粉和炭屑认为，青铜器时代的农业活动导致河西走廊耕地面积增加，以及以蒿属为主的草原规模减小。农业活动引起的土壤肥力流失和土地盐渍化导致了土地退化,而土地退化可能迫使先民减少农业活动,并最终放弃原有的居址迁移至其他地点。Shen等(2018)对河西走廊新石器晚期—青铜时代遗址出土炭屑的分析显示,青铜时代早中期该地区植被多样性显著下降与农业和冶铜活动密切相关。这表明,河西走廊地区4000~3300a BP时期人类农业活动强度较大,并对环境产生了显著的影响,可能是导致天鹅湖沉积物中黑炭含量大幅上升的另一重要因素。

3. 青铜时代晚期—铁器时代早期河西走廊人类活动对环境的影响

沙井文化三角城、柳湖墩、西台和火石滩等青铜时代晚期—铁器时代早期(3200~2100a BP)遗址文化层沉积中的铜元素含量较青铜时代早中期遗址有所下降,大致和背景值的铜元素含量范围相一致,PCA分析显示它们没有差异。而骟马文化古董滩和赵家水磨遗址文化层沉积中铜元素含量仍然高于背景值(图8.9),聚类分析表明其与表土铜元素含量存在显著差异(图8.8e、f)。在沙井和骟马遗址中,出土的青铜器和冶炼相关的遗物明显减少(李水城,2009)。商代晚期—春秋战国时期,中原地区成为中国青铜时代的冶铜中心,而河西走廊的冶铜活动则逐渐衰落,这可能是由于冶铜生产中心向中国北方的其他地方转移导致的(Zhang et al.,2017;张光直,2013)。青铜时代晚期—铁器时代早期,河西走廊地区文化层沉积物中铜元素含量在空间上也有明显的变化,河西走廊东部和西部差异性很大,且西部明显高于东部。这些证据显示河西走廊西部的骟马文化人群仍然从事冶铜活动,而河西走廊东部沙井文化人群可能存在很小规模的冶铜活动或者不从事冶铜活动,其青铜器可能主要是通过贸易从别的地区交换而来(甘肃省文物考古研究所,2001)。

3300~2100a BP,天鹅湖沉积物中黑炭含量显著下降(图8.7c、d)。考古证据显示,四坝文化(3700~3300a BP)之后河西走廊地区仅有的考古学文化为董家台类型(甘肃省文物考古研究所和北京大学考古文博学院,2011),其遗址仅发现4处,表明该时期河西走廊地区人类定居强度急剧下降(图8.7e)。至沙井、骟马文化时期(2900~2100a BP),河西走廊人类定居强度依然不高,其生业模式由此前的半农半牧转变为牧业为主农业为辅,很可能还含有游牧经济形态(Yang et al.,2019),因此降低了对植被的破坏。上述证据表明,天鹅湖沉积物中黑炭含量在3300a BP之后的降低,很可能是河西走廊地区人类定居强度的下降和生业模式的转变导致的。但其仍然存在波动(图8.7c、d),可能显示河西走廊西部骟马文化人群的冶铜活动仍然对植被和燃火频率产生了一定程度的影响。

综上所述,河西走廊地区史前人类活动对环境的影响在史前时代的不同阶段差异显著,与人类定居和活动强度与生业模式紧密相关。4800~4000a BP,人类以粟作农业生产为主的活动方式对环境影响并不明显,铜冶炼技术可能已传至河西走廊地区但没有被大规模应用,对环境影响的空间范围也十分有限。4000~3300a BP,是史前人类在河西走廊地区定居强度最大的时期,也是人类冶铜活动强度最大的阶段,人类活动显著地影响了周边的自然环境,导致植被的破坏及沉积物的污染。3200~2100a BP,河西走廊地区人类定居强度明显降低,生业模式发生转变,表现为牧业成分的增强,对林木资源的依赖明显下降,该时期人类活动对自然环境的影响程度较青铜时代早中期显著下降。

8.3 本章小结

河西走廊地区史前时代人与环境相互作用的模式在不同时期发生了显著的变化。4800~4000a BP 气候变化通过影响甘青地区新石器晚期文化的时空演化,进而对河西走廊地区的人类活动产生了重要影响。河西走廊地区新石器晚期,尤其是马厂时期的先民充分利用了周边自然环境的资源,在此过程中可能对森林植被产生了一定的破坏作用。青铜冶炼技术在马厂晚期可能传入河西走廊中部,并在局地范围对沉积物化学性质产生了影响。4000~3300a BP 的降温趋势可能促使外来的麦类作物种植在河西走廊地区人类生业模式中的地位显著上升,人类采取了混合农业和牧业生产方式为主的生存策略,适应环境的能力显著提升,也保障该时期在温度和降水均较 4800~4000a BP 偏低的背景下,定居强度反而增强。人类在该时期高强度的冶铜和农牧业生产活动导致森林植被、土壤侵蚀和污染等问题。3200~2800a BP 是气候冷干时期,气候恶化与人类活动对环境破坏的双重影响可能是导致河西走廊地区在该时期文化显著衰退的重要原因。2800~2100a BP,气候条件有所好转但仍然温度偏低,人类采用了以牧业生产(可能含有游牧成分)为主,种植耐寒大麦为辅的生业模式以适应生存环境。该时期河西走廊西部仍存在冶铜活动,但其强度相较 4000~3300a BP 显著下降,人类活动对自然环境有所影响,但强度和范围均明显弱于青铜时代早中期。导致河西走廊地区史前时代人与环境相互作用模式变化的主要原因是早期欧亚大陆东西方文化交流带来的技术革新和生产资料的多样化,河西走廊特殊的地理位置和自然环境使其成为新石器晚期至汉代之前人与环境相互作用变化最为显著的地区之一,这为考察跨大陆文化交流对人地关系演变影响的规律和机制提供了重要的参考案例。

参 考 文 献

柴岩. 1999. 糜子. 北京: 中国农业出版社.

陈国科. 2017. 西城驿-齐家冶金共同体——河西走廊地区早期冶金人群及相关问题初探. 考古

与文物, (5): 37-44.

陈国科, 王辉, 李延祥, 等. 2014. 甘肃张掖市西城驿遗址. 考古, (7): 3-17.

陈国科, 杨谊时, 张山佳, 王辉. 2019. 张掖西城驿遗址新石器时代晚期-青铜时代人类冶金活动的元素地球化学记录. 人类学学报, https://doi.org/10.16359/j.cnki.cn11-1963/q.2019.0012.

程波, 陈发虎, 张家武. 2010. 共和盆地末次冰消期以来的植被和环境演变. 地理学报, 65(11): 1336-1344.

崔之久. 1979. 中国西部冰期之划分与依据. 冰川冻土, (2): 13-21.

董广辉. 2013. 甘青地区新石器文化演化及其环境动力研究进展与展望. 海洋地质与第四纪地质, 33(4): 67-75.

董广辉, 刘峰文, 杨谊时, 等. 2016a. 黄河流域新石器文化的空间扩张及其影响因素. 自然杂志, 38(4): 248-252.

董广辉, 张山佳, 杨谊时, 等. 2016b. 中国北方新石器时代农业强化及对环境的影响. 科学通报, 61(26): 2913-2925.

方引. 2016. 渤黄海黑碳的区域地球化学行为. 山东: 中国科学院烟台海岸带研究所博士学位论文.

甘肃省文物考古研究所. 2001. 永昌西岗柴湾岗: 沙井文化墓葬发掘报告. 兰州: 甘肃人民出版社.

甘肃省文物考古研究所, 北京大学考古文博学院. 2011. 河西走廊史前考古调查报告. 北京: 文物出版社.

国家文物局. 2011. 中国文物地图集·甘肃省分册. 北京: 测绘出版社.

韩建业. 2008. 中国西北地区先秦时期的自然环境与文化发展. 北京: 文物出版社.

焦克勤, Shuji I, 姚檀栋, 等. 2005. 3.2 kaBP 以来念青唐古拉山东部则普冰川波动与环境变化. 冰川冻土, (1): 74-79.

李水城, 水涛. 1987. 酒泉县丰乐乡照壁滩遗址和高苜宿地遗址. 见: 中国考古学会. 中国考古学年鉴（1987年）. 北京: 文物出版社: 272.

李水城, 水涛. 2000. 四坝文化铜器研究. 文物, (3): 36-44.

李水城. 2005. 西北与中原早期冶铜业的区域特征及交互作用. 考古学报, (3): 239-275.

李水城. 2009. 东风西渐: 中国西北史前文化之进程. 北京: 文物出版社.

李小强, 纪明, 周新郢, 等. 2010a. 甘肃东灰山遗址 3700~3400cal BP 人类活动的元素地球化学记录. 地球环境学报, 1(1): 48-51.

李小强, 纪明, Dodson J, 等. 2010b. 河西走廊 4200 年以来青铜冶炼的元素地球化学记录. 湖泊科学, 22(1): 103-109.

刘思丝, 黄小忠, 强明瑞, 等. 2016. 孢粉记录的青藏高原东北部更尕海地区中晚全新世植被和气候变化. 第四纪研究, 36(2): 247-256.

刘新春, 付国勇, 李东梅, 等. 2017. 青藏高原青稞耐寒种质资源基于 SSR 标记的遗传多样性及群体结构分析. 麦类作物学报, 37(1): 40-47.

孙楠, 李小强, 周新郢, 等. 2010. 甘肃河西走廊早期冶炼活动及影响的炭屑化石记录. 第四纪研究, 30(2): 319-325.

孙淑云, 韩汝玢. 1997. 甘肃早期铜器的发现与冶炼、制造技术的研究. 文物, (7): 75-84.

王辉. 2012. 甘青地区新石器—青铜时代考古学文化的谱系与格局. 见: 北京大学考古文博学院, 北京大学中国考古学研究中心. 考古学研究（九）: 庆祝严文明先生 80 寿辰论文集. 北京: 文物出版社: 210-244.

王树芝, 李虎, 张良仁, 等. 2014. 甘肃张掖黑水国西城驿遗址出土木炭指示的树木利用和古环境. 第四纪研究, 34(1): 43-50.

王星玉. 1996. 中国黍稷. 北京: 中国农业出版社.

乌恩. 2002. 欧亚大陆草原早期游牧文化的几点思考. 考古学报, (4): 437-470.

吴永红, 杨太保, 于永涛, 等. 2006. 河西走廊全新世气候变迁与古文化响应. 干旱区研究, (4): 650-653.

伍光和. 1984. 祁连山新冰期冰碛的初步观察. 冰川冻土, (2): 53-60.

肖和光, 罗小君, 刘建新, 等. 1989. 大麦生产与气候条件浅析. 作物研究, (3): 23-26.

闫天龙, 王振亭, 贺建桥, 等. 2018. 3500 年来祁连山中段天鹅湖岩芯记录的沉积环境变化. 沉积学报, 36(03): 521-530.

杨建华, 邵会秋. 2015. 匈奴联盟与丝绸之路的孕育过程——青铜时代和早期铁器时代中国北方与欧亚草原的文化交往. 吉林大学社会科学学报, 55(1): 154-162.

杨谊时. 2017. 河西走廊史前生业模式转变及影响因素研究. 兰州: 兰州大学博士学位论文.

张光直. 2013. 中国青铜时代. 北京: 生活·读书·新知三联书店.

张山佳, 董广辉. 2017. 青藏高原东北部青铜时代中晚期人类对不同海拔环境的适应策略探讨. 第四纪研究, 37(4): 696-708.

郑度, 李炳元. 1990. 青藏高原自然环境的演化与分异. 地理研究, 9(2): 1-10.

周爱锋, 孙惠玲, 陈发虎, 等. 2010. 黄土高原六盘山天池记录的中晚全新世高分辨率气候变化及其意义. 科学通报, 55(22): 2264-2267.

Ali A A, Higuera P E, Bergeron Y, et al. 2009. Comparing fire-history interpretations based on area, number and estimated volume of macroscopic charcoal in lake sediments. Quaternary Research, 72(3): 462-468.

An C B, Feng Z D, Barton L. 2006. Dry or humid? Mid-Holocene humidity changes in arid and semi-arid China. Quaternary Science Reviews, 25(3-4): 351-361.

An C B, Ji D X, Chen F H, et al. 2010. Evolution of prehistoric agriculture in central Gansu Province, China: A case study in Qin'an and Li County. Chinese Science Bulletin, 55(18): 1925-1930.

Barton L, Newsome S D, Chen F H, et al. 2009. Agricultural origins and the isotopic identity of domestication in northern China. Proceedings of the National Academy of Sciences, 106(14): 5523-5528.

Brown T A, Jones M K, Powell W, et al. 2009. The complex origins of domesticated crops in the Fertile Crescent. Trends in Ecology & Evolution, 24(2): 103-109.

Cai Y J, Tan L C, Cheng H, et al. 2010. The variation of summer monsoon precipitation in central China since the last deglaciation. Earth and Planetary Science Letters, 291(1-4): 21-31.

Chen F H, Dong G H, Zhang D J, et al. 2015. Agriculture facilitated permanent human occupation of the Tibetan Plateau after 3600a BP. Science, 347(6219): 248-250.

Clark J S. 1988. Stratigraphic charcoal analysis on petrographic thin sections: Application to fire history in northwestern Minnesota. Quaternary Research, 30(1): 81-91.

Clark J S, Patterson W A. 1997. Background and local charcoal in sediments: Scales of fire evidence in the paleorecord. In: Clark J S, Cachier H, Goldammer G, et al. Sediment Records of Biomass Burning and Global Change. Berlin: Springer-Verlag: 23-48.

Daniau A L, Bartlein P J, Harrison S P, et al. 2012. Predictability of biomass burning in response to climate changes. Global Biogeochemical Cycles, https://doi.org/10.1029/2011GB004249.

Di Cosmo N. 1994. Ancient Inner Asian nomads: Their economic basis and its significance in Chinese history. The Journal of Asian Studies, 53(4): 1092-1126.

Dodson J, Li X Q, Ji M, et al. 2009. Early bronze in two Holocene archaeological sites in Gansu, NW China. Quaternary Research, 72(3): 309-314.

Dodson J R, Li X Q, Zhou X Y, et al. 2013. Origin and spread of wheat in China. Quaternary Science Reviews, 72: 108-111.

Dong G H, Jia X, An C B, et al. 2012. Mid-Holocene climate change and its effect on prehistoric cultural evolution in eastern Qinghai Province, China. Quaternary Research, 77(1): 23-30.

Dong G H, Jia X, Elston R, et al. 2013a. Spatial and temporal variety of prehistoric human settlement and its influencing factors in the upper Yellow River valley, Qinghai Province, China. Journal of Archaeological Science, 40(5): 2538-2546.

Dong G H, Wang L, Cui Y F, et al. 2013b. The spatiotemporal pattern of the Majiayao cultural evolution and its relation to climate change and variety of subsistence strategy during late Neolithic period in Gansu and Qinghai Provinces, northwest China. Quaternary International, 316: 155-161.

Dong G H, Yang Y S, Liu X Y, et al. 2018. Prehistoric trans-continental cultural exchange in the Hexi Corridor, northwest China. The Holocene, 28(4): 621-628.

Frachetti M D, Anthony D W, Epimakhov A V, et al. 2012. Multiregional emergence of mobile pastoralism and nonuniform institutional complexity across Eurasia. Current Anthropology, 53(1):

2-38.

Han Y M, Cao J J, Chow J C, et al. 2007. Evaluation of the thermal/optical reflectance method for discrimination between char- and soot-EC. Chemosphere, 69(4): 569-574.

Han Y M, Cao J J, Posmentier E S, et al. 2009. The effect of acidification on the determination of elemental carbon, char-, and soot-elemental carbon in soils and sediments. Chemosphere, 75(1): 92-99.

Hartmann K, Wünnemann B. 2009. Hydrological changes and Holocene climate variations in NW China, inferred from lake sediments of Juyanze palaeolake by factor analyses. Quaternary International, 194(1-2): 28-44.

Herzschuh U, Tarasov P, Wünnemann B, et al. 2004. Holocene vegetation and climate of the Alashan Plateau, NW China, reconstructed from pollen data. Palaeogeography, Palaeoclimatology, Palaeoecology, 211(1-2): 1-17.

Huang C C, Pang J L, Chen S, et al. 2006. Charcoal records of fire history in the Holocene loess-soil sequences over the southern Loess Plateau of China. Palaeogeography, Palaeoclimatology, Palaeoecology, 239(1-2): 28-44.

Ji S, Liu X Q, Wang S, et al. 2005. Palaeoclimatic changes in the Qinghai Lake area during the last 18, 000 years. Quaternary International, 136(1): 131-140.

Jia X, Dong G, Li H, et al. 2013. The development of agriculture and its impact on cultural expansion during the late Neolithic in the Western Loess Plateau, China. The Holocene, 23(1): 85-92.

Kuzmina E E. 2008. The Prehistory of The Silk Road. Pennsylvania: University of Pennsylvania Press.

Lev-Yadun S, Gopher A, Abbo S. 2000. The cradle of agriculture. Science, 288(5471): 1602-1603.

Li X Q, Sun N, Dodson J, et al. 2011. The impact of early smelting on the environment of Huoshiliang in Hexi Corridor, NW China, as recorded by fossil charcoal and chemical elements. Palaeogeography, Palaeoclimatology, Palaeoecology, 305(1-4): 329-336.

Linduff K M, Mei J J. 2009. Metallurgy in ancient Eastern Asia: Retrospect and prospects. Journal of World Prehistory, 22(3): 265-281.

Ma M M, Dong G H, Jia X, et al. 2016. Dietary shift after 3600 cal yrBP and its influencing factors in northwestern China: Evidence from stable isotopes. Quaternary Science Reviews, 145: 57-70.

Marcott S A, Shakun J D, Clark P U, et al. 2013. A reconstruction of regional and global temperature for the past 11, 300 years. Science, 339(6124): 1198-1201.

Mckenzie D, Gedalof Z, Peterson D L, et al. 2004. Climatic change, wildfire, and conservation. Conservation Biology, 18(4): 890-902.

Mei J J, Shell C. 1999. The existence of Andronovo cultural influence in Xinjiang during the 2nd millennium BC. Antiquity, 73(281): 570-578.

Miller N F. 1999. Agricultural development in western Central Asia in the Chalcolithic and Bronze Ages. Vegetation History and Archaeobotany, 8(1-2): 13-19.

Murphy E M, Schulting R, Beer N, et al. 2013. Iron Age pastoral nomadism and agriculture in the eastern Eurasian steppe: Implications from dental palaeopathology and stable carbon and nitrogen isotopes. Journal of Archaeological Science, 40(5): 2547-2560.

Shen H, Zhou X Y, Zhao K L, et al. 2018. Wood types and human impact between 4300 and 2400 yrBP in the Hexi Corridor, NW China, inferred from charcoal records. The Holocene, 28(4): 629-639.

Shen J, Liu X Q, Wang S M, et al. 2005. Palaeoclimatic changes in the Qinghai Lake area during the last 18, 000 years. Quaternary International, 136(1): 131-140.

Staubwasser M, Weiss H. 2006. Holocene climate and cultural evolution in late prehistoric–early historic West Asia. Quaternary Research, 66(3): 372-387.

Thompson L G, Yao T, Davis M E, et al. 1997. Tropical climate instability: The last glacial cycle from a Qinghai-Tibetan ice core. Science, 276(5320): 1821-1825.

Thompson L G, Mosley-Thompson E, Brecher H, et al. 2006. Abrupt tropical climate change: Past and present. Proceedings of the National Academy of Sciences, 103(28): 10536-10543.

Wang H Y, Dong H L, Zhang C L, et al. 2015. Deglacial and Holocene archaeal lipid-inferred paleohydrology and paleotemperature history of Lake Qinghai, northeastern Qinghai-Tibetan Plateau. Quaternary Research, 83(1): 116-126.

Wang Y J, Cheng H, Edwards R L, et al. 2005. The Holocene Asian monsoon: links to solar changes and North Atlantic climate. Science, 308(5723): 854-857.

Westerling A L, Hidalgo H G, Cayan D R, et al. 2006. Warming and earlier spring increase western US forest wildfire activity. Science, 313(5789): 940-943.

Yang B, Qin C, Wang J L, et al. 2014. A 3500-year tree-ring record of annual precipitation on the northeastern Tibetan Plateau. Proceedings of the National Academy of Sciences, 111(8): 2903-2908.

Yang Y S, Ren L L, Dong G H, et al. 2019. Economic change in the prehistoric Hexi corridor (4800–2200a BP), North-West China. Archaeometry, https://doi.org/10.1111/arcm.12464.

Zhang S J, Yang Y S, Storozum M J, et al. 2017. Copper smelting and sediment pollution in Bronze Age China: A case study in the Hexi corridor, Northwest China. Catena, 156: 92-101.

Zhao Y, Yu Z, Chen F, et al. 2008. Holocene vegetation and climate change from a lake sediment record in the Tengger Sandy Desert, northwest China. Journal of Arid Environments, 72(11): 2054-2064.

Zhou X Y, Li X Q, Dodson J, et al. 2012. Land degradation during the Bronze Age in Hexi Corridor (Gansu, China). Quaternary International, 254: 42-48.

Zhou X Y, Li X Q, Dodson J, et al. 2016. Rapid agricultural transformation in the prehistoric Hexi corridor, China. Quaternary International, 426: 33-41.

第9章 结　　语

史前时代人类生业模式研究是近20年考古学和人类学新兴的重要领域之一，这主要得益于植物考古、动物考古、骨骼稳定同位素分析和古DNA等科技考古研究方法的进步，及其在考古学研究中的广泛运用。史前人类生业模式的研究不但有助于认识人类演化历史中不同阶段的生产生活场景，理解不同地区族群的行为方式，还为探讨史前人类适应生存环境变化的方式提供了非常关键的资料和数据。史前人类与环境相互作用模式的研究是地理学、第四纪地质学、考古学和人类学等多学科关注的另一个热点科学问题，在全新世不同阶段的特征是有明显区别的。2018年地质学家将全新世分成三个阶段，其中11700～8300a BP被归为全新世早期，称为"Greenlandian（格陵兰）期"；8300～4200a BP被归为全新世中期，称为"Northgrippian期"，而4200a BP至今则被归为全新世晚期，称为"Meghalayan（梅加拉亚）期"。5000～3000a BP是全新世中期向晚期转型的时段，也是新石器时代晚期向青铜时代转折的关键时期，人与环境之间的关系在该时期也出现了显著变化，与该时期欧亚大陆东西方文化交流的出现和强化是有重要关联的。本书在第1章中概述了国内外史前时代人地关系演化和跨大陆文化交流研究的进展，在其基础上提出在欧亚大陆早期东西方文化交流出现和强化背景下，在关键节点河西走廊地区开展史前时代生业模式转变和人与环境相互作用研究的重要性，也总结了该地区已有的研究进展。

在随后的章节中，作者分别阐述了河西走廊地区的自然概况和史前文化谱系（第2章），重新厘定了该地区史前文化的绝对年代序列（第3章），从史前人类对植物资源利用策略（第4章）、对家养动物资源利用的策略（第5章）和人与动物古食谱特征（第6章）等人类生业模式的不同侧面开展了研究，并与河西走廊地区跨大陆文化互动研究相结合梳理了该地区史前人类生业模式转换的过程和影响因素（第7章）。在此基础上，作者通过对河西走廊地区自然沉积和文化沉积中人类活动信息的提取，以及古气候环境研究资料和此前章节研究结果的对比，讨论了该地区史前时代人与环境相互作用变化的过程与机制（第8章）。

在上述研究工作的基础上，本书主要取得了以下的认识。

（1）河西走廊地区史前文化的绝对年代序列：马家窑文化（4800～4450cal a BP）、半山文化（4450～4250cal a BP）、马厂文化（4200～4000cal a BP）、齐家文化

（4000~3600cal a BP）、西城驿文化（4000~3600cal a BP）、四坝文化（3700~3300cal a BP）、董家台类型（3200~3000cal a BP）、沙井文化（2700~2100cal a BP）和骟马文化（2900~2100cal a BP）。

（2）河西走廊地区史前时代不同阶段先民的种植结构：4800~4000a BP 主要种植粟，次要种植黍；4000~3700a BP，主要种植粟黍，次要种植小麦和大麦；3700~3300a BP，主要种植小麦和大麦，次要种植粟黍；3200~2100a BP 主要种植大麦，次要种植黍、小麦和粟。

（3）河西走廊地区史前时代不同阶段先民饲养的家畜：4800~4200a BP，饲养猪和狗；4200~4000a BP，饲养猪、狗、牛和羊；4000~3300a BP，饲养羊、牛、猪、狗和马；3200~2100a BP，饲养牛、羊、马、狗和骆驼。

（4）河西走廊地区史前时代不同阶段的生业模式：4800~4000a BP，以粟黍种植和猪、狗和羊等家畜饲养为主，狩猎经济为辅。4000~3300a BP 以粟黍和小麦、大麦混合种植，羊、牛、猪和狗饲养的农牧混合经济为主，同时从事冶铜生产。3200~2100a BP 以放养牛、羊、马的牧业生产为主，种植大麦和黍等作物的农业生产为辅，很可能含有游牧经济形态。

（5）河西走廊地区史前时代不同阶段的人与环境相互作用特征：4800~4000a BP 气候变化对粟作农业和新石器晚期文化的发展产生了影响，人类活动对自然环境的影响有限；4000~3300a BP，气候变化对人类生业模式的转化起到了促进作用，人类适应寒冷环境的能力显著增强，该时段人类活动对自然环境产生了显著的影响；3200~2100a BP，气候环境变化对生业模式变化和文化演化产生了一定的影响，但更重要的影响因素很可能是河西走廊地区与邻近地区的文化交流，人类活动对自然环境的影响程度较前一时期显著下降。

这些研究成果对深入理解早期欧亚大陆东西方交流的过程，及其对关键地区人类生业模式变化和人与环境相互作用模式的影响具有重要的参考价值，为认识历史时期丝绸之路形成的基础提供了关键的背景资料。然而，由于河西走廊地区发掘的史前遗址数量和材料的限制，以及史前遗址出土的人骨和动物骨骸古 DNA 分析等工作的缺失，对一些重要问题的认识尚不全面和深入，亟待在未来的研究中加以重视。主要的问题包括：

（1）目前在河西走廊地区史前遗址出土的小麦、大麦等西亚起源的农作物遗存直接测年结果均晚于 4000a BP，而在黄河下游的山东地区，赵家庄、丁公等龙山时代遗址出土小麦遗存的测年结果则至少可推至 4300a BP（Long et al.，2018；靳桂云等，2011）。由于西亚文化元素是自西向东传播，传入河西走廊地区的时间应早于山东地区，但目前的证据则是相反的。是什么因素导致这种现象的出现？一方面，需要在新石器晚期遗址开展更多的植物考古研究和农作物遗存直接测年工作，从考古发现的视角开展研究。另一方面，需要强化古环境方面的研究，探讨气候环境变化对早期东西方文化交流的影响。

（2）在河西走廊地区部分马厂时期的文化遗址中出土了羊和牛的骨骼，以及青铜器的遗存，而未鉴定出小麦和大麦的遗存。需要运用古 DNA 分析等方法，确认这些新石器晚期遗址出土的动物骨骼是否为已驯化动物的遗存，并开展直接测年工作，对准确认识河西走廊地区跨大陆文化互动最早出现的时间是有重要价值的。此外，有必要对河西走廊地区出土的马和骆驼等动物的骨骼开展深入的研究，有助于认识这些适合用于长途运输的家畜在中国的传播和利用的历史。目前在沙井文化和骟马文化遗址尚未鉴定出家猪的骨骼，在未来的研究中应该得到重视，对探讨游牧经济的兴起问题有学术价值。

（3）河西走廊地区已开展的植物考古研究和动物考古研究多侧重于对驯化植物和动物组合与比例的分析，野生植物和动物遗存的分析和研究工作则相对薄弱，是未来需要强化的工作。此外，后续的工作应加强不同类型考古证据的综合对比，如对不同时代史前遗址出土的生产工具类型进行系统的统计分析，并将其与植物遗存和动物遗存鉴定分析的结果进行对比分析，可以获得更全面的信息。

（4）河西走廊地区史前遗址出土人骨的研究工作尚存在不足。一方面，已开展研究工作的人骨样品数量不多，且时段不均，沙井文化和骟马文化等时期的工作尤为欠缺。另一方面，研究方法的应用和数据的解译也存在不足。例如，目前的研究工作主要集中在人骨骨胶原碳氮稳定同位素分析，但该地区史前时代不同阶段的植物和动物同位素基线仍未建立，对数据的解译造成了困扰。此外，骨骼锶、氧、氢等同位素分析方法，以及古 DNA 分析等方法的研究尚未充分开展，这些研究对探索人群迁徙等问题是非常关键的。

（5）河西走廊地区多学科交叉研究亟待加强。虽然不同学者从各自学科角度探讨了该地区史前时代人类活动与环境变化的关系，但不同学科学者之间的合作尚不充分，导致对科学问题的认识和理解不够全面和深入。

以上这些问题是作者在开展研究和数据分析过程中逐渐发现的，是未来研究工作侧重的主要方向。尽管目前的研究存在不足，但新获得的数据和分析的结果不仅为河西走廊地区史前时代考古学和人地关系研究提供了重要的资料，也对开展更大空间尺度上史前人地关系演变过程与模式的空间对比分析有积极的意义。

从区域尺度上史前人类生业模式转换的频率和幅度角度观察，河西走廊地区是有其特殊性的。将河西走廊地区与邻近的青藏高原东北部地区史前遗址的植物考古工作（Chen et al., 2015；杨颖，2014；贾鑫，2012；张小虎，2012）进行对比可以发现，这两个地区在新石器时代晚期人类利用的主要植物资源都是本土驯化的农作物粟和黍。然而，4000a BP 左右小麦和大麦传入西北地区之后，这两个地区先民对农作物资源利用的策略是不一样的。河西走廊地区先民在 3700a BP 左右已经将小麦和大麦作为最重要的农作物进行栽培（杨谊时，2017；Zhou et al.，2016）。Zhou 等（2016）研究认为小麦 3700a BP 后成为河西走廊地区最重要的农作物，但研究资料显示，3700~3300a BP 小麦和大麦在河西走廊地区先民种植结构中的地位几乎是同等重要的，而 3200~2100a BP 大麦成为该地区的最主要的种植作物（见第 4 章）。在青藏高原东北部地区，先民的种植结构在 3600a BP 左右发生显著变化（Chen et al.，2015），3600~2300a BP 在该地区的不同海拔区域，先民的生业模式也明显不同。海拔 2500m 以下区域辛店文化先民主要种植粟黍和从事畜牧生产，海拔 2500~3000m 区域卡约文化先民以牧羊和种植大麦为主要生产方式，在海拔 2800m 以上的柴达木盆地东部，诺木洪文化先民则主要从事放牧羊和牦牛与大麦种植为主的农牧混合生产活动（张山佳和董广辉，2017）。甘肃东部地区史前时代农业种植结构演变轨迹（陈亭亭等，2019；黎海明，2018）与河西走廊地区和青藏高原东北部地区差异更为明显，尽管小麦和大麦在齐家文化时期传入了甘肃东部，但在汉代之前粟和黍一直是庄浪地区主导的农作物资源，而小麦和大麦则是辅助的作物。在更远的中原地区，夏商时期的先民种植的农作物种类较新石器时代明显增多（Lee et al.，2007），但仍以粟黍种植为主（贾世杰等，2018；杨玉璋等，2017）。

青铜时代河西走廊地区人类生业模式与中国北方其他地区的差异，也可以通过骨骼碳氮稳定同位素结果的对比得到体现。河西走廊地区是中国北方地区人骨碳同位素在 3800a BP 左右出现了由 C_4 信号向 C_3 和 C_4 混合信号的转变（Liu et al.，2014），显示 C_3 类食物在小麦和大麦传入的 200~300 年内即被接纳为主要的食物来源。同样的转变约 3600a BP 出现在青藏高原东北边缘的河湟地区（Ma et al.，2016），大麦开始成为人类摄入的主要食物来源。另一个快速将小麦和大麦接受为主要食物来源的地区是新疆，如新疆东黑沟遗址和黑沟梁遗址出土的人骨碳同位素值呈现偏 C_3 的信号（Wang et al.，2016；凌雪等，2013），结合植物考古证据（Zhang et al.，2017；Jiang et al.，2013），显示小麦是该地区青铜时代先民摄食的主要食物来源。在陕西地区的周秦文化遗址和中原地区同时期的绝大多数遗址出土的人骨碳同位素基本都呈现偏 C_4 的信号（Zhou et al.，2017；薛鹏锦，2015；凌雪，2010；张雪莲等，2010，2003），进一步验证了汉代之前粟黍在黄河中游地区先民种植结构中的主导地位。

从河西走廊地区和中国北方地区其他区域生业模式研究的对比可以发现，甘青地区青铜时代生业模式的空间差异最为显著，而河西走廊地区的生业模式转换速率可能是最快的。在文化面貌上，甘青地区西部的青铜文化类型相较黄河流域其他地区也是最多的。该地区是粟黍种植的边缘地区，而4000a BP之后北半球的温度显著下降（Marcott et al.，2013），可能是导致单一粟黍种植为主的生业方式无法支撑寒冷气候下不同区域青铜文化发展的重要原因（马敏敏，2013）。在小麦、大麦和家畜羊传入西北地区之前，甘青地区新石器晚期的气候恶化对人类的影响主要体现在生存空间向低海拔和东部收缩（Dong et al.，2013a，2012），以及粟黍种植和狩猎活动在生业模式中的权重变化（Dong et al.，2013b），进而促使文化转型。在4000a BP之后，由于耐寒的农业牧业元素大麦、小麦和羊的传入，人类适应环境的模式发生了变化，可以在不同空间的生存环境选择不同的生业模式以适应气候变化，进而导致文化面貌上的多样性（Ma et al.，2016）。

河西走廊地区史前时代人与环境相互作用的模式与中国北方地区的其他区域也是有明显差异的。河西走廊地区地处季风和西风交错影响的位置，降水变化特征与季风区存在明显的差别，对全球气候变化响应敏感。该地区青铜时代后的遗址主要分布在内流河附近，受山地降水的影响突出，这也可能是导致青铜时代和铁器时代早期河西走廊地区生业模式变化较为频繁的原因。河西走廊地区还是中国最早的冶铜中心之一（李水城，2005），这可能导致4000～3300a BP河西走廊地区的人类活动对环境的影响较其他地区更为显著，包括对环境的污染和森林资源的消耗（Shen et al.，2018；Yang et al.，2017；Zhang et al.，2017）。因此，人类对资源的高强度开发和气候恶化叠加效应很可能是导致河西走廊地区3300a BP后人类定居强度显著下降的重要因素，此后该地区史前人类活动对自然环境的影响也明显下降，这可为探讨长时间尺度人与环境相互作用变化的过程及其影响提供有价值的研究案例。

参 考 文 献

陈亭亭，贾鑫，黎海明，等. 2019. 甘青地区齐家文化时期农业结构的时空变化及其影响因素分析. 第四纪研究, 39(1): 132-143.

贾世杰，张娟，杨玉璋，等. 2018. 郑州商城遗址炭化植物遗存浮选结果与分析. 江汉考古, (155): 97-103.

贾鑫. 2012. 青海省东北部地区新石器——青铜时代文化演化过程与植物遗存研究. 兰州: 兰州大学博士学位论文.

靳桂云，王海玉，燕生东. 2011. 山东胶州赵家庄遗址龙山文化炭化植物遗存研究. 见: 中国社会科学院考古研究所科技考古中心. 科技考古（第三辑）. 北京: 科学出版社: 36-53.

黎海明. 2018. 黄土高原西部新石器至历史时期人类对主要农作物的利用策略研究. 兰州: 兰州大学博士学位论文.

李水城. 2005. 西北与中原早期冶铜业的区域特征及交互作用. 考古学报, (3): 239-275.

凌雪. 2010. 秦人食谱研究. 陕西: 西北大学博士学位论文.

凌雪, 陈曦, 王建新, 等. 2013. 新疆巴里坤东黑沟遗址出土人骨的碳氮同位素分析. 人类学学报, 32(2): 219-225.

马敏敏. 2013. 公元前两千纪河湟及其毗邻地区的食谱变化与农业发展——稳定同位素证据. 兰州: 兰州大学博士学位论文.

薛鹏锦. 2015. 屯留余吾战国至两汉时期人骨的C, N稳定同位素分析. 山西: 山西大学博士学位论文.

杨谊时. 2017. 河西走廊史前生业模式转变及影响因素研究. 兰州: 兰州大学博士学位论文.

杨颖. 2014. 河湟地区金蝉口和李家坪齐家文化遗址植物大遗存分析. 兰州: 兰州大学硕士学位论文.

杨玉璋, 袁增箭, 张家强, 等. 2017. 郑州东赵遗址炭化植物遗存记录的夏商时期农业特征及其发展过程. 人类学学报, 36(1): 119-130.

张山佳, 董广辉. 2017. 青藏高原东北部青铜时代中晚期人类对不同海拔环境的适应策略探讨. 第四纪研究, 37(4): 696-708.

张小虎. 2012. 青海官亭盆地植物考古调查收获及相关问题. 考古与文物, (3): 26-33.

张雪莲, 王金霞, 冼自强, 等. 2003. 古人类食物结构研究. 考古, (2): 62-75.

张雪莲, 仇士华, 钟建, 等. 2010. 中原地区几处仰韶文化时期考古遗址的人类食物状况分析. 人类学学报, 29(2): 197-207.

Chen F H, Dong G H, Zhang D J, et al. 2015. Agriculture facilitated permanent human occupation of the Tibetan Plateau after 3600a BP. Science, 347(6219): 248-250.

Dong G H, Jia X, An C B, et al. 2012. Mid-Holocene climate change and its effect on prehistoric cultural evolution in eastern Qinghai Province, China. Quaternary Research, 77(1): 23-30.

Dong G H, Jia X, Elston R, et al. 2013a. Spatial and temporal variety of prehistoric sites and its influencing factors in the upper Yellow River valley, Qinghai Province, China. Journal of Archaeological Science, 40(5): 2538-2546.

Dong G H, Wang L, Cui Y F, et al. 2013b. The spatiotemporal pattern of the Majiayao cultural evolution and its relation to climate change and variety of subsistence strategy during late Neolithic period in Gansu and Qinghai Provinces, northwest China. Quaternary International, 316, 155-161.

Jiang H E, Wu Y, Wang H H, et al. 2013. Ancient plant use at the site of Yuergou, Xinjiang, China: Implications from desiccated and charred plant remains. Vegetation History and Archaeobotany, 22(2): 129-140.

Lee G A, Crawford G W, Liu L, et al. 2007. Plants and people from the Early Neolithic to Shang periods in North China. Proceedings of the National Academy of Sciences, 104(3): 1087-1092.

Liu X Y, Lightfoot E, O'Connell T C, et al. 2014. From necessity to choice: Dietary revolutions in west China in the second millennium BC. World Archaeology, 46(5): 661-680.

Long T, Leipe C, Jin G, et al. 2018. The early history of wheat in China from ^{14}C dating and Bayesian chronological modelling. Nature Plants, 4(5): 272-279.

Ma M M, Dong G H, Jia X, et al. 2016. Dietary shift after 3600cal yrBP and its influencing factors in northwestern China: Evidence from stable isotopes. Quaternary Science Review, 145: 57-70.

Marcott S A, Shakun J D, Clark P U, et al. 2013. A reconstruction of regional and global temperature for the past 11, 300 Years. Science, 339(6124): 1198-1201.

Shen H, Zhou X Y, Zhao K L, et al. 2018. Wood types and human impact between 4300 and 2400 yrBP in the Hexi Corridor, NW China, inferred from charcoal records. The Holocene, 28(4): 629-639.

Wang T T, Fuller B T, Wei D, et al. 2016. Investigating dietary patterns with stable isotope ratios of collagen and starch grain analysis of dental calculus at the Iron Age cemetery site of Heigouliang, Xinjiang, China. International Journal of Osteoarchaeology, 26(4): 693-704.

Yang Y S, Dong G H, Zhang S J, et al. 2017. Copper content in anthropogenic sediments as a tracer for detecting smelting activities and its impact on environment during prehistoric period in Hexi Corridor, Northwest China. The Holocene, 27(2): 282-291.

Zhang G L, Wang S Z, Ferguson D K, et al. 2017. Ancient plant use and palaeoenvironmental analysis at the Gumugou Cemetery, Xinjiang, China: Implication from desiccated plant remains. Archaeological and Anthropological Sciences, 9(2): 145-152.

Zhang S J, Yang Y S, Storozum M J, et al. 2017. Copper smelting and sediment pollution in Bronze Age China: A case study in the Hexi corridor, Northwest China. Catena, 156: 92-101.

Zhou L G, Garvie-Lok S J, Fan W Q, et al. 2017. Human diets during the social transition from territorial states to empire: Stable isotope analysis of human and animal remains from 770BCE to 220CE on the Central Plains of China. Journal of Archaeological Science: Reports, 11: 211-223.

Zhou X Y, Li X Q, Dodson J. 2016. Rapid agricultural transformation in the prehistoric Hexi corridor, China. Quaternary International, 426: 33-41.

附 录

附录 1 河西走廊 ^{14}C 年代数据集*

遗址	遗址编号	采样特征	实验编号	年代材料	^{14}C 年代/a BP	校正年代/cal a BP		地区	文化	引用文献	本书是否接受
						68.2%范围	95.4%范围				
高苜蓿地	9	文化层	Beta-418808	粟	4150±30	4620~4816	4577~4825	肃州	马家窑	本书	接受
高苜蓿地	9	文化层	LZU15100	粟	4035±35	4437~4566	4420~4783	肃州	马家窑	本书	接受
三角城	39	文化层③	LZU15123	炭屑	4060±20	4450~4570	4441~4784	古浪	马家窑	本书	接受
五坝	31	MW1	MW1	人骨	3885±20	4291~4405	4248~4411	民乐	半山	Liu et al., 2014	接受
郭家山	26	文化层⑤	LZU15119	粟	3890±25	4295~4406	4246~4414	凉州	马厂	本书	接受
头家梁	36	文化层	LZU15114	粟	3730±20	4000~4145	3988~4150	古浪	马厂	本书	接受
西台	32	文化层③	LZU15105	黍稞	3700±25	3987~4085	3934~4145	凉州	马厂	本书	接受
磨嘴子	29	文化层	OZM453	黍稞	3750±35	4002~4215	3985~4234	凉州	马厂	Zhou et al., 2016	接受
磨嘴子	29	墓地	WM9	人骨	3825±20	4156~4244	4148~4295	凉州	马厂	Liu et al., 2014	接受
磨嘴子	29	墓地	WM8	人骨	3750±20	4087~4149	3996~4222	凉州	马厂	Liu et al., 2014	接受
磨嘴子	29	墓地	WM11	人骨	3705±20	3990~4086	3980~4142	凉州	马厂	Liu et al., 2014	接受

* 附录所引文献参见第 3 章参考文献列表。

续表

遗址	遗址编号	采样特征	实验编号	年代材料	^{14}C年代/a BP	校正年代/cal a BP 68.2%范围	校正年代/cal a BP 95.4%范围	地区	文化	引用文献	本书是否接受
磨嘴子	29	墓地	WM5	人骨	3690±20	3984~4080	3933~4090	凉州	马厂	Liu et al., 2014	接受
棋盘山	25	文化层②	LZU15106	粟	3715±20	3991~4136	3983~4145	凉州	马厂	本书	接受
水口	37	灰坑	LZU15103	粟	3695±20	3985~4082	3975~4137	古浪	马厂	本书	接受
五坝	31	墓地	MW11	人骨	3740±30	4003~4150	3984~4224	民乐	马厂	Liu et al., 2014	接受
五坝	31	墓地	MW12	人骨	3685±30	3978~4083	3921~4143	民乐	马厂	Liu et al., 2014	接受
西河滩	12	灰坑/文化层	OZK666	黍/粟	3795±50	4089~4246	3994~4405	肃州	马厂	Zhou et al., 2016	接受
西河滩	12	储藏窖	LZU15101	粟	3675±35	3931~4083	3901~4141	肃州	马厂	本书	接受
西城驿	16	文化层 20	LZU15134	粟	3745±25	4013~4150	3988~4224	甘州	马厂	本书	接受
西城驿	16	T03010⑧c	ZK3464	炭化种子	3700±24	3987~4085	3972~4145	甘州	马厂	张雪莲等, 2015b	接受
皇娘娘台	28	文化层 155cm	OZK418	小麦	3570±60	3731~3970	3695~4076	凉州	齐家	Zhou et al., 2012	接受
皇娘娘台	28	文化层 210cm	OZK419	炭屑	3560±50	3730~3957	3702~3979	凉州	齐家	Zhou et al., 2012	接受
皇娘娘台	28	文化层 135cm	OZK417	炭屑	3510±50	3708~3843	3641~3910	凉州	齐家	Zhou et al., 2012	接受
李家挖捞	33	灰坑	LZU15112	大麦	3415±25	3635~3695	3588~3810	古浪	齐家	本书	接受
缸缸洼	13	表层	OZK658	小麦	3560±50	3730~3957	3702~3979	金塔	西城驿	Dodson et al., 2009, 2013	接受
火石梁	15	文化层	OZK603	小麦	3635±45	3886~4069	3843~4085	金塔	西城驿	Dodson et al., 2009	接受
火石梁	15	表层	OZL293	人骨	3590±45	3839~3966	3725~4073	金塔	西城驿	Dodson et al., 2012	接受

续表

遗址	遗址编号	采样特征	实验编号	年代材料	¹⁴C 年代/a BP	校正年代/cal a BP 68.2%范围	校正年代/cal a BP 95.4%范围	地区	文化	引用文献	本书是否接受
火石梁	15	表层	OZL292	人骨	3515±45	3719~3845	3645~3905	金塔	西城驿	Dodson et al., 2012	接受
火石梁	15	表层	OZL294	人骨	3515±40	3720~3843	3650~3895	金塔	西城驿	Dodson et al., 2012	接受
火石梁	15	表层	LZU14225	小麦	3495±20	3721~3828	3701~3834	金塔	西城驿	本书	接受
一个地窝南	14	文化层	LZU14226	粟	3500±20	3724~3829	3705~3835	金塔	西城驿	本书	接受
干骨崖	10	文化层③	LZU15117	小麦	3435±20	3641~3706	3633~3821	肃州	西城驿	本书	接受
西灰山	17	文化层 25	LZU15109	小麦	3445±20	3643~3809	3637~3825	民乐	西城驿	本书	接受
西城驿	16	文化层 11	LZU15135	粟	3610±50	3850~3979	3731~4085	甘州	西城驿	本书	接受
五坝	31	墓地	MW6	人骨	3620±30	3892~3974	3843~4067	民乐	西城驿	Liu et al., 2014	接受
西城驿	16	文化层	QAS1312	小麦	3460±25	3649~3821	3642~3829	甘州	西城驿	Liu et al., 2016	接受
西城驿	16	文化层	QAS1311	小麦	3430±25	3638~3705	3610~3822	甘州	西城驿	Liu et al., 2016	接受
西城驿	16	T0301⑦c	ZK3470	小麦	3602±22	3874~3962	3847~3973	甘州	西城驿	张雪莲等, 2015b	接受
西城驿	16	T0301⑦d	ZK3462	炭化种子	3589±26	3849~3921	3835~3972	甘州	西城驿	张雪莲等, 2015b	接受
西城驿	16	T0301M4	ZK4997	人骨	3481±25	3702~3826	3650~3834	甘州	西城驿	张雪莲等, 2015b	接受
西城驿	16	T0301⑥e	ZK3458	炭化种子	3412±24	3633~3695	3586~3719	甘州	西城驿	张雪莲等, 2015b	接受
西城驿	16	T0301⑥c	ZK3457	小麦	3391±26	3594~3686	3575~3695	甘州	西城驿	张雪莲等, 2015b	接受
西城驿	16	T0302⑥a	ZK5017	山羊骨骼	3452±22	3645~3818	3640~3826	甘州	西城驿	张雪莲等, 2015b	接受
西城驿	16	T0301⑤a	ZK3468	炭化种子	3396±25	3608~3689	3580~3695	甘州	西城驿	张雪莲等, 2015b	接受

续表

遗址	遗址编号	采样特征	实验编号	年代材料	^{14}C年代/a BP	校正年代/cal a BP 68.2%范围	校正年代/cal a BP 95.4%范围	地区	文化	引用文献	本书是否接受
东灰山	18	文化层170cm	OZK656	小麦	3410±50	3585~3714	3561~3831	民乐	四坝	Zhou et al., 2012	接受
东灰山	18	文化层130cm	OZK655	小麦	3425±40	3613~3809	3579~3827	民乐	四坝	Zhou et al., 2012	接受
东灰山	18	文化层90cm	OZK654	小麦	3405±50	3578~3704	3514~3829	民乐	四坝	Zhou et al., 2012	接受
东灰山	18	文化层30cm	OZK653	小麦	3260±45	3448~3560	3385~3580	民乐	四坝	Zhou et al., 2012	接受
东灰山	18	文化层II-11	BA06032	大麦	3280±35	3467~3560	3409~3585	民乐	四坝	Flad et al., 2010	接受
东灰山	18	文化层II-10	BA06037	小麦	3240±35	3400~3549	3388~3560	民乐	四坝	Flad et al., 2010	接受
东灰山	18	文化层II-9	BA06031	小麦	3265±35	3451~3558	3400~3574	民乐	四坝	Flad et al., 2010	接受
东灰山	18	文化层II-8	BA06024	小麦	3250±35	3410~3556	3396~3564	民乐	四坝	Flad et al., 2010	接受
东灰山	18	文化层II-7	BA06029	小麦	3260±35	3449~3557	3399~3570	民乐	四坝	Flad et al., 2010	接受
东灰山	18	文化层II-6	BA06026	大麦	3235±35	3399~3545	3383~3560	民乐	四坝	Flad et al., 2010	接受
东灰山	18	文化层II-4	BA06028	小麦	3175±35	3370~3445	3273~3467	民乐	四坝	Flad et al., 2010	接受
东灰山	18	文化层II-3	BA06022	大麦	3225±35	3397~3476	3376~3559	民乐	四坝	Flad et al., 2010	接受
东灰山	18	文化层II-2	BA06036	大麦	3235±35	3399~3545	3383~3560	民乐	四坝	Flad et al., 2010	接受
东灰山	18	文化层II-1	BA06035	粟/黍	3345±40	3514~3637	3479~3686	民乐	四坝	Flad et al., 2010	接受
东灰山	18	文化层I-3	BA06033	小麦	3215±40	3385~3465	3365~3557	民乐	四坝	Flad et al., 2010	接受
东灰山	18	文化层I-2	BA06030	小麦	3195±50	3365~3460	3271~3560	民乐	四坝	Flad et al., 2010	接受
东灰山	18	文化层I-1	BA06034	小麦	3215±50	3378~3479	3355~3565	民乐	四坝	Flad et al., 2010	接受

续表

遗址	遗址编号	采样特征	实验编号	年代材料	^{14}C年代/a BP	校正年代/cal a BP 68.2%范围	校正年代/cal a BP 95.4%范围	地区	文化	引用文献	本书是否接受
东灰山	18	文化层	Beta-427236	大麦	3150±30	3350~3441	3260~3449	民乐	四坝	Liu et al., 2017	接受
西灰山	17	文化层	LZU13151	小麦	3480±45	3697~3828	3637~3866	民乐	四坝	本书	接受
西灰山	17	文化层 18	LZU13155	黍	3340±20	3561~3613	3484~3638	民乐	四坝	本书	接受
西灰山	17	文化层 16	LZU13156	粟	3330±20	3510~3607	3481~3632	民乐	四坝	本书	接受
西城驿	17	文化层	QAS1314	小麦	3390±30	3592~3686	3568~3700	甘州	四坝	Liu et al., 2016	接受
西城驿	16	文化层	QAS1317	小麦	3400±25	3611~3690	3579~3699	甘州	四坝	Liu et al., 2016	接受
西城驿	16	文化层	QAS1316	小麦	3385±25	3591~3681	3573~3693	甘州	四坝	Liu et al., 2016	接受
西城驿	16	文化层	QAS1315	小麦	3355±30	3568~3635	3484~3689	甘州	四坝	Liu et al., 2016	接受
西城驿	16	T0301F4①	ZK3477	炭化种子	3355±24	3571~3632	3511~3686	甘州	四坝	张雪莲等, 2015b	接受
西城驿	16	T0201④b	ZK4998	猪骨	3368±21	3583~3635	3567~3685	甘州	四坝	张雪莲等, 2015b	接受
西城驿	16	T0101④e	ZK3507	炭化种子	3380±25	3586~3679	3570~3692	甘州	四坝	张雪莲等, 2015b	接受
西城驿	16	T0202F2	ZK3439	炭化种子	3347±24	3564~3630	3494~3680	甘州	四坝	张雪莲等, 2015b	接受
西城驿	16	T02014a	ZK3435	炭化种子	3338±23	3514~3614	3482~3638	甘州	四坝	张雪莲等, 2015b	接受
西城驿	16	T0301M2	ZK4996	人骨	3307±22	3483~3569	3469~3586	甘州	四坝	张雪莲等, 2015b	接受
西城驿	16	T0301M1	ZK4995	人骨	3273±24	3459~3556	3450~3564	甘州	四坝	张雪莲等, 2015b	接受
火烧沟	6	墓地	YH23	人骨	3515±30	3723~3839	3700~3870	玉门	四坝	Liu et al., 2014	接受
火烧沟	6	墓地	YH31	人骨	3425±30	3534~3714	3587~3824	玉门	四坝	Liu et al., 2014	接受
火烧沟	6	灰坑	OZK672	小麦	3430±50	3511~3820	3577~3831	玉门	四坝	Dodson et al., 2013	接受

续表

遗址	遗址编号	采样特征	实验编号	年代材料	^{14}C年代/a BP	校正年代/cal a BP 68.2%范围	校正年代/cal a BP 95.4%范围	地区	文化	引用文献	本书是否接受
火烧沟	6	墓地	YH11	人骨	3240±25	3405~3543	3392~3558	玉门	四坝	Liu et al., 2014	接受
火烧沟	6	墓地	YH2	人骨	3225±35	3397~3476	3376~3559	玉门	四坝	Liu et al., 2014	接受
火烧沟	6	墓地	YH4	人骨	3150±25	3355~3400	3272~3446	玉门	四坝	Liu et al., 2014	接受
火烧沟	6	墓地	YH9	人骨	3130±30	3270~3387	3249~3444	玉门	四坝	Liu et al., 2014	接受
砂锅梁	7	灰坑	OZK668	小麦	3450±60	3639~3826	3573~3865	玉门	四坝	Dodson et al., 2013	接受
砂锅梁	7	灰坑	OZK669	小麦	3390±50	3575~3693	3482~3825	玉门	四坝	Dodson et al., 2013	接受
砂锅梁	7	文化层④	LZU15152	小麦	3270±40	3453~3559	3398~3581	玉门	四坝	本书	接受
砂锅梁	7	文化层③	LZU15108	小麦	3250±30	3410~3556	3400~3562	玉门	四坝	本书	接受
砂锅梁	7	文化层②	LZU15107	小麦	3250±30	3410~3556	3400~3562	玉门	四坝	本书	接受
砂锅梁	7	文化层①	LZU15148	小麦	3175±25	3372~3444	3362~3449	玉门	四坝	本书	接受
干骨崖	10	灰坑/文化层	OZQ817	小麦	3025±35	3167~3325	3080~3345	肃州	四坝	Zhou et al., 2016	接受
干骨崖	10	灰坑/文化层	OZQ813	小麦	3245±30	3405~3550	3396~3560	肃州	四坝	Zhou et al., 2016	接受
鹰窝树	1	灰坑/文化层	OZQ812	小麦	3150±30	3350~3441	3260~3449	肃州	四坝	Zhou et al., 2016	接受
四坝滩	19	文化层	LZU13158	小麦	3180±20	3378~3444	3370~3448	山丹	四坝	本书	接受
大墩湾	5	文化层⑥	LZU15110	小麦	3155±20	3361~3397	3345~3445	玉门	四坝	本书	接受
大墩湾	5	文化层①	LZU15155	小麦	3115±40	3253~3382	3218~3443	玉门	四坝	本书	接受
鹰窝树	1	文化层③	LZU16204	小麦	3000±35	3080~3237	3069~3333	瓜州	四坝	本书	接受
土坝	35	灰坑	LZU15111	小麦	2945±20	3070~3156	3005~3169	古浪	董家台	本书	接受

续表

遗址	遗址编号	采样特征	实验编号	年代材料	^{14}C 年代/a BP	校正年代/cal a BP 68.2%范围	校正年代/cal a BP 95.4%范围	地区	文化	引用文献	本书是否接受
火烧沟	6	文化层	LZU15121	大麦	2770±25	2801~2921	2789~2943	玉门	骟马	本书	接受
赵家水磨	8	灰坑文化层	OZQ811	小麦	2600±40	2720~2762	2505~2788	肃州	骟马	Zhou et al., 2016	接受
赵家水磨	8	文化层⑤	LZU15115	大麦	2630±20	2746~2761	2741~2773	肃州	骟马	本书	接受
赵家水磨	8	文化层⑤	Beta418805	小麦	2460±30	2444~2700	2378~2707	肃州	骟马	本书	接受
赵家水磨	8	文化层②	LZU15149	大麦	2510±30	2505~2721	2489~2740	肃州	骟马	本书	接受
绿城	21	灰坑	LZU16200	大麦	2565±30	2710~2751	2505~2755	额济纳旗	骟马	本书	接受
绿城	21	灰坑	LZU14224	大麦	2140±25	2065~2291	2010~2300	额济纳旗	骟马	本书	接受
古董滩	4	文化层⑨	LZU15116	大麦	2520±35	2505~2735	2489~2744	玉门	骟马	本书	接受
古董滩	4	文化层②	LZU15153	小麦	2485±35	2492~2711	2382~2731	玉门	骟马	本书	接受
过会合	4	文化层	LZU13159	大麦	2505±20	2507~2717	2492~2727	山丹	骟马	本书	接受
马鬃山	3	F68	LZU16195	大麦	2260±25	2185~2338	2159~2345	肃北	沙井	本书	接受
马鬃山	3	F48Z2	LZU16198	大麦	2200±30	2153~2306	2141~2315	肃北	沙井	本书	接受
马鬃山	3	F81①	LZU16197	大麦	2195±25	2151~2304	2144~2310	肃北	沙井	本书	接受
三角城	38	文化层③	LZU15113	大麦	2500±25	2503~2715	2489~2726	民勤	沙井	本书	接受
柳湖墩	34	文化层	LZU16203	小麦	2425±30	2360~2649	2352~2698	民勤	沙井	本书	接受
火石滩	11	文化层③	LZU15122	大麦	2505±20	2507~2717	2492~2727	民勤	沙井	本书	接受
火石滩	11	文化层①	LZU15150	大麦	2355±30	2338~2423	2328~2465	金昌	沙井	本书	接受
三角城	23	灰坑	LZU14218	大麦	2230±20	2162~2314	2155~2329	金昌	沙井	本书	接受
三角城	23	文化层	LZU14220	大麦	2230±30	2160~2316	2153~2333	金昌	沙井	本书	接受

续表

遗址	遗址编号	采样特征	实验编号	年代材料	^{14}C年代/a BP	校正年代/cal a BP 68.2%范围	校正年代/cal a BP 95.4%范围	地区	文化	引用文献	本书是否接受
三角城	23	文化层	LZU14219	大麦	2165±20	2126~2298	2070~2305	金昌	沙井	本书	接受
李府寨	30	灰坑文化层	OZQ807	炭屑	3835±35	4155~4293	4103~4407	凉州	马厂	Zhou et al., 2016	接受
磨嘴子	29	文化层	OZM454	炭屑	3745±35	4000~4152	3984~4229	凉州	马厂	Zhou et al., 2016	拒绝
缸缸洼	13	表层	OZM246	炭屑	3745±40	3994~4155	3981~4235	金塔	西城驿	Atahan et al., 2011	拒绝
缸缸洼	13	表层	OZK657	炭屑	3735±50	3988~4153	3929~4240	金塔	西城驿	Dodson et al., 2009	拒绝
缸缸洼	13	表层	OZM245	炭屑	3650±40	3903~4072	3865~4089	金塔	西城驿	Atahan et al., 2011	拒绝
火石梁	15	文化层 163cm	OZK600	炭屑	3600±60	3832~4060	3722~4085	金塔	西城驿	Dodson et al., 2009	拒绝
火石梁	15	文化层 145cm	OZK599	炭屑	3510±50	3708~3843	3641~3910	金塔	西城驿	Dodson et al., 2009	拒绝
火石梁	15	文化层 85cm	OZK598	炭屑	3565±50	3731~3963	3703~3982	金塔	西城驿	Dodson et al., 2009	拒绝
火石梁	15	文化层 45cm	OZK597	炭屑	3540±50	3724~3893	3693~3971	金塔	西城驿	Dodson et al., 2009	拒绝
火石梁	15	文化层 5cm	OZK596	炭屑	3520±60	3711~3870	3641~3969	金塔	西城驿	Dodson et al., 2009	拒绝
火石梁	15	表层	OZM249	炭屑	3580±40	3835~3960	3725~3984	金塔	西城驿	Atahan et al., 2011	拒绝
火石梁	15	表层	OZM248	炭屑	3555±40	3730~3904	3717~3969	金塔	西城驿	Atahan et al., 2011	拒绝
西城驿	16	文化层 layer⑨	LZU15133	炭屑	3670±25	3931~4080	3915~4086	甘州	西城驿	本书	拒绝

续表

遗址	遗址编号	采样特征	实验编号	年代材料	¹⁴C年代/a BP	校正年代/cal a BP 68.2%范围	校正年代/cal a BP 95.4%范围	地区	文化	引用文献	本书是否接受
西城驿	16	T0302H8④	ZK3487	炭屑	3480±22	3701~3826	3692~3832	甘州	西城驿	张雪莲等, 2015b	拒绝
西城驿	16	T0301H8①	ZK3501	炭屑	3401±24	3612~3690	3581~3699	甘州	西城驿	张雪莲等, 2015b	拒绝
西城驿	16	T0301F4④	ZK3480	炭屑	3451±24	3644~3818	3640~3826	甘州	西城驿	张雪莲等, 2015b	拒绝
东灰山	18	文化层 II-5	BA06025	炭屑	3250±35	3410~3556	3396~3564	民乐	四坝	Flad et al., 2010	拒绝
东灰山	18	文化层 1-5	BA06038	炭屑	3195±35	3386~3447	3356~3544	民乐	四坝	Flad et al., 2010	拒绝
东灰山	18	文化层 1-4	BA06023	炭屑	3295±35	3479~3564	3448~3609	民乐	四坝	Flad et al., 2010	拒绝
西城驿	16	T0101④e	ZK3506	炭屑	3362±25	3576~3633	3515~3689	甘州	四坝	张雪莲等, 2015b	拒绝
西城驿	16	T0301F1L1	ZK3472	炭屑	3361±23	3576~3632	3560~3688	甘州	四坝	张雪莲等, 2015b	拒绝
西城驿	16	T0201③b	ZK3437	炭屑	3333±22	3512~3610	3482~3634	甘州	四坝	张雪莲等, 2015b	拒绝
干骨崖	10	M41	BK87059	木炭	3550±40	3729~3898	3705~3965	肃州	四坝	李水城, 1993	拒绝
干骨崖	10	M63/64	BK87060	木炭	3490±70	3646~3849	3588~3961	肃州	四坝	李水城, 1993	拒绝
干骨崖	10	M32/48	BK87063	木炭	3300±80	3448~3632	3363~3720	肃州	四坝	李水城, 1993	拒绝
干骨崖	10	M92	BK89028	木炭	3220±60	3377~3551	3271~3586	肃州	四坝	李水城, 1993	拒绝
火烧沟	6	T43:③:2	ZK-0408	炭屑	3300±85	3447~3636	3359~3818	玉门	四坝	中国社会科学院考古研究所, 1991	拒绝
火烧沟	6	T1②F下	ZK-0409	炭屑	3490±100	3638~3889	3484~4076	玉门	四坝	中国社会科学院考古研究所, 1991	拒绝
火烧沟	6	T42:③3	BK77008	炭屑	3250±100	3370~3589	3230~3715	玉门	四坝	中国社会科学院考古研究所, 1991	拒绝

续表

遗址	遗址编号	采样特征	实验编号	年代材料	^{14}C年代/a BP	校正年代/cal a BP 68.2%范围	校正年代/cal a BP 95.4%范围	地区	文化	引用文献	本书是否接受
火烧沟	6	M84	BK77010	木炭	3350±100	3458~3697	3379~3840	玉门	四坝	中国社会科学院考古研究所，1991	拒绝
三角城	23	SH	ZK0739	炭屑	2675±100	2719~2928	2489~3059	金昌	沙井	甘肃省文物考古研究所，2001	拒绝
三角城	23	SH	BK79030	炭屑	2600±90	2497~2841	2379~2874	金昌	沙井	甘肃省文物考古研究所，2001	拒绝
哈螵墩	22	HM15	BK79065	木炭	2950±160	2925~3337	2758~3461	金昌	沙井	甘肃省文物考古研究所，2001	拒绝
哈螵墩	22	HM18	BK79066	木炭	2850±90	2854~3136	2775~3210	金昌	沙井	甘肃省文物考古研究所，2001	拒绝
哈螵墩	22	HM5	BK79062	木炭	2730±95	2754~2929	2622~3156	金昌	沙井	甘肃省文物考古研究所，2001	拒绝
哈螵墩	22	HM11	BK79063	木炭	2680±125	2541~2973	2380~3141	金昌	沙井	甘肃省文物考古研究所，2001	拒绝
哈螵墩	22	HM14	BK79064	木炭	2570±80	2491~2772	2364~2844	金昌	沙井	甘肃省文物考古研究所，2001	拒绝
哈螵墩	22	HM14	ZK0789	木炭	2540±90	2491~2751	2364~2764	金昌	沙井	甘肃省文物考古研究所，2001	拒绝
西岗	24	XM26	ZK0792	木炭	2700±90	2745~2922	2508~3065	金昌	沙井	甘肃省文物考古研究所，2001	拒绝
兔葫芦	2	灰坑文化层	OZQ808	炭屑	3765±35	4085~4227	3991~4240	瓜州	骟马	Zhou et al., 2016	拒绝
磨嘴子	29	灰坑	LZU15104	小麦	2990±25	3081~3214	3073~3316	凉州	马厂	本书	拒绝
郭家山	26	文化层④	LZU15118	大麦	3560±25	3834~3890	3728~3959	凉州	马厂	本书	拒绝
郭家山	26	文化层⑤	Beta-418806	小麦	3320±30	3483~3586	3470~3632	凉州	马厂	本书	拒绝

续表

遗址	遗址编号	采样特征	实验室编号	年代材料	^{14}C年代/a BP	校正年代/cal a BP 68.2%范围	校正年代/cal a BP 95.4%范围	地区	文化	引用文献	本书是否接受
茂林山	27	文化层④	Beta-418807	大麦	2900±30	2973~3072	2953~3156	凉州	马厂	本书	拒绝
茂林山	27	文化层④	LZU15120	大麦	3010±25	3161~3236	3080~3330	凉州	马厂	本书	拒绝
茂林山	27	文化层②	LZU15156	小麦	2955±35	3064~3172	2996~3218	凉州	马厂	本书	拒绝
郭家山	26	灰坑文化层	OZQ814	小麦	3370±35	3572~3679	3495~3698	凉州	马厂	Zhou et al., 2016	拒绝
郭家山	26	灰坑文化层	OZQ815	小麦	3370±30	3574~3640	3515~3694	凉州	马厂	Zhou et al., 2016	拒绝
郭家山	26	灰坑文化层	OZQ816	小麦	3380±35	3579~3683	3511~3711	凉州	马厂	Zhou et al., 2016	拒绝
火烧沟	6	灰坑	OZK671	小麦	2495±50	2491~2720	2380~2741	玉门	四坝	Dodson et al., 2013	拒绝
干骨崖	10	墓地	JG16	人骨	2880±30	2961~3060	2888~3141	肃州	四坝	Liu et al., 2014	拒绝
火烧沟	6	墓地	YH29	人骨	4905±30	5603~5648	5589~5710	玉门	四坝	Liu et al., 2014	拒绝
火烧沟	6	墓地	YH22	人骨	3880±30	4257~4404	4185~4416	玉门	四坝	Liu et al., 2014	拒绝
火烧沟	6	未知	Beta-427235	小麦	2330±30	2332~2357	2211~2435	玉门	四坝	Liu et al., 2014	拒绝
东灰山	18	灰坑	BA92101	小麦	4230±250	4425~5267	4097~5570	民乐	四坝	甘肃省文物考古研究所, 2001	拒绝
磨嘴子	29	文化层	OZK667	小麦	2115±50	2004~2149	1949~2305	凉州	马厂	Dodson et al., 2013	拒绝
缸缸洼	13	表层	OZK659	炭屑	1565±113	1342~1564	1285~1715	金塔	西城驿	Dodson et al., 2009	拒绝
缸缸洼	13	表层	OZM247	炭屑	1908±34	1821~1891	1737~1930	金塔	西城驿	Atahan et al., 2011	拒绝
皇娘娘台	28	文化层15cm	OZK415	炭屑	210±45	303	425	凉州	齐家	Zhou et al., 2012	拒绝
皇娘娘台	28	文化层	OZK416	小麦	529±102	500~651	318~678	凉州	齐家	Dodson et al., 2013	拒绝

附录 2 贝叶斯模型结构和 ^{14}C 年代数据集

附录 2.1 贝叶斯模型结构

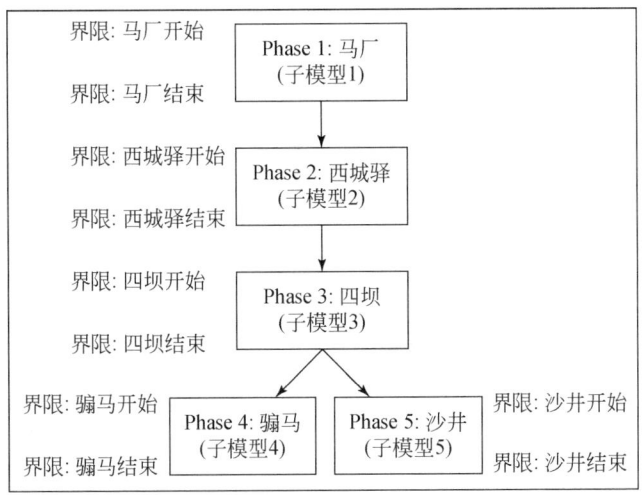

附录 2.2 河西走廊 ^{14}C 年代数据集*

遗址	采样单位	实验室编号	测年材料	AMS ^{14}C 年代/a BP	校正年代/cal a BP 68.2%范围	校正年代/cal a BP 95.4%范围	地区	文化	数据来源
郭家山	文化层⑤	LZU15119	粟	3890±25	4295～4406	4246～4414	凉州	马厂	本书
郭家山	文化层	LZU15114	粟	3730±20	4000～4145	3988～4150	古浪	马厂	本书
西台	文化层③	LZU15105	黍	3700±25	3987～4085	3934～4145	古浪	马厂	本书
磨嘴子	文化层	OZM453	黍/粟	3750±35	4002～4215	3985～4234	凉州	马厂	Zhou et al., 2016
磨嘴子	墓地	WM9	人骨	3825±20	4156～4244	4148～4295	凉州	马厂	Liu et al., 2014
磨嘴子	墓地	WM8	人骨	3750±20	4087～4149	3996～4222	凉州	马厂	Liu et al., 2014
磨嘴子	墓地	WM11	人骨	3705±20	3990～4086	3980～4142	凉州	马厂	Liu et al., 2014
磨嘴子	墓地	WM5	人骨	3690±20	3984～4080	3933～4090	凉州	马厂	Liu et al., 2014

* 附录 2.2 所引文献参见第 3 章参考文献列表。

续表

遗址	采样单位	实验室编号	测年材料	AMS ^{14}C 年代/a BP	校正年代/cal a BP 68.2%范围	校正年代/cal a BP 95.4%范围	地区	文化	数据来源
棋盘山	文化层②	LZU15106	粟	3715±20	3991～4136	3983～4145	凉州	马厂	本书
水口	灰坑	LZU15103	粟	3695±20	3985～4082	3975～4137	古浪	马厂	本书
五坝	墓地	MW11	人骨	3740±30	4003～4150	3984～4224	民乐	马厂	Liu et al., 2014
五坝	墓地	MW12	人骨	3685±30	3978～4083	3921～4143	民乐	马厂	Liu et al., 2014
西河滩	灰坑/文化层	OZK666	黍/粟	3795±50	4089～4246	3994～4405	肃州	马厂	Zhou et al., 2016
西河滩	储藏坑	LZU15101	粟	3675±35	3931～4083	3901～4141	肃州	马厂	本书
西城驿	文化层 20	LZU15134	粟	3745±25	4013～4150	3988～4224	甘州	马厂	本书
西城驿	T0301⑧c	ZK3464	炭化种子	3700±24	3987～4085	3972～4145	甘州	马厂	张雪莲等, 2015b
缸缸洼	地表	OZK658	小麦	3560±50	3730～3957	3702～3979	金塔	西城驿	Dodson et al., 2009, 2013
火石梁	文化层	OZK603	小麦	3635±45	3886～4069	3843～4085	金塔	西城驿	Dodson et al., 2009
火石梁	地表	OZL293	人骨	3590±45	3839～3966	3725～4073	金塔	西城驿	Atahan et al., 2011
火石梁	地表	OZL292	人骨	3515±45	3719～3845	3645～3905	金塔	西城驿	Atahan et al., 2011
火石梁	地表	OZL294	人骨	3515±40	3720～3843	3650～3895	金塔	西城驿	Atahan et al., 2011
火石梁	地表	LZU14225	小麦	3495±20	3721～3828	3701～3834	金塔	西城驿	本书
一个地窝南	文化层	LZU14226	粟	3500±20	3724～3829	3705～3835	金塔	西城驿	本书
干骨崖	文化层③	LZU15117	小麦	3435±20	3641～3706	3633～3821	肃州	西城驿	本书
西灰山	文化层 25	LZU15109	小麦	3445±20	3643～3809	3637～3825	民乐	西城驿	本书
西城驿	文化层 11	LZU15135	粟	3610±50	3850～3979	3731～4085	甘州	西城驿	本书
五坝	墓地	MW6	人骨	3620±30	3892～3974	3843～4067	民乐	西城驿	Liu et al., 2014
西城驿	文化层	QAS1312	小麦	3460±25	3649～3821	3642～3829	甘州	西城驿	Liu et al., 2016
西城驿	文化层	QAS1311	小麦	3430±25	3638～3705	3610～3822	甘州	西城驿	Liu et al., 2016

续表

遗址	采样单位	实验室编号	测年材料	AMS ^{14}C 年代/a BP	校正年代/cal a BP 68.2%范围	校正年代/cal a BP 95.4%范围	地区	文化	数据来源
西城驿	T0301⑦c	ZK3470	小麦	3602±22	3874～3962	3847～3973	甘州	西城驿	张雪莲等, 2015b
西城驿	T0301⑦d	ZK3462	炭化种子	3589±26	3849～3921	3835～3972	甘州	西城驿	张雪莲等, 2015b
西城驿	T0301M4	ZK4997	人骨	3481±25	3702～3826	3650～3834	甘州	西城驿	张雪莲等, 2015b
西城驿	T0301⑥e	ZK3458	炭化种子	3412±24	3633～3695	3586～3719	甘州	西城驿	张雪莲等, 2015b
西城驿	T0301⑥c	ZK3457	小麦	3391±26	3594～3686	3575～3695	甘州	西城驿	张雪莲等, 2015b
西城驿	T0302⑥a	ZK5017	羊骨	3452±22	3645～3818	3640～3826	甘州	西城驿	张雪莲等, 2015b
西城驿	T0301⑤a	ZK3468	炭化种子	3396±25	3608～3689	3580～3695	甘州	西城驿	张雪莲等, 2015b
东灰山	文化层 170cm	OZK656	小麦	3410±50	3585～3714	3561～3831	民乐	四坝	Zhou et al., 2012
东灰山	文化层 130cm	OZK655	小麦	3425±40	3613～3809	3579～3827	民乐	四坝	Zhou et al., 2012
东灰山	文化层 90cm	OZK654	小麦	3405±50	3578～3704	3514～3829	民乐	四坝	Zhou et al., 2012
东灰山	文化层 30cm	OZK653	小麦	3260±45	3448～3560	3385～3580	民乐	四坝	Zhou et al., 2012
东灰山	文化层 II-11	BA06032	大麦	3280±35	3467～3560	3409～3585	民乐	四坝	Flad et al., 2010
东灰山	文化层 II-10	BA06037	小麦	3240±35	3400～3549	3388～3560	民乐	四坝	Flad et al., 2010
东灰山	文化层 II-9	BA06031	小麦	3265±35	3451～3558	3400～3574	民乐	四坝	Flad et al., 2010
东灰山	文化层 II-8	BA06024	小麦	3250±35	3410～3556	3396～3564	民乐	四坝	Flad et al., 2010
东灰山	文化层 II-7	BA06029	小麦	3260±35	3449～3557	3399～3570	民乐	四坝	Flad et al., 2010
东灰山	文化层 II-6	BA06026	大麦	3235±35	3399～3545	3383～3560	民乐	四坝	Flad et al., 2010
东灰山	文化层 II-4	BA06028	大麦	3175±35	3370～3445	3273～3467	民乐	四坝	Flad et al., 2010

续表

遗址	采样单位	实验室编号	测年材料	AMS ^{14}C 年代/a BP	校正年代/cal a BP 68.2%范围	校正年代/cal a BP 95.4%范围	地区	文化	数据来源
东灰山	文化层 II-3	BA06036	小麦	3225±35	3397~3476	3376~3559	民乐	四坝	Flad et al., 2010
东灰山	文化层 II-2	BA06022	大麦	3235±35	3399~3545	3383~3560	民乐	四坝	Flad et al., 2010
东灰山	文化层 II-1	BA06035	粟/黍	3345±35	3514~3637	3479~3686	民乐	四坝	Flad et al., 2010
东灰山	文化层 I-3	BA06033	小麦	3215±40	3385~3465	3365~3557	民乐	四坝	Flad et al., 2010
东灰山	文化层 I-2	BA06030	小麦	3195±50	3365~3460	3271~3560	民乐	四坝	Flad et al., 2010
东灰山	文化层 I-1	BA06034	小麦	3215±50	3378~3479	3355~3565	民乐	四坝	Flad et al., 2010
东灰山	文化层	Beta-427236	大麦	3150±30	3350~3441	3260~3449	民乐	四坝	Liu et al., 2017
西灰山	文化层 2	LZU13151	小麦	3480±45	3697~3828	3637~3866	民乐	四坝	本书
西灰山	文化层 18	LZU13155	黍	3340±20	3561~3613	3484~3638	民乐	四坝	本书
西灰山	文化层 16	LZU13156	粟	3330±20	3510~3607	3481~3632	民乐	四坝	本书
西城驿	文化层	QAS1314	小麦	3390±30	3592~3686	3568~3700	甘州	四坝	Liu et al., 2016
西城驿	文化层	QAS1317	小麦	3400±25	3611~3690	3579~3699	甘州	四坝	Liu et al., 2016
西城驿	文化层	QAS1316	小麦	3385±25	3591~3681	3573~3693	甘州	四坝	Liu et al., 2016
西城驿	文化层	QAS1315	小麦	3355±30	3568~3635	3484~3689	甘州	四坝	Liu et al., 2016
西城驿	T0301F4①	ZK3477	炭化种子	3355±24	3571~3632	3511~3686	甘州	四坝	张雪莲等, 2015b
西城驿	T0201④b	ZK4998	猪骨	3368±21	3583~3635	3567~3685	甘州	四坝	张雪莲等, 2015b
西城驿	T0101④e	ZK3507	炭化种子	3380±25	3586~3679	3570~3692	甘州	四坝	张雪莲等, 2015b
西城驿	T0202F2	ZK3439	炭化种子	3347±24	3564~3630	3494~3680	甘州	四坝	张雪莲等, 2015b
西城驿	T02014a	ZK3435	炭化种子	3338±23	3514~3614	3482~3638	甘州	四坝	张雪莲等, 2015b

续表

遗址	采样单位	实验室编号	测年材料	AMS ^{14}C 年代/a BP	校正年代/cal a BP 68.2%范围	校正年代/cal a BP 95.4%范围	地区	文化	数据来源
西城驿	T0301M2	ZK4996	人骨	3307±22	3483~3569	3469~3586	甘州	四坝	张雪莲等,2015b
西城驿	T0301M1	ZK4995	人骨	3273±24	3459~3556	3450~3564	甘州	四坝	张雪莲等,2015b
火烧沟	墓地	YH23	人骨	3515±30	3723~3839	3700~3870	玉门	四坝	Liu et al., 2014
火烧沟	墓地	YH31	人骨	3425±30	3634~3714	3587~3824	玉门	四坝	Liu et al., 2014
火烧沟	灰坑	OZK672	小麦	3430±50	3611~3820	3577~3831	玉门	四坝	Dodson et al., 2013
火烧沟	墓地	YH11	人骨	3240±25	3405~3543	3392~3558	玉门	四坝	Liu et al., 2014
火烧沟	墓地	YH2	人骨	3225±35	3397~3476	3376~3559	玉门	四坝	Liu et al., 2014
火烧沟	墓地	YH4	人骨	3150±25	3355~3400	3272~3446	玉门	四坝	Liu et al., 2014
火烧沟	墓地	YH9	人骨	3130±30	3270~3387	3249~3444	玉门	四坝	Liu et al., 2014
砂锅梁	灰坑	OZK668	小麦	3450±60	3639~3826	3573~3865	玉门	四坝	Dodson et al., 2013
砂锅梁	灰坑	OZK669	小麦	3390±50	3575~3693	3482~3825	玉门	四坝	Dodson et al., 2013
砂锅梁	文化层④	LZU15152	小麦	3270±40	3453~3559	3398~3581	玉门	四坝	本书
砂锅梁	文化层③	LZU15108	小麦	3250±30	3410~3556	3400~3562	玉门	四坝	本书
砂锅梁	文化层②	LZU15107	小麦	3250±30	3410~3556	3400~3562	玉门	四坝	本书
干骨崖	文化层①	LZU15148	小麦	3175±25	3372~3444	3362~3449	肃州	四坝	本书
干骨崖	灰坑/文化层	OZQ817	小麦	3025±35	3167~3325	3080~3345	肃州	四坝	Zhou et al., 2016
鹰窝树	灰坑/文化层	OZQ813	小麦	3245±30	3405~3550	3396~3560	肃州	四坝	Zhou et al., 2016
鹰窝树	灰坑/文化层	OZQ812	小麦	3150±30	3350~3441	3260~3449	肃州	四坝	Zhou et al., 2016
四坝滩	文化层	LZU13158	小麦	3180±20	3378~3444	3370~3448	山丹	四坝	本书
大墩湾	文化层⑥	LZU15110	小麦	3155±20	3361~3397	3345~3445	玉门	四坝	本书
大墩湾	文化层①	LZU15155	小麦	3115±40	3253~3382	3218~3443	玉门	四坝	本书

续表

遗址	采样单位	实验室编号	测年材料	AMS ^{14}C 年代/a BP	校正年代/cal a BP 68.2%范围	校正年代/cal a BP 95.4%范围	地区	文化	数据来源
鹰窝树	文化层③	LZU16204	小麦	3000±35	3080~3237	3069~3333	瓜州	四坝	本书
火烧沟	文化层	LZU15121	大麦	2770±25	2801~2921	2789~2943	玉门	骟马	本书
赵家水磨	灰坑/文化层	OZQ811	小麦	2600±40	2720~2762	2505~2788	肃州	骟马	Zhou et al., 2016
赵家水磨	文化层⑤	LZU15115	大麦	2630±20	2746~2761	2741~2773	肃州	骟马	本书
赵家水磨	文化层⑤	Beta-418805	小麦	2460±30	2444~2700	2378~2707	肃州	骟马	本书
赵家水磨	文化层②	LZU15149	大麦	2510±30	2505~2721	2489~2740	肃州	骟马	本书
绿城	灰坑	LZU16200	大麦	2565±30	2710~2751	2505~2755	额济纳旗	骟马	本书
绿城	灰坑	LZU14224	大麦	2140±25	2065~2291	2010~2300	额济纳旗	骟马	本书
古董滩	文化层⑨	LZU15116	大麦	2520±35	2505~2735	2489~2744	玉门	骟马	本书
古董滩	文化层②	LZU15153	小麦	2485±35	2492~2711	2382~2731	玉门	骟马	本书
过会台	文化层	LZU13159	大麦	2505±20	2507~2717	2492~2727	山丹	骟马	本书
马鬃山	F68	LZU16195	大麦	2260±25	2185~2338	2159~2345	肃北	骟马	本书
马鬃山	F48Z2	LZU16198	大麦	2200±30	2153~2306	2141~2315	肃北	骟马	本书
马鬃山	F81①	LZU16197	大麦	2195±25	2151~2304	2144~2310	肃北	骟马	本书
三角城	文化层③	LZU15113	大麦	2500±25	2503~2715	2489~2726	民勤	沙井	本书
柳湖墩	文化层	LZU16203	小麦	2425±30	2360~2649	2352~2698	民勤	沙井	本书
火石滩	文化层③	LZU15122	大麦	2505±30	2507~2717	2492~2727	民勤	沙井	本书
火石滩	文化层①	LZU15150	大麦	2355±30	2338~2423	2328~2465	民勤	沙井	本书
三角城	灰坑	LZU14218	大麦	2230±20	2162~2314	2155~2329	金昌	沙井	本书
三角城	文化层	LZU14220	大麦	2230±30	2160~2316	2153~2333	金昌	沙井	本书
三角城	文化层	LZU14219	大麦	2165±20	2126~2298	2070~2305	金昌	沙井	本书

附录3 河西走廊史前遗址出土植物遗存鉴定结果

编号	区域	文化类型	土样量/L	穗轴/块		种子/粒					总数
				小麦	大麦	粟	黍	小麦	大麦	杂草	
GMXD-1	肃州	马家窑文化	8			13	4			2	19
GMXD-2	肃州	马家窑文化	10			11	1				12
总计						24	5			2	31
GLSJC-1	古浪	马家窑文化	10			6	2				8
GLSJC-1	古浪	马家窑文化	14			3			1		4
GLSJC-1	古浪	马家窑文化	16			2					2
总计						11	2		1		14
DJL-1	古浪	马厂文化	13			13	1			1	15
DJL-2	古浪	马厂文化	13			80	5			4	89
DJL-3	古浪	马厂文化	12			113	35			7	155
DJL-4	古浪	马厂文化	8			112	12			2	126
DJL-5	古浪	马厂文化	21			47	2			16	65
DJL-6	古浪	马厂文化	15			53	11			4	68
总计						418	66			34	518
SK-1	古浪	马厂文化	14			743	6			2	751
SK-2	古浪	马厂文化	20			1328	5			3	1336
SK-3	古浪	马厂文化	17			1254	9			2	1265
SK-4	古浪	马厂文化	16			540	7				547
SK-5	古浪	马厂文化	14			138	10			2	150
SK-6	古浪	马厂文化	15			37	15				
SK-7	古浪	马厂文化	16			17				10	27
SK-8	古浪	马厂文化	15			435	25			19	479
总计						4492	77			38	4555
XT-1	古浪	马厂文化	15			29	5				34
XT-2	古浪	马厂文化	14			122	52				174
XT-3	古浪	马厂文化	16			90	32			6	128

续表

编号	区域	文化类型	土样量/L	穗轴/块		种子/粒					总数
				小麦	大麦	粟	黍	小麦	大麦	杂草	
XT-4	古浪	马厂文化	13			181	41		1	4	227
GD-1	古浪	马厂文化	13			2				2	4
GD-2	古浪	马厂文化	14			2	1				3
总计						4	1			2	7
XZ-1	凉州	马厂文化	23			221	22	1		16	260
XZ-2	凉州	马厂文化	18			277	13			1	291
XZ-3	凉州	马厂文化	17			166	36			2	204
XZ-4	凉州	马厂文化	13			884	26		1	346	1257
XZ-5	凉州	马厂文化	17			19	2			1	22
XZ-6	凉州	马厂文化	15			462	32			2	496
XZ-7	凉州	马厂文化	11			194	6				200
XZ-8	凉州	马厂文化	14			412	22			4	438
XZ-9	凉州	马厂文化	13			107	3			6	116
XZ-10	凉州	马厂文化	10			76	13			4	93
总计						2818	175	1	1	382	3377
MZZ-1	凉州	马厂文化	24	1		4	10	32		15	61
MZZ-2	凉州	马厂文化	12			2		11		13	26
MZZ-3	凉州	马厂文化	16			9	18	43		37	107
MZZ-4	凉州	马厂文化	17			6	2	21		6	35
总计				1		21	41	96		71	229
MLS-1	凉州	马厂文化	17			4					4
MLS-2	凉州	马厂文化	21			14	9	1		2	26
MLS-3	凉州	马厂文化	20			11	3	5	3	7	29
MLS-4	凉州	马厂文化	18			4	4	2		1	11
MLS-5	凉州	马厂文化	17			8					8
总计						41	16	8	5	8	78
GJS-1	凉州	马厂文化	20			39	20	6	1	7	73
GJS-2	凉州	马厂文化	14			50	20	7		10	87

续表

编号	区域	文化类型	土样量/L	穗轴/块		种子/粒					总数
				小麦	大麦	粟	黍	小麦	大麦	杂草	
GJS-3	凉州	马厂文化	16			116	27	3		8	154
GJS-4	凉州	马厂文化	16			82	53	4		11	150
GJS-5	凉州	马厂文化	20			90	102			13	205
总计						377	222	20	1	49	669
QPS-1	凉州	马厂文化	12			7	2	3	15	39	66
QPS-2	凉州	马厂文化	13				2	5		59	66
QPS-3	凉州	马厂文化	20			162	3			1	166
QPS-4	凉州	马厂文化	24			30	2			7	39
总计						199	9	8	15	106	337
XHT-1	肃州	马厂、西城驿文化	18			8730					8730
XHT-2	肃州	马厂、西城驿文化	12			17077					17077
XHT-3	肃州	马厂、西城驿文化	11			16389					16389
总计						42196					42196
LJGL-1	古浪	齐家文化	16			262	180	13	4	1	460
LJGL-2	古浪	齐家文化	26			669	304	67	216	10	1266
LJGL-3	古浪	齐家文化	30	1		437	552	67	8	16	1080
LJGL-4	古浪	齐家文化	14	1		67	67	34	63	1	232
总计						1435	1103	181	291	28	3038
HSL-1	金塔	西城驿文化	14			4	18	1			23
HSL-2	金塔	西城驿文化	16			1	4	3			8
HSL-3	金塔	西城驿文化	12			4	4				8
HSL-4	金塔	西城驿文化	13			8	13			1	22
HSL-5	金塔	西城驿文化	20			3	4		2		9
HSL-6	金塔	西城驿文化	18			49	180	3	1	6	239
HSL-7	金塔	西城驿文化	17			12	44	2		3	61
HSL-8	金塔	西城驿文化	16	1		17	27	5			49
HSL-9	金塔	西城驿文化	15			22	43				65

续表

编号	区域	文化类型	土样量/L	穗轴/块		种子/粒					总数
				小麦	大麦	粟	黍	小麦	大麦	杂草	
HSL-10	金塔	西城驿文化	14			30	59	3		2	94
HSL-11	金塔	西城驿文化	13			39	111	2			152
HSL-12	金塔	西城驿文化	16			81	164	5		5	255
HSL-13	金塔	西城驿文化	17			158	112	2		1	273
总计						428	783	26	3	18	1258
GGW-1	金塔	西城驿文化	19			5	16	3		1	25
GGW-2	金塔	西城驿文化	21			36	96	1	1	41	175
GGW-3	金塔	西城驿文化	17			22	28		1	5	56
GGW-4	金塔	西城驿文化	18			7	7			5	19
总计						70	147	4	2	52	275
YGDWN-1	金塔	西城驿文化	18				1				1
YGDWN-2	金塔	西城驿文化	13				1				1
YGDWN-3	金塔	西城驿文化	17			1	1	2			4
YGDWN-4	金塔	西城驿文化	14			1	12		1		14
YGDWN-5	金塔	西城驿文化	13				5				5
YGDWN-6	金塔	西城驿文化	18				3				3
总计						2	22	3	1		28
YGDWN2-1	金塔	西城驿文化	20			2	16			2	20
YGDWN2-2	金塔	西城驿文化	18			1	2				3
YGDWN2-3	金塔	西城驿文化	17				3				3
总计						3	21			2	26
XHS-1	民乐	四坝文化	7			394	127	6	17	2	546
XHS-2	民乐	四坝文化	7			2668	232	8	60	1	2969
XHS-3	民乐	四坝文化	10			2155	139	24	55	38	2411
XHS-4	民乐	四坝文化	6	1	1	736	145	17	44	2	944
XHS-5	民乐	四坝文化	8		2	1946	290	2	21	4	2263
XHS-6	民乐	四坝文化	7			1456	86	3	22	8	1575
XHS-7	民乐	四坝文化	6	1		1048	45	8	23	3	1127
XHS-8	民乐	四坝文化	7			566	36	11	36	2	651

续表

编号	区域	文化类型	土样量/L	穗轴/块		种子/粒					总数
				小麦	大麦	粟	黍	小麦	大麦	杂草	
XHS-9	民乐	四坝文化	6			194	22	4	3	6	229
XHS-10	民乐	四坝文化	7	1		1001	77	9	18	60	1165
XHS-11	民乐	四坝文化	8			894	143	41	16	1	1095
XHS-12	民乐	四坝文化	6			615	112	22	16	1	766
XHS-13	民乐	四坝文化	9			480	50	3	4		537
XHS-14	民乐	四坝文化	8			65	44	7			116
XHS-15	民乐	四坝文化	6			361	55		10		426
XHS-16	民乐	四坝文化	8			2500	94				2594
XHS-17	民乐	四坝文化	7			180	36	22	31		269
XHS-18	民乐	四坝文化	8			65	44	7			116
XHS-19	民乐	四坝文化	9			246	23	1		12	282
XHS-20	民乐	四坝文化	8			280	70	2			352
XHS-21	民乐	四坝文化	7	1		1521	217	6		1	1745
XHS-22	民乐	四坝文化	6			1310	175	3	3	1	1492
XHS-23	民乐	四坝文化	8			1020	105	2	4		1131
XHS-24	民乐	四坝文化	9			4987	97	18	14	29	5145
XHS-25	民乐	四坝文化	7			486	42	6	8	3	545
总计						27174	2506	232	406	173	30491
SGL-1	玉门	四坝文化	18	12		600	104	168	174	20	1066
SGL-2	玉门	四坝文化	15	74	3	4424	269	555	400	59	5707
SGL-3	玉门	四坝文化	15	53		1379	202	469	497	2640	5187
SGL-4	玉门	四坝文化	13	1	5	1034	150	331	321	22	1858
SGL-5	玉门	四坝文化	16	101	68	7688	1582	259	645	1153	11327
SGL-6	玉门	四坝文化	14	2	1	1367	93	13	54	31	1558
SGL-7	玉门	四坝文化	16	1		612	83	16	42	6	759
总计						17104	2483	1811	2133	3931	27462
YWS-1	瓜州	四坝文化	11			8		2			10
YWS-2	瓜州	四坝文化	13			5	1	2	1		9
YWS-3	瓜州	四坝文化	12			4	1	2	1		8

续表

编号	区域	文化类型	土样量/L	穗轴/块		种子/粒					总数
				小麦	大麦	粟	黍	小麦	大麦	杂草	
YWS-4	瓜州	四坝文化	14						1		1
YWS-5	瓜州	四坝文化	13			2		1	1		4
总计						19	2	5	6		32
SBT-1	山丹	四坝文化	4			8	2		10		20
SBT-2	山丹	四坝文化	6			10	3	11	21	1	46
总计						18	5	11	31	1	66
DDW-1	玉门	四坝文化	13			18	11	21	30	7	87
DDW-2	玉门	四坝文化	13			8	4	9	5	1	27
DDW-3	玉门	四坝文化	15	8		55	32	64	48	11	210
DDW-4	玉门	四坝文化	13	8	1	99	29	82	78	24	312
DDW-5	玉门	四坝文化	14	7		37	54	52	67	8	218
DDW-6	玉门	四坝文化	16		3	31	19	68	57	3	178
DDW-7	玉门	四坝文化	9	10	1	405	43	83	76	4	611
总计						653	192	379	361	58	1643
GGY-1	肃州	四坝文化	18	2		55	2	13	21	8	99
GGY-2	肃州	四坝文化	14	1				50	72		122
GGY-3	肃州	四坝文化	13	31	1	106	6	50	62	4	228
GGY-4	肃州	四坝文化	16			188	18	16	17	11	250
GGY-5	肃州	四坝文化	11			11		8	10	1	30
GGY-6	肃州	四坝文化	16			62	5	21	50	3	141
GGY-7	肃州	四坝文化	17	1		97		43	12	29	181
总计						519	31	201	244	56	1051
TB-1	古浪	董家台文化	14		1	1	7		18	7	33
TB-2	古浪	董家台文化	15			36	16		2	2	56
TB-3	古浪	董家台文化	14	1			13		12	15	40
TB-4	古浪	董家台文化	19			25	9		64	101	199
TB-5	古浪	董家台文化	11		1	1	7		271	3	282
TB-6	古浪	董家台文化	13		4		40		32	10	82
总计						37	102	16	399	138	692
LC-1	额济纳旗	骟马文化	21				10	1	2	1	14
LC-2	额济纳旗	骟马文化	22			4	12	6	3	4	29
LC-3	额济纳旗	骟马文化	19			2	7	1	3	5	18

续表

编号	区域	文化类型	土样量/L	穗轴/块		种子/粒					总数
				小麦	大麦	粟	黍	小麦	大麦	杂草	
LC-4	额济纳旗	骟马文化	26			4	8	2		2	16
LC-5	额济纳旗	骟马文化	24			4	12	4	4	3	27
LC-6	额济纳旗	骟马文化	22			27	10	5	5	11	58
总计						41	59	19	17	26	162
GDT-1	玉门	骟马文化	50			3	2	6	19	3	33
GDT-2	玉门	骟马文化	43	3	6	7	4	26	76	19	132
GDT-3	玉门	骟马文化	38		8		7	20	83	68	178
GDT-4	玉门	骟马文化	22			6	4	12	16	3	41
GDT-5	玉门	骟马文化	42			16	5	4	18	2	45
GDT-6	玉门	骟马文化	39		1	44	61	28	71	26	230
GDT-7	玉门	骟马文化	29				15	6	68	25	114
GDT-8	玉门	骟马文化	36				7	6	31	22	66
GDT-9	玉门	骟马文化	18					3	8	1	12
总计						76	105	111	390	169	851
ZJSM-1	肃州	骟马文化	11						3		3
ZJSM-2	肃州	骟马文化	12						18	2	20
ZJSM-3	肃州	骟马文化	10			1		3	17	4	25
ZJSM-4	肃州	骟马文化	12			2	16	1		5	24
ZJSM-5	肃州	骟马文化	10			2	1		15	6	24
ZJSM-6	肃州	骟马文化	8						3	4	7
ZJSM-7	肃州	骟马文化	12						14	1	15
ZJSM-8	肃州	骟马文化	13			1		1	4	23	29
总计						6	17	5	71	48	147
HSG-1	玉门	骟马文化	14					2	13	4	19
HSG-2	玉门	骟马文化	13				2	3	20	2	27
HSG-3	玉门	骟马文化	15					2	37	2	41
HSG-4	玉门	骟马文化	13		1			3	34	6	43
总计							2	10	104	14	130
GHT-1	山丹	骟马文化	5						10	10	20
GHT-2	山丹	骟马文化	4					14			14
GHT-3	山丹	骟马文化	4					6	17	5	28
总计								20	27	5	52

续表

编号	区域	文化类型	土样量/L	穗轴/块		种子/粒					总数
				小麦	大麦	粟	黍	小麦	大麦	杂草	
MQSJC-1	民勤	沙井文化	20				10	2	3	14	29
MQSJC-2	民勤	沙井文化	16				7		12	25	44
MQSJC-3	民勤	沙井文化	14				7	3	10	18	38
MQSJC-4	民勤	沙井文化	18			3		3	2	407	415
MQSJC-5	民勤	沙井文化	20				10	8	4	15	37
总计						3	34	16	31	479	563
JCSJC-1	金昌	沙井文化	11				5		9	2	16
JCSJC-2	金昌	沙井文化	13				4		21	9	34
JCSJC-3	金昌	沙井文化	12				23		15	9	47
JCSJC-4	金昌	沙井文化	9				24		19	4	47
JCSJC-5	金昌	沙井文化	13			2	26		22	19	69
JCSJC-6	金昌	沙井文化	15				4		1	2	7
JCSJC-7	金昌	沙井文化	13				8		13	74	95
JCSJC-8	金昌	沙井文化	13				61		38	4	103
JCSJC-9	金昌	沙井文化	12				7		22	5	34
JCSJC-10	金昌	沙井文化	14			2	5		9		16
总计						4	167	0	169	128	468
HST-1	民勤	沙井文化	20				10	8	19	33	70
HST-2	民勤	沙井文化	18				21	6	12	13	52
HST-3	民勤	沙井文化	16			3	23	60	6	42	134
总计						3	54	74	37	88	256
LHD-1	民勤	沙井文化	20			2	46	1		4	53
LHD-2	民勤	沙井文化	18			2	46	1		2	51
总计						4	92	2		6	104
SCSD-1	凉州	东周遗存	12						5	5	10
SCSD-2	凉州	东周遗存	14			2	4	3	2	2	13
SCSD-3	凉州	东周遗存	13					2	5		7
SCSD-4	凉州	东周遗存	15				2	3	5	7	17
SCSD-5	凉州	东周遗存	10				1	2			3
SCSD-6	凉州	东周遗存	8			3	1		4	6	14
总计						5	8	10	21	20	64

附录 4 河西走廊史前遗址出土植物遗存鉴定统计结果

遗址	种子粒					农作物绝对数量比例/%				农作物重量比例/%				粟/黍	小麦/大麦	粟黍/麦类
	粟	黍	小麦	大麦	总数	粟	黍	小麦	大麦	粟	黍	小麦	大麦			
高苜蓿地	24	5			29	83	17	0	0	62	38	0	0	4.80		
古浪三角城	11	2			13	85	15	0	0	66	34	0	0	5.50		
朵家梁	418	66			484	86	14	0	0	69	31	0	0	6.33		
水口	4492	77			4569	98	2	0	0	95	5	0	0	58.34		
西台	422	130			552	76	24	0	0	53	47	0	0	3.25		
宫地	4	1			5	80	20	0	0	58	42	0	0	4.00		
新寨	2818	175			2993	94	6	0	0	85	15	0	0	16.10		
西河滩	42196				42196	100	0	0	0	100	0	0	0			
李家坨塄	1435	1103	181	291	3010	48	37	6	10	12	26	20	42	1.30	0.62	5.38
火石梁	428	783	26	3	1240	35	63	1.8	0.2	14	73	11	2	0.55	8.67	41.76
缸缸洼	70	147	4	2	223	31	66	2	1	12	73	9	6	0.48	2.00	36.17
一个地资南	2	22	3	1	28	7	79	11	4	2	52	33	14	0.09	3.00	6.00
一个地资南2号	3	21			24	13	88	0	0	5	95	0	0	0.14		
西灰山	27174	2506	232	406	30318	90	8	1	1	61	16	7	16	10.84	0.57	46.52
砂锅梁	17104	2483	1811	2133	23531	73	11	8	9	20	8	28	44	6.89	0.85	4.97
鹰窝树	19	2	5	6	32	59	6	16	19	10	3	34	53	9.50	0.83	1.91
四坝滩	18	5	11	31	65	28	8	17	48	3	2	21	74	3.60	0.35	0.55

续表

遗址	种子/粒				农作物绝对数量比例/%				农作物重量比例/%				粟:黍	小麦:大麦	粟黍:麦类
	粟	黍	小麦	大麦	总数	粟	黍	小麦	大麦	粟	黍	小麦	大麦			
大墩湾	653	192	379	361	1585	41	12	24	23	5	4	41	50	3.40	1.05	1.14
干骨崖	519	31	201	244	995	52	3	20	25	7	1	36	56	16.74	0.82	1.24
土坝	37	102	16	399	554	7	18	3	72	1	4	3	92	0.36	0.04	0.33
缘城	41	59	19	17	136	30	43	14	13	5	22	34	39	0.69	1.12	2.78
古董滩	76	105	111	390	682	11	15	16	57	1	4	17	78	0.72	0.28	0.36
赵家水磨	6	17	5	71	99	6	17	5	72	0	4	5	91	0.35	0.07	0.30
火烧沟		2	10	104	116	0	2	8	90	0	0	7	93	0	0.10	0.02
过会台			20	27	47	0	0	43	57	0	0	37	63		0.74	0
民勤三角城	3	34	16	31	84	4	40	19	37	0	11	25	63	0.09	0.52	0.79
金昌三角城	4	167	0	169	340	1	49	0	50	0	14	0	86	0.02	0.00	1.01
火石滩	3	54	74	37	168	2	32	44	22	0	9	55	36	0.06	2.00	0.51
柳湖墩	4	92	2	6	104	4	88	2	6	1	66	7	26	0.04	0.33	12.00
石城山	5	8	10	21	44	11	18	23	48	0	4	26	69	0.63	0.48	0.42
马鬃山玉矿	13	22	14	1326	1375	1	2	1	96	0	0	1	99	0.59	0.01	0.03

彩 图

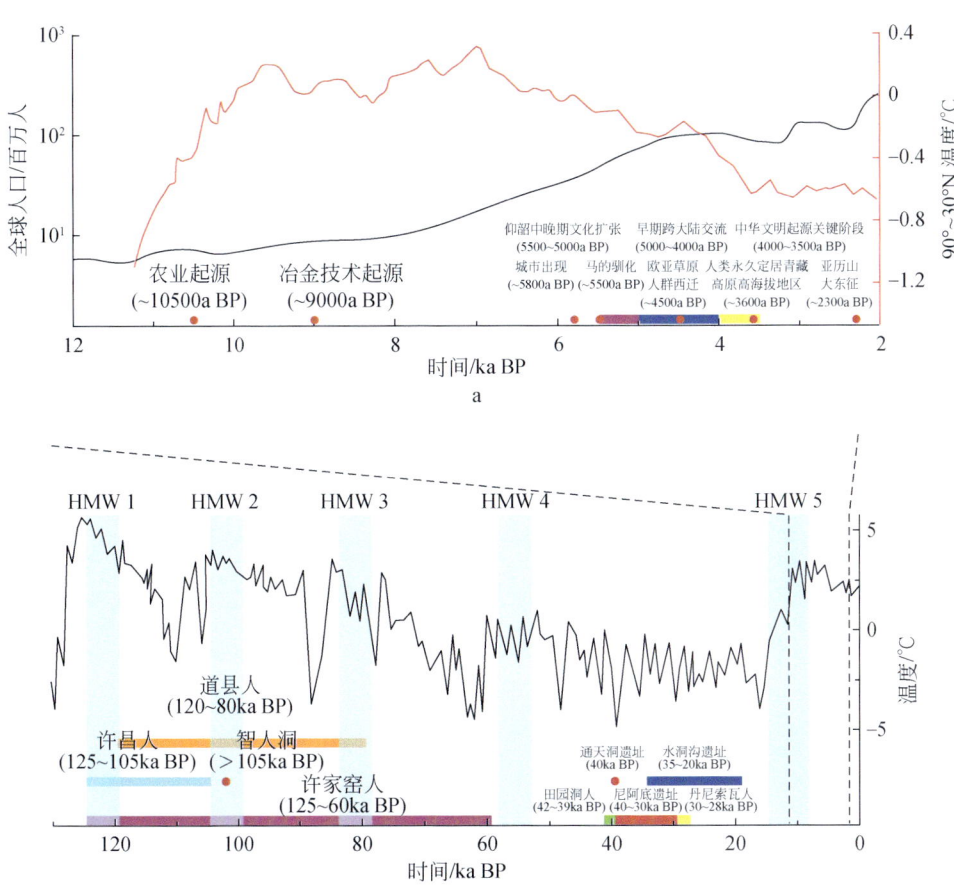

图 1.1　史前时代晚段不同阶段人类演化重要事件与气候变化关系简图

图 a 改自董广辉等，2017；图 b 改自 Timmermann 和 Friedrich，2016

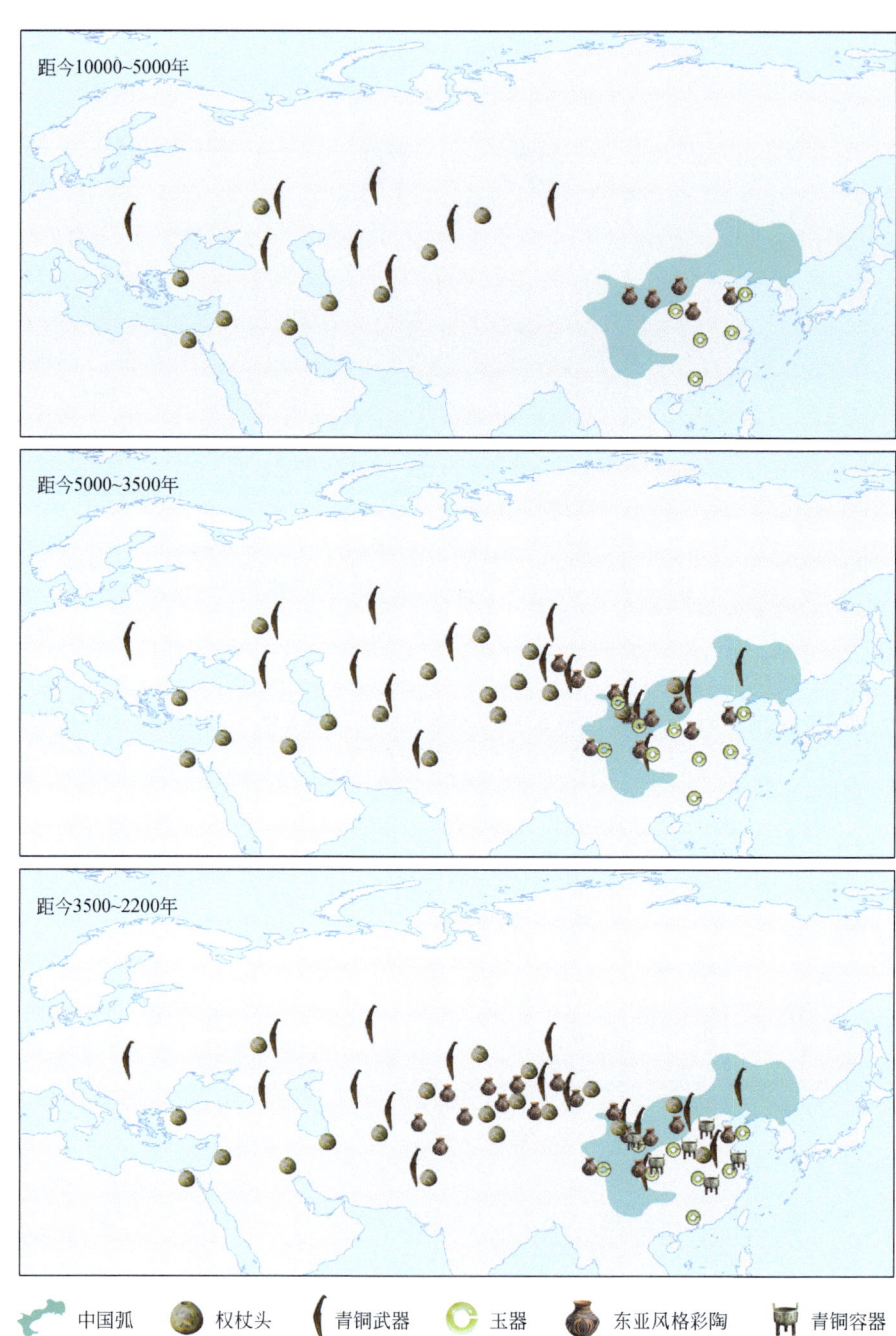

图 1.2　史前时代欧亚大陆不同阶段东西方文化元素传播图

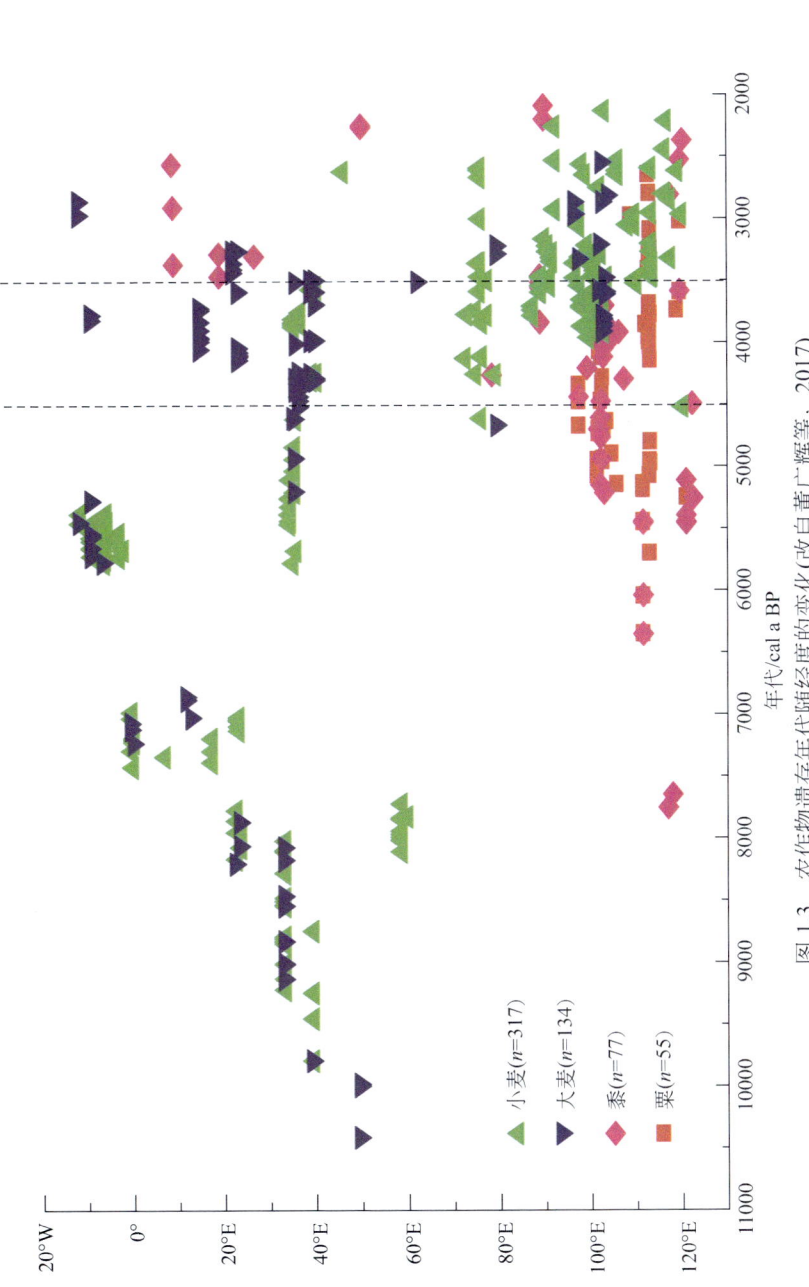

图 1.3 农作物遗存年代随经度的变化(改自董广辉等, 2017)

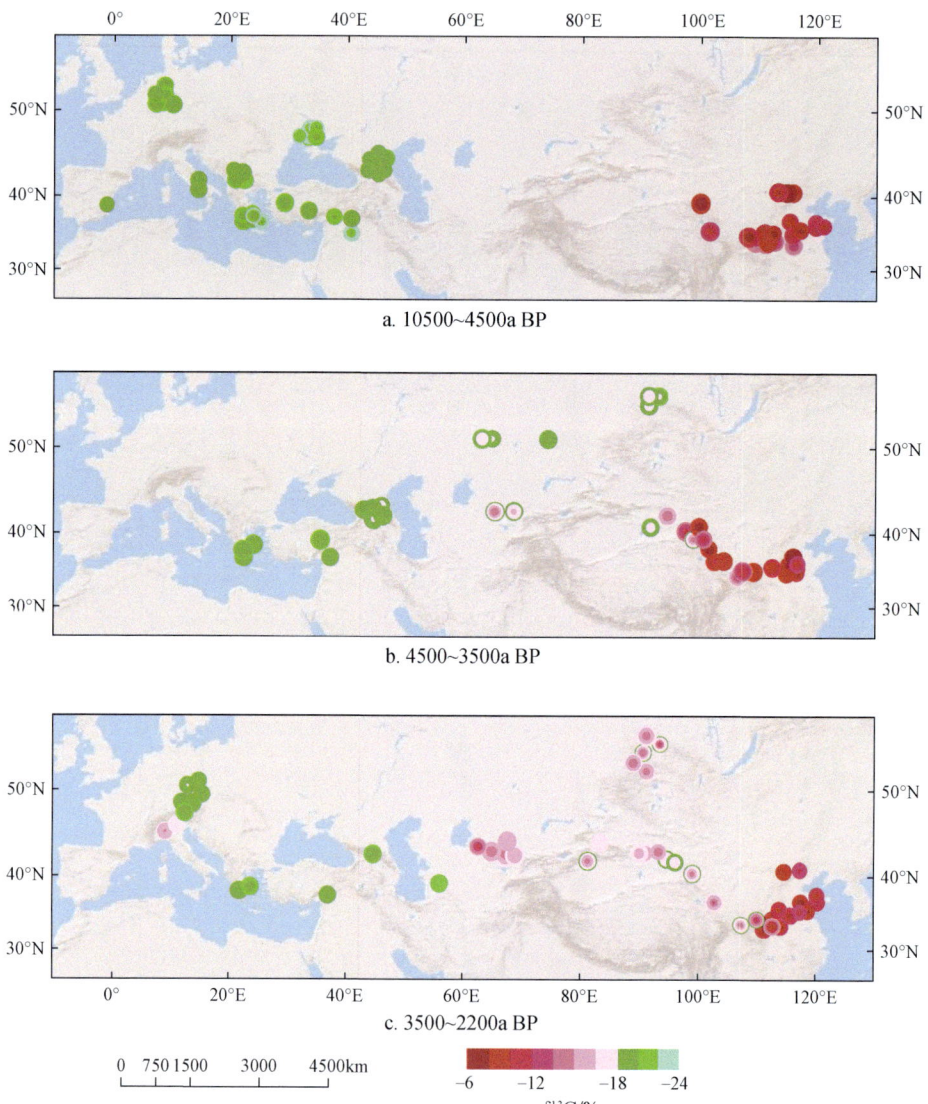

图 1.4 欧亚大陆新石器—青铜时代遗址出土人骨碳同位素的时空变化（改自董广辉等，2017）

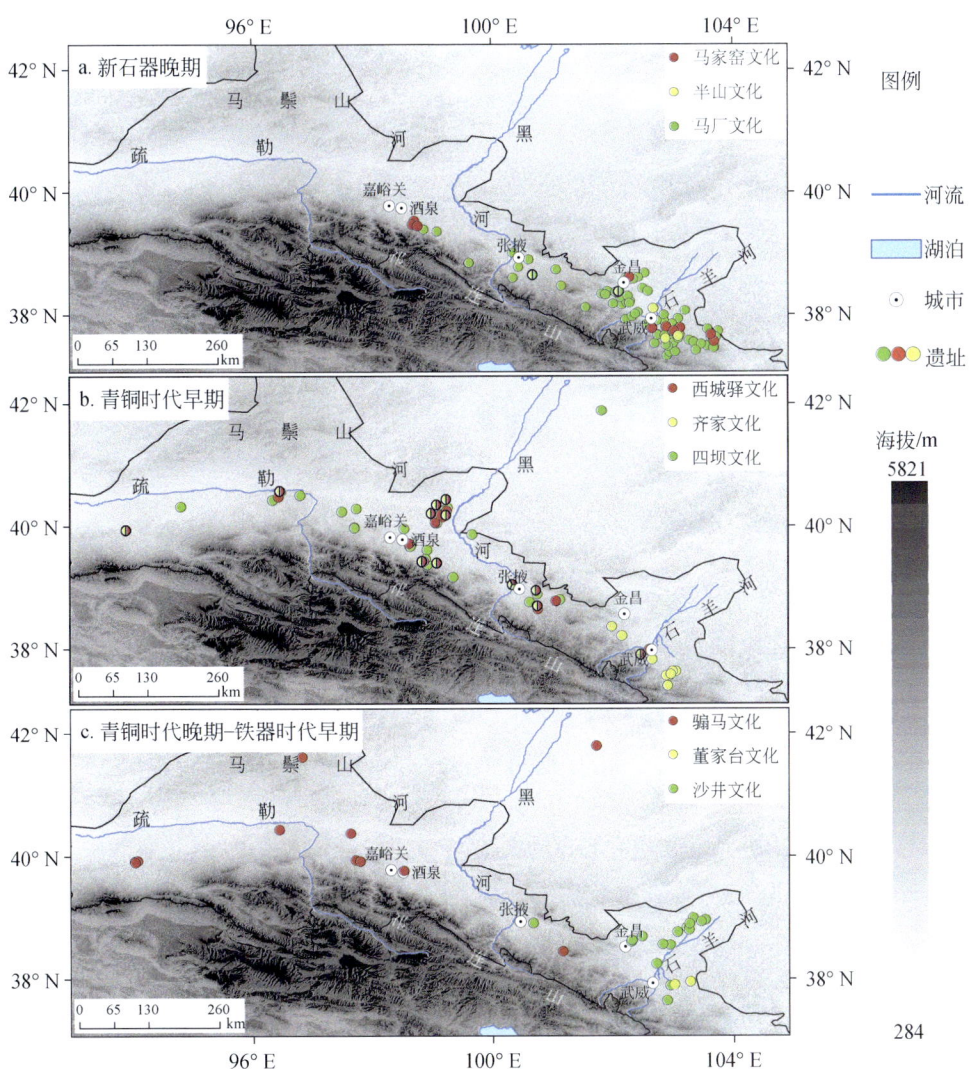

图 2.4 河西走廊史前时代遗址时空分布

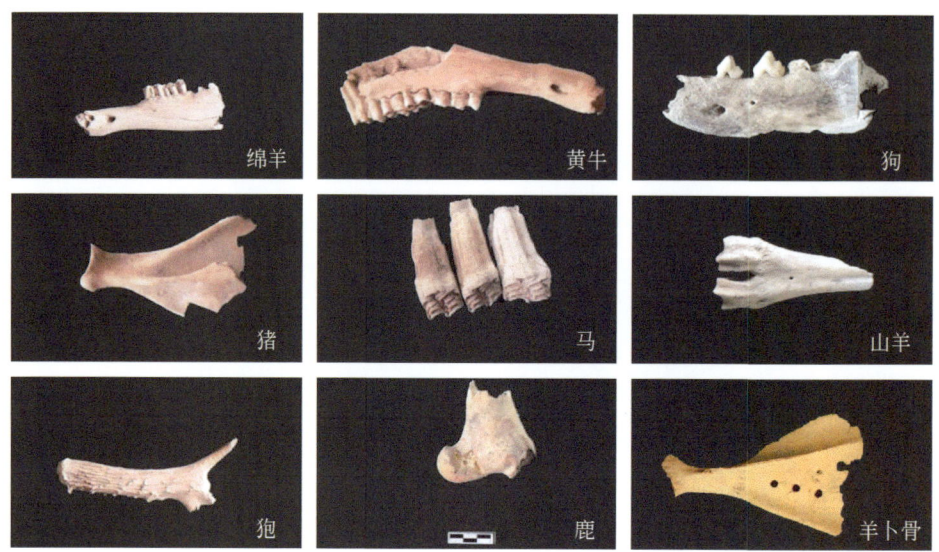

图 5.2 河西走廊史前不同文化时期遗址出土的动物遗存

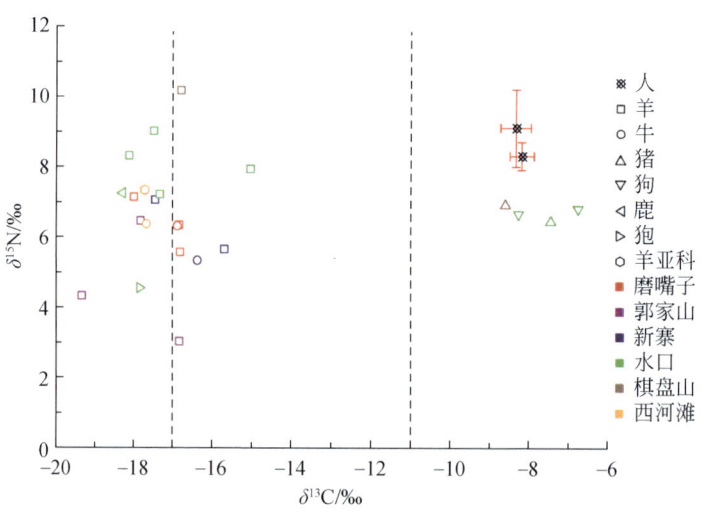

图 6.1 新石器晚期人和动物同位素值比较

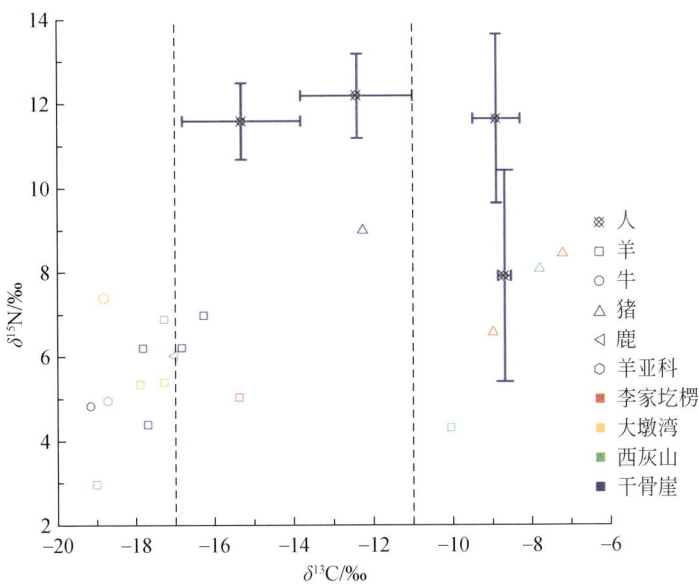

图6.2 河西走廊青铜时代早中期人和动物同位素值比较

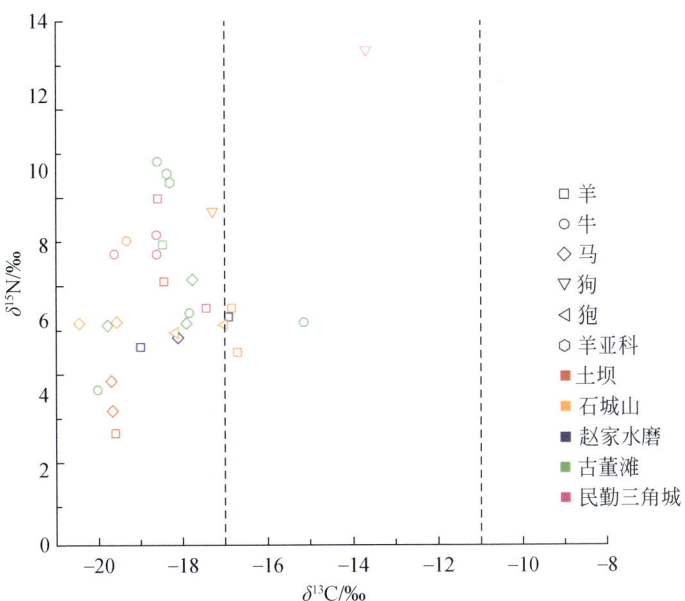

图6.3 河西走廊青铜时代晚期—铁器时代早期动物骨骼碳氮同位素值分布

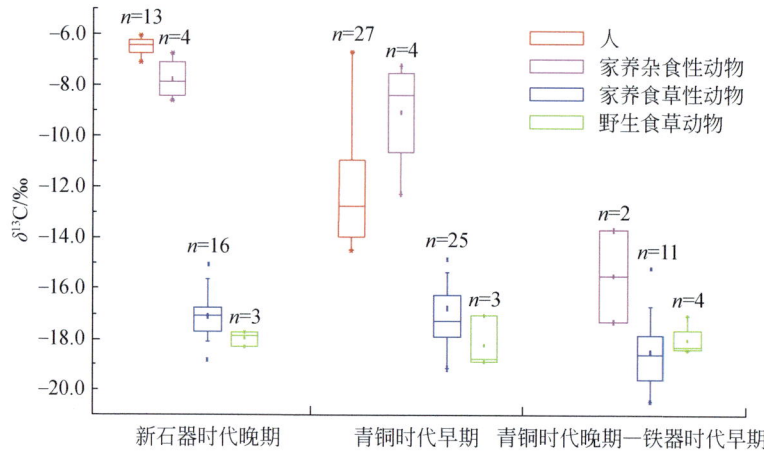

图6.4 河西走廊史前不同时期遗址出土人和动物骨骼碳同位素变化

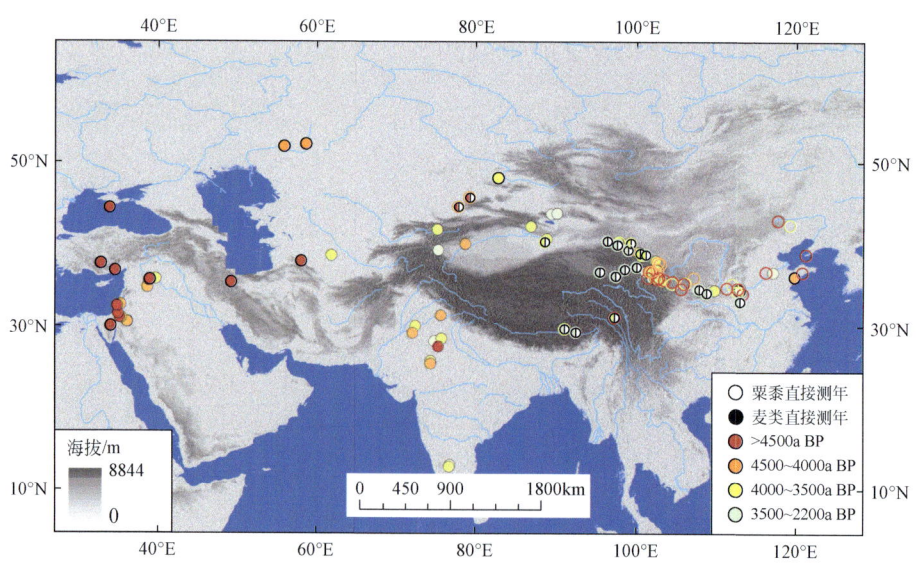

图7.1 欧亚大陆新石器—青铜时代遗址出土农作物遗存年代分布

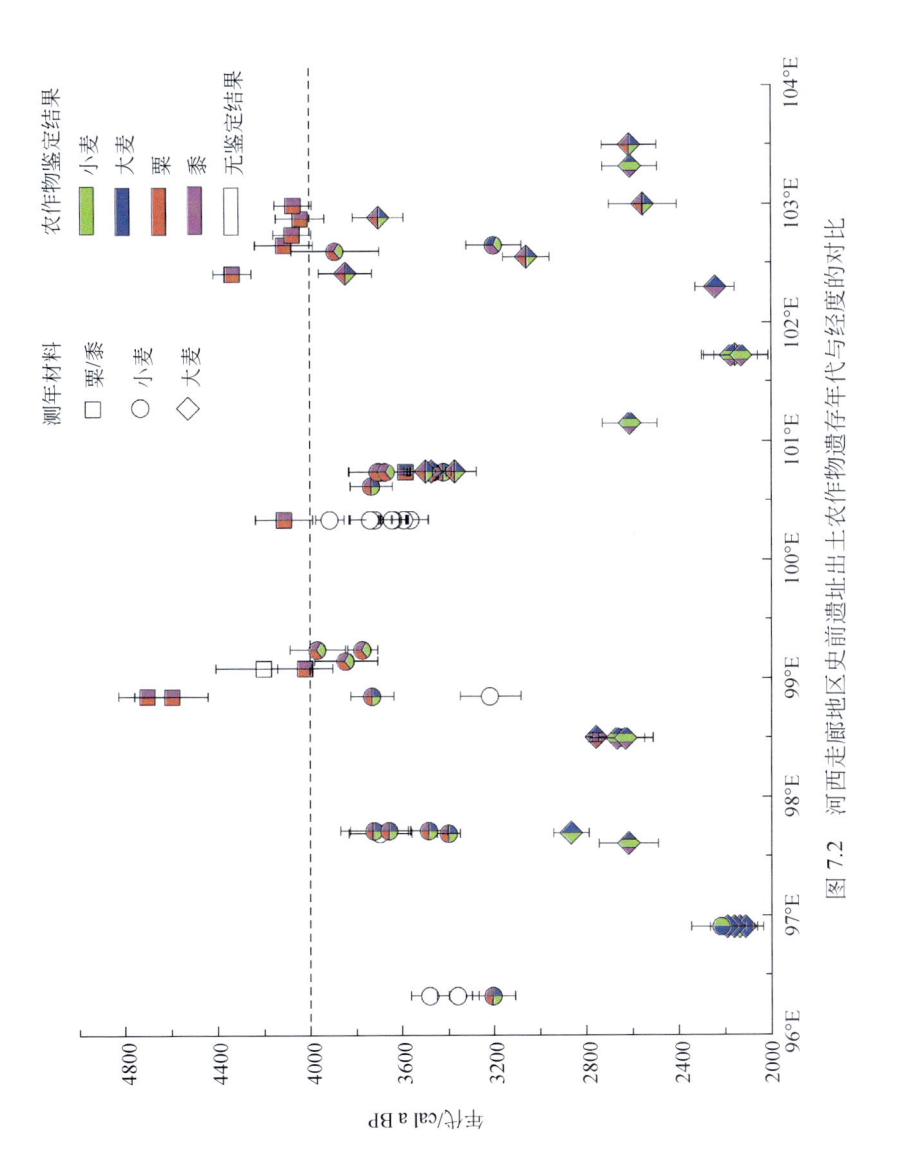

图 7.2 河西走廊地区史前遗址出土农作物遗存年代与经度的对比

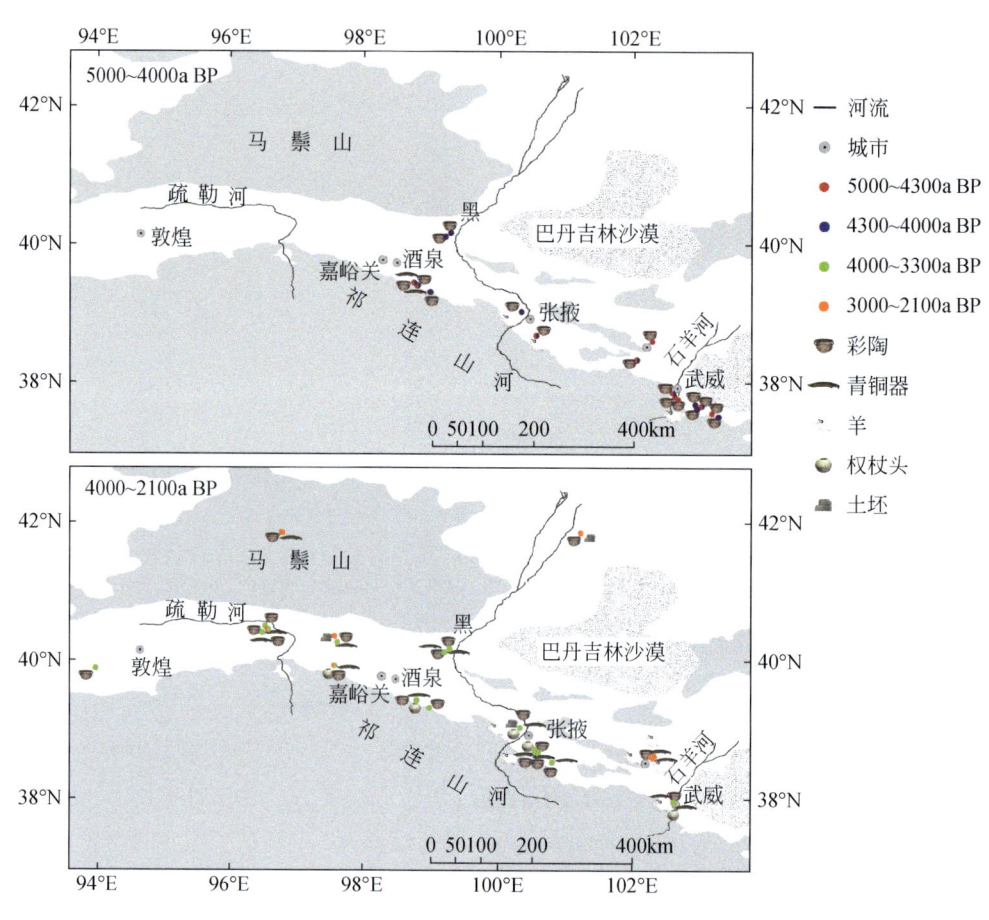

图 7.3 河西走廊史前遗址出土彩陶、青铜器、羊、权杖头和土坯

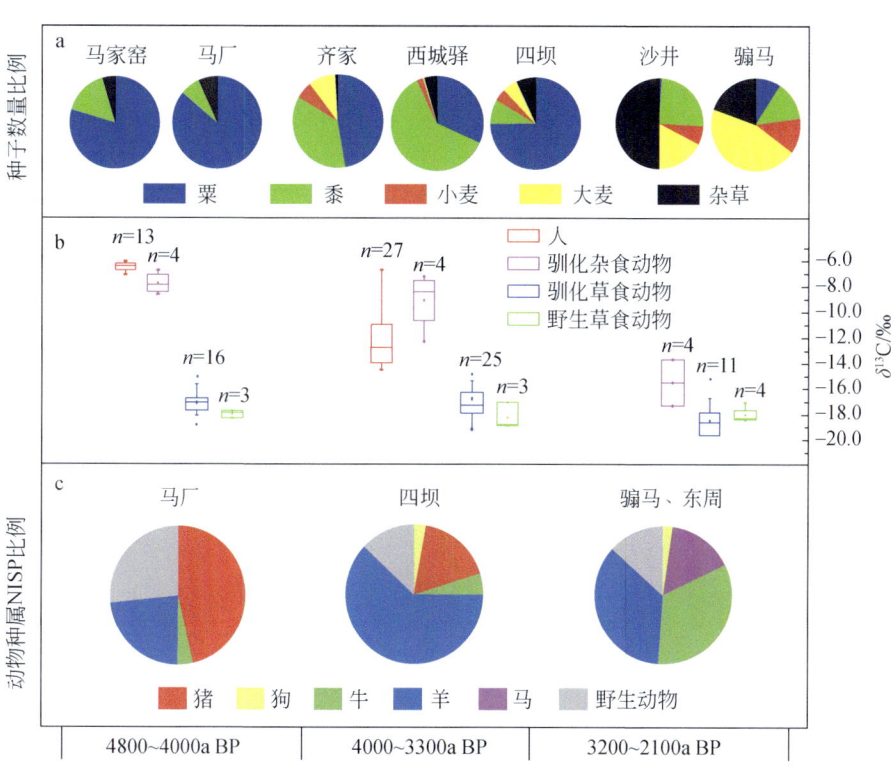

图 7.4　河西走廊史前遗址不同证据对比（改自 Yang et al., 2019）

a. 河西走廊出土植物种子数量比例；b. 动物骨骼碳、氮同位素图；c. 从河西走廊出土动物遗存种类比例

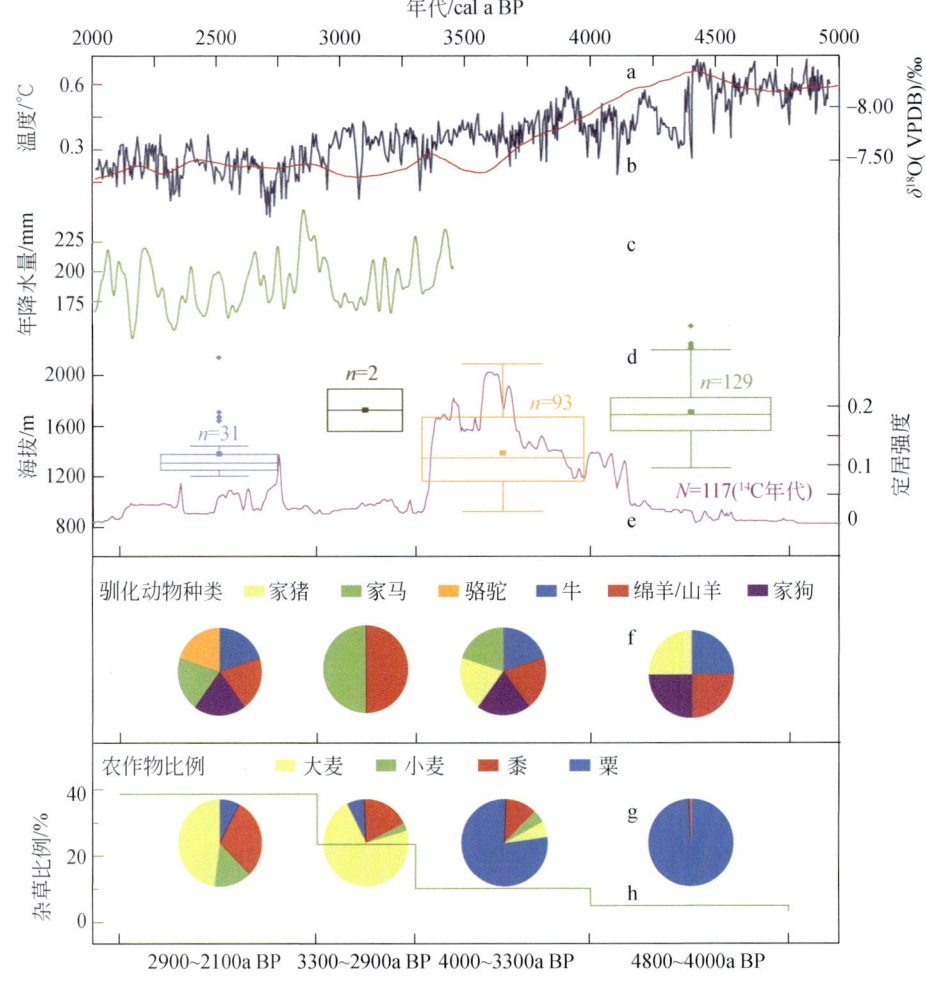

图 8.1 河西走廊史前遗址不同的考古证据与气候记录的对比

a. 30°~90°N重建温度（Marcott et al., 2013）；b. 董哥洞石笋氧同位素（Wang et al., 2005）；c. 祁连山树轮重建的降水（Yang et al., 2014）；d. 遗址的海拔；e. 遗址^{14}C数据重建的人类定居强度；f. 史前不同时期驯化动物种类及比例；g. 史前不同时期农作物种类及比例；h. 史前不同时期杂草比例

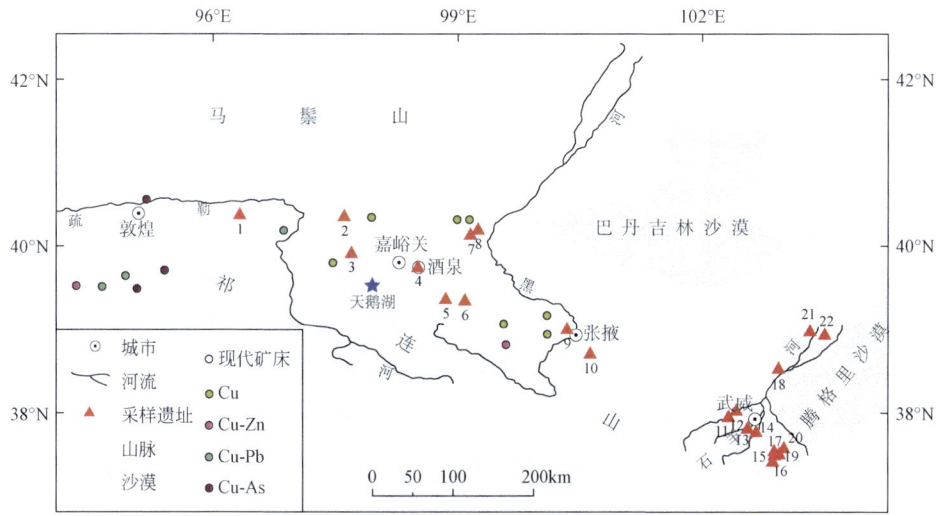

图 8.2　河西走廊矿床、采样遗址和天鹅湖的分布

1.鹰窝树；2.古董滩；3.大墩湾；4.赵家水磨；5.干骨崖；6.西河滩；7.缸缸洼；8.火石梁；9.西城驿；10.西灰山；11.棋盘山；12.郭家山；13.茂林山；14.磨嘴子；15.官地；16.西台；17.李家圪塄；18.柳湖墩；19.水口；20.朵家梁；21.民勤三角城；22.火石滩

图 8.3　河西走廊地区样品采集剖面示例及部分遗址的冶炼相关遗物

a.西城驿遗址东壁文化层剖面；b.西城驿遗址出土石范；c.西城驿遗址出土鼓风管；d.西城驿遗址出土铜锥 e.采集自缸缸洼、火石梁、西城驿和砂锅梁遗址的矿石；f.西城驿遗址发掘出土的炉壁；g.缸缸洼、火石梁、西城驿和西灰山遗址的铜渣

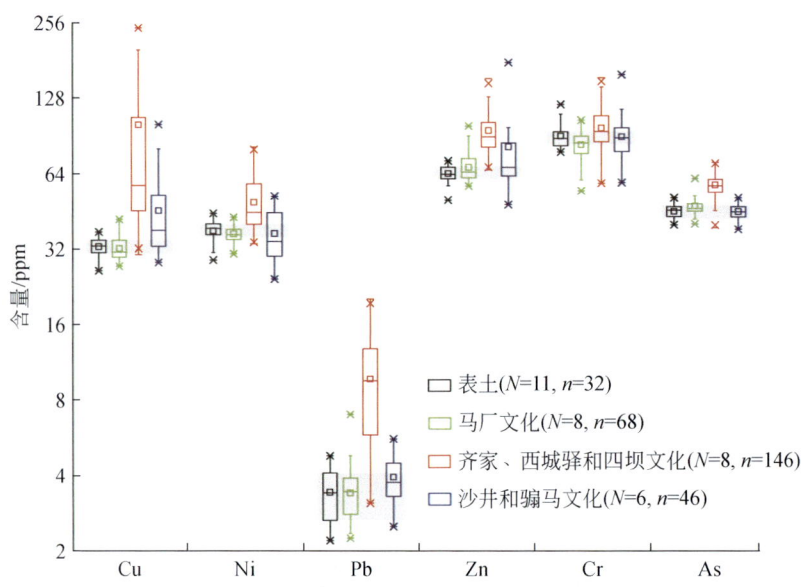

图 8.4 河西走廊 22 个遗址人为土和表土的重金属元素含量

阴影部分表示表土沉积物中重金属元素含量的变化范围

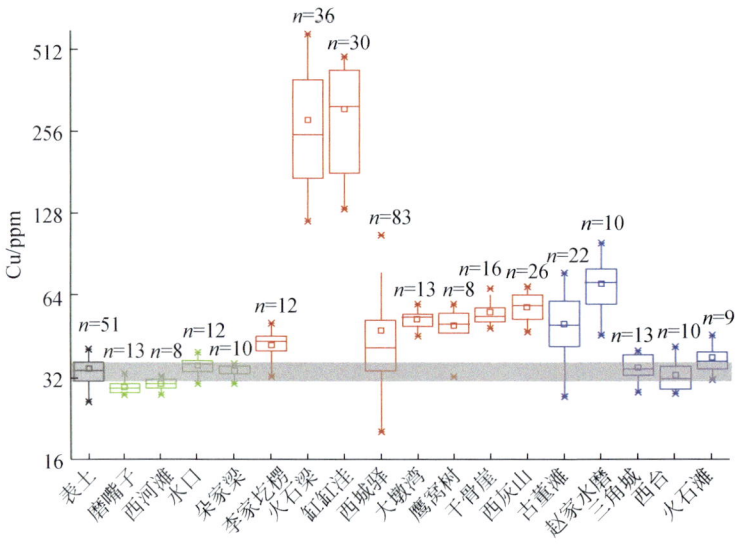

图 8.5 河西走廊史前遗址文化层沉积及表土中铜元素含量变化

箱式图中箱子上下边分别代表所有数据 25%和 75%的数值,中间的线代表中位数,小方框代表平均值,上下两极代表最大和最小值;绿色、红色和蓝色箱子分别代表马厂、齐家—西城驿—四坝和沙井—骟马阶段扰土的铜含量值,黑色箱子代表表土的铜含量值;阴影区域表示表土铜含量值的变化范围

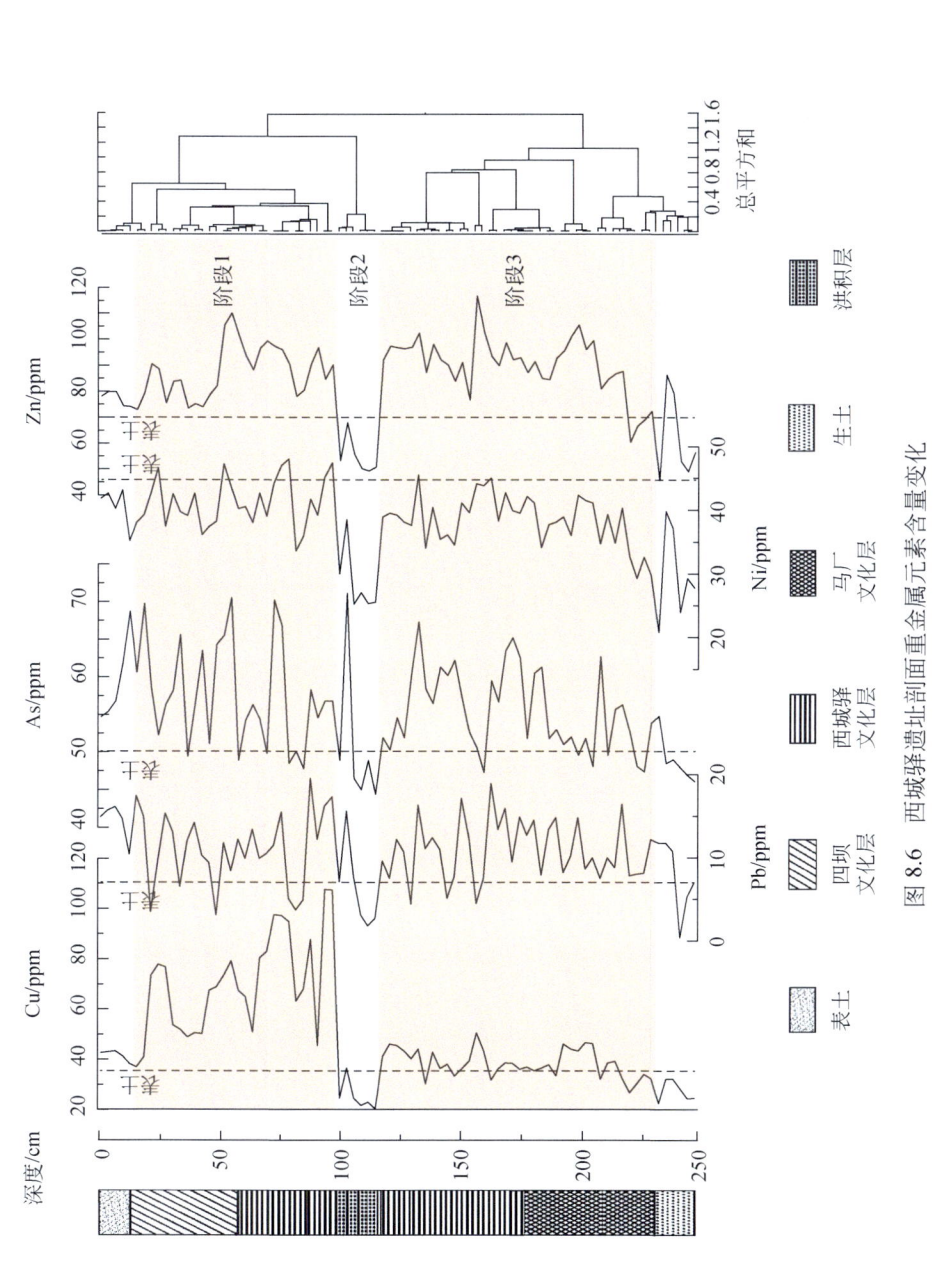

图 8.6 西城驿遗址剖面重金属元素含量变化

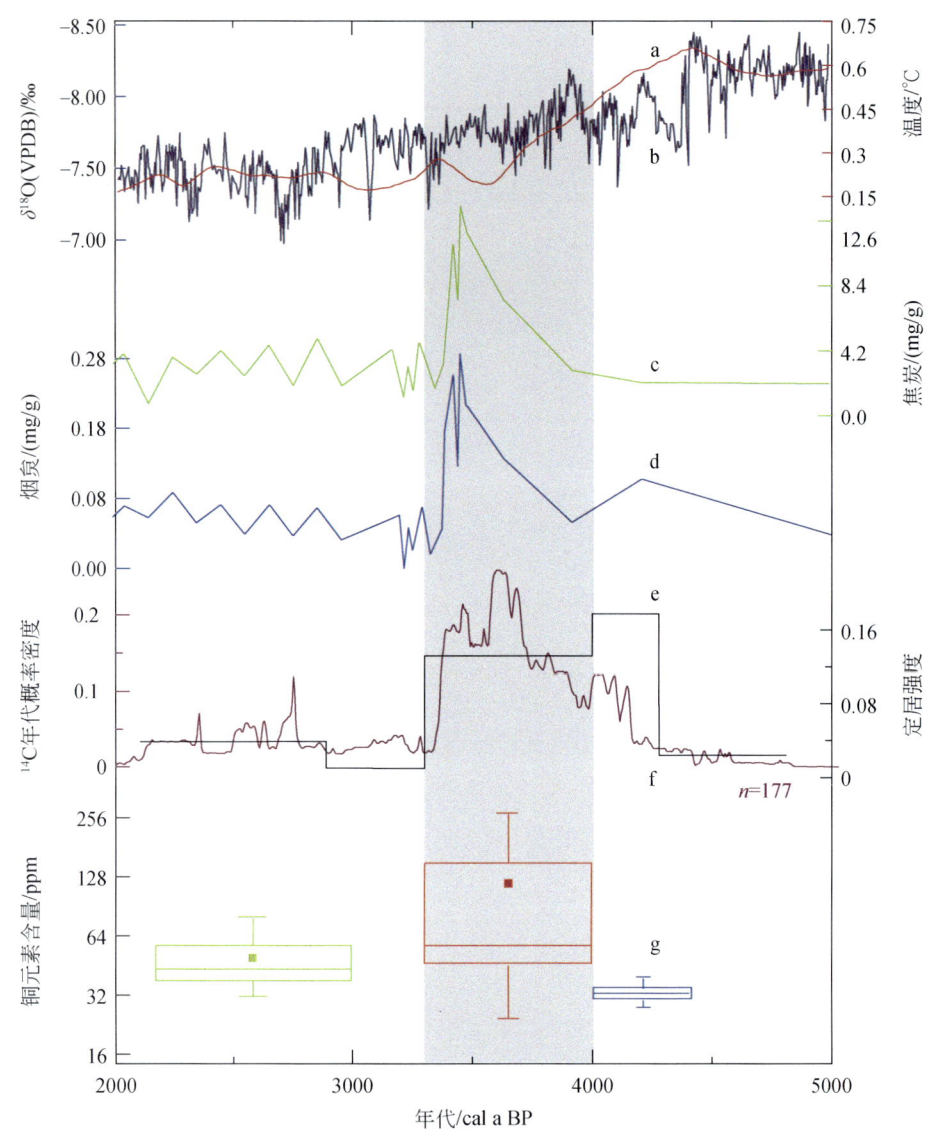

图 8.7 天鹅湖沉积物黑炭含量与河西走廊人类定居强度和文化层沉积中铜元素含量对比

a. 30°~90°N 重建的温度（Marcott et al., 2013）；b. 董哥洞石笋氧同位素（Wang et al., 2005）；c. 焦炭（char）含量；d. 烟炱（soot）含量；e. 遗址数量重建的定居强度；f. ^{14}C 年代数据重建的人类活动强度；g. 三个阶段遗址文化层沉积中铜元素含量

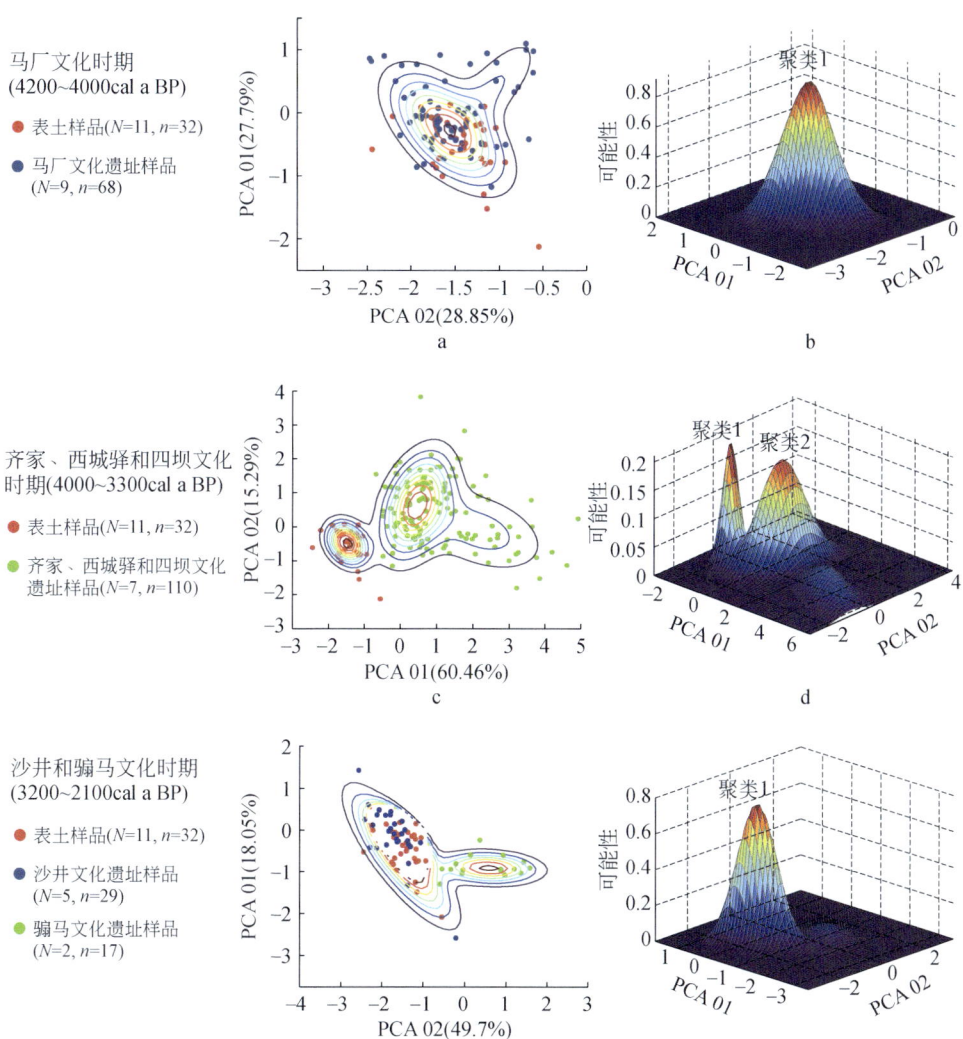

图 8.8 三个时期的聚类分析和主成分分析

a、c 和 e 是主成分分析的结果;b、d 和 f 是聚类分析的 3D 概率分布图。独立和分离的聚类显示了人为土和表土样品之间的差异

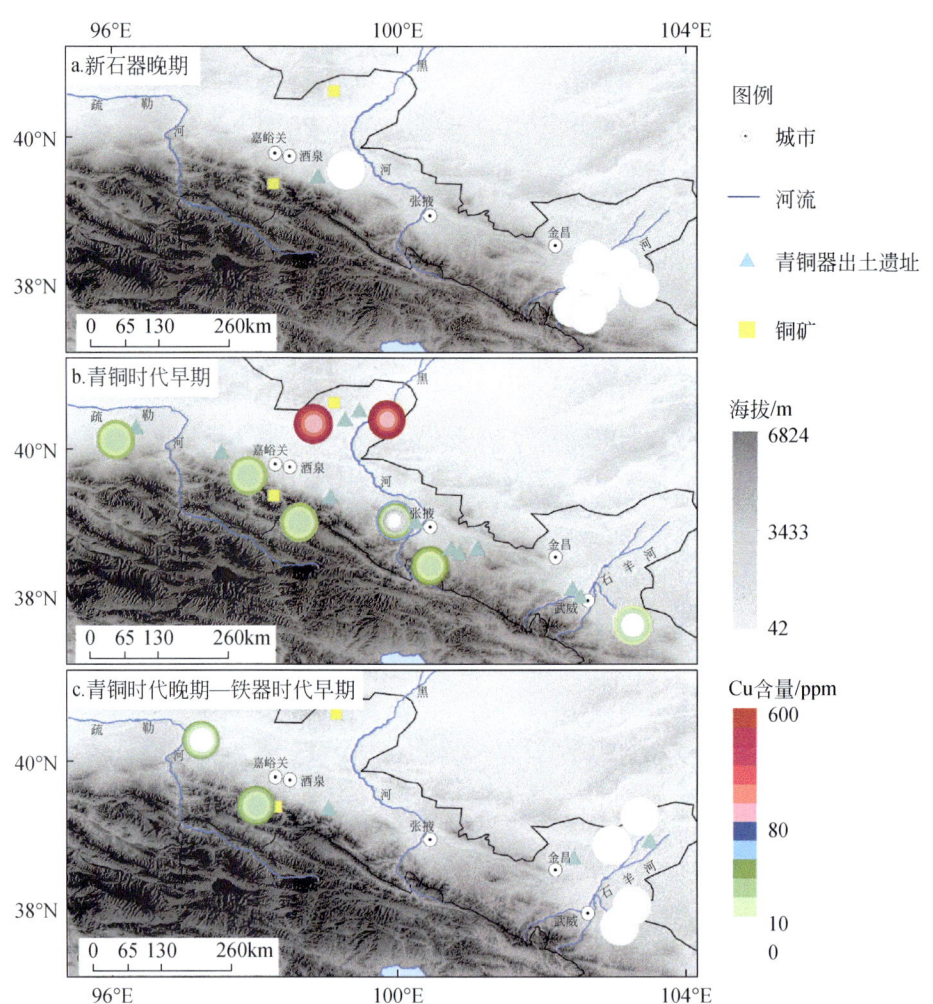

图 8.9 河西走廊地区 22 个遗址文化层沉积中与自然本底铜元素含量差异的时空变化